U0907610

国 际 视 野 系 列

"国培计划"优秀成果出版工程
"国培计划"全国优秀研修成果数字出版平台

陈春勇⊙著

中小学法治教育：来自国外的启示

ZHONGXIAOXUE FAZHI JIAOYU
LAIZI GUOWAI DE QISHI

西南师范大学出版社
国家一级出版社 全国百佳图书出版单位

图书在版编目（CIP）数据

中小学法治教育：来自国外的启示 / 陈春勇著. — 重庆：西南师范大学出版社，2018. 4

ISBN 978-7-5621-9218-3

Ⅰ. ①中… Ⅱ. ①陈… Ⅲ. ①法制教育—教学研究—中小学 Ⅳ. ①G631. 5

中国版本图书馆 CIP 数据核字（2018）第 055794 号

名师工程系列丛书

编委会主任： 马立　宋乃庆

总　策　划： 周安平

策　　　划： 李远毅　卢　旭　郑持军　郭德军

中小学法治教育：来自国外的启示

陈春勇　著

责任编辑： 胡君梅

封面设计： 王玉菊

出版发行： 西南师范大学出版社

地址：重庆市北碚区天生路 1 号

邮编：400715　市场营销部电话：023-68868624

http://www.xscbs.com

经　　销： 新华书店

排　　版： 重庆大雅数码有限公司·夏　洁

印　　刷： 重庆共创印务有限公司

幅面尺寸： 170mm×240mm

印　　张： 12.75

字　　数： 211 千字

版　　次： 2018 年 4 月　第 1 版

印　　次： 2018 年 4 月　第 1 次

书　　号： ISBN 978-7-5621-9218-3

定　　价： 38.00 元

若有印装质量问题，请联系出版社调换

前　言

当前，建设法治国家是现代社会的一个根本任务，是社会文明进步的重要标志，是社会稳定的根本保证。要建设法治国家，就需要对公民进行法治教育。而中小学是开展法治教育的主阵地，在中小学开展法治教育对建设法治国家具有先导性和基础性的独特作用。

在中小学开展法治教育，可引导中小学生从小培养和形成法治意识，推动整个社会逐渐形成良好的法治环境和氛围，为最终实现法治国家奠定坚实的法治思想基础。同时，开展中小学法治教育，不仅有助于培养具有法治意识的公民，还有利于培养未来的法律人才，为社会储备一大批合格的法官、检察官、警官、律师和其他法律专业人员。另外，开展中小学法治教育，还是预防和减少青少年犯罪的需要。当前，青少年犯罪已经成为最为严重的社会问题之一，青少年犯罪的数量和类型都在增长。只有“从娃娃抓起”，加强中小学法治教育，根据青少年的成长规律和发展特点，教育青少年知法懂法，增强其法律意识，培养其自我约束习惯，才能有效遏制和预防青少年犯罪，促进青少年健康成长。

大多数国家尤其是发达国家非常重视中小学法治教育。大多数发达国家将法治教育融入公民教育中。英国的立法机构、政府、社区等通过法律、出版读物和咨询服务等形式开展法治宣传教育。美国注重激发青少年作为公民的社会责任感和法治意识，教育学生运用法律和法律意识在一个以法治为基础的多元民主社会中有效发挥作用。澳大利亚颁布一系列公民教育和法治教育评价政策，积极制订评价标准，实施全国性的公民教育和法治教育评价。法国政府以立法明确公民教育和法治教育的课程地位，制定法律保障其正常进行。德国注重通过校外教育培养青少年文明素养，预防青少年违法犯罪，同时以严格的法律和监控保障中小学生网络活动的健康和安全。日本通过社会课、公民课等法治教育课程体系引导中小学生理解法律与规则并将其运用于实际生活。

在中国，党和政府也非常重视中小学法治教育。2014 年 10 月，中共十八届四中全会强调，将法治教育纳入国民教育体系，从青少年抓起，在中小学设立法治知识课程。2016年1月，教育部印发《依法治教实施纲要（2016—2020年）》，提出建立科学、系统的学校法治教育课程、教材、师资体系，全面加强学生法治教育，把培养学生法治观念放在教育工作的突出位置，实践法治的育人功能。2016年6月，教育部、司法部、全国普法办研究制定《青少年法治教育大纲》，要求全面加强青少年法治教育，使青少年从小树立法治观念，养成法律思维习惯和行为方式，促进青少年健康成长、全面发展，同时推动把法治教育纳入国民教育体系，落实法治教育教材、课时、师资、经费，完善学校、家庭、社会“三位一体”青少年法治教育格局。

然而，中国在开展中小学法治教育过程中，有些地方和中小学还存在轻视法治教育的现象。有些地方的教育主管部门和中小学片面追求升学率和高分率，忽视学生的思想品德建设和法治教育，有些中小学强调“教书”、忽视“育人”，片面追求学生的考试分数尤其是中考和高考成绩，淡化法治教育及其师资、教学计划、课时等整体安排，致使一部分学生疏于教育和管理，法治意识淡漠，再加上家庭教育不当和其他原因，产生了违法思想和行为，进而由小错不断走向违法犯罪。

他山之石，可以攻玉。本书在概述了国外某些发达国家在中小学法治教育方面的相同点和不同点的基础上，重点介绍了英国、美国、澳大利亚、法国、德国和日本这些发达国家在公民教育和法治教育方面的概况、特点、案例及对中国法治教育的启示，以期基于开阔的视野对中国中小学法治教育的完善提供有益借鉴；同时，还在对中国的中小学法治教育进行历史性回顾的基础上，对中国中小学法治教育存在的问题进行了反思，对中外中小学法治教育进行了比较对照，并从完善法治教育的角度对中国中小学法治教育进行了展望，期待中国在以后开展中小学法治教育的过程中，深刻认识中小学法治教育的意义和价值，完善中小学法治教育的整体规划和设计，推动中小学法治教育方式方法的创新，加强中小学法治教育的社会参与，健全中小学法治教育的评价制度。

目录

Contents

第一章 国外中小学法治教育概况

第一节 国外中小学法治教育的共通之处

一、国外中小学法治教育课程通常融入公民教育课程

国外通常将法治教育融入公民教育课程。英国、美国、澳大利亚、法国和日本等国都在公民教育课程中设置了法治教育主题。

英国的中小学法治教育主要放在中学阶段，作为公民教育的重要内容。英国中小学法治教育在教学内容的取舍上十分科学与严谨，从与公民身份密切相关的法律入手，选择法律教学内容，通过法治教育培养学生对公民身份的认识及增进学生对公民权利和责任的理解，促进其公民意识和法治意识的养成。美国将中小学法治教育纳入公民教育的总体目标中，中小学法治教育服务于公民教育。美国中小学法治教育的突出特点是突出价值观的塑造，培养学生对国家法律、政治制度的认同以及对社会生活的认同。美国的中小学法治教育尤其注重对学生进行权利观和义务观的教育，旨在培养合格的美国公民。澳大利亚的公民教育内容较广，注重公民责任、相互尊重，强调公民认同、公民德行和公民责任，尤其针对土著居民的特定背景，注重培养中小学生尊重不同文化的优良品质。法国在小学和初中开设公民教育课程，高中开设公民、法制与社会教育课程，这些课程都涉及法治教育或相关主题，如健康教育、法律教育、环境教育、和平教育等主题，这些主题具体包括防止虐待、防止暴力、防止种族主义、防止性别歧视等问题。日本根据中小学生发展的阶段特点，建立了社会课、公民课、生活课等一系列涉及法治教育内容的课程体系。

二、国外中小学法治教育强调法治意识培养和法治教育实践活动

国外中小学法治教育侧重培养学生的法治意识，并组织学生参与各种法治

教育实践活动。

英国的公民教育课程引导学生了解法律与规则的制定过程，培养学生的规则意识；让学生了解公民权利、公民责任等，培养学生的权利义务观等法律素养；在实际教学中注重引导学生积极参与学校的各项活动和管理事务并发表看法。美国的中小学公民教育课也强调公民的权利与义务，培养学生的法律意识；教师关注在实践中加深学生对法律知识的理解，通过贴近学生生活的案例讲述法律知识；学生常走进社区体验法律的具体实施过程。澳大利亚的公民教育中的政治教育涉及代议制民主、立法和执法机构，人权教育涉及对人权和基本自由的尊重和对不同种族的理解与宽容，法治教育涉及宪法和法律规定的权利和义务等。澳大利亚注重将法治教育融入学生的日常生活，如设立合作奖，鼓励学生相互帮助；鼓励学生成立各种协同管理学校事务的组织，开展自发性的法治教育管理活动。法国的公民教育注重培养平等、自由、权利和公正等意识。法国的中小学经常举办各种课外活动，如俱乐部活动、校报活动等，培养学生的法治意识和公民素养。日本在公民课和社会课等课程中让学生理解法律规则和司法体制；将日常生活中的问题当作课程素材，培养学生的法律思维。学生要在日常生活和游戏中学习自己制订规则，体验遵守法律和履行义务的感受。

三、国外中小学法治教育重视体验式和参与式的教学方法

国外的中小学公民教育和法治专题教育注重引导学生通过案例等体验法律的实际运用，以及通过参与各种课内外法治教育实践活动培养法治意识。

英国的中小学注重组织学生参加模拟审判竞赛和担任案件中的各种角色，让律师走进课堂与学生共同探讨法律问题，借此培养学生的探究、合作等能力和法律素养。美国中小学法治教育注重情境教学，如让学生了解在逮捕和搜查情景下警察机关采用的法律程序，模仿审判和上诉，参观律师事务所、警察局等机构，通过开展法治教育，引导学生学习整合法律信息，理解法律争议，评价法律问题，协商解决冲突。澳大利亚注重设计多种教学方式和活动激发学生对法治教育和公民教育的学习兴趣，如教师鼓励学生通过图画、音乐并通过模仿等活动来思考艺术活动中体现出的法治教育主题；同时，注重通过校园环境建设强化法治教育，创建有安全感、有纪律的校园环境；学校的集会、公告、海报等都要体现法治教育和价值观教育内容。法国根据中小学生的年龄特点、生活经验

等，采取多样化的教学方式，培养学生成为积极参与社会生活的自立自律公民。法国的法治教育内容注重与学校实际生活和社会实践的紧密结合，引导学生形成权利、自由、民主及参与的观念；教师注重组织学生开展辩论、主题演讲、课外课题研究以培养学生的法治意识和公民素质。日本中小学法治教育注重结合学生的生活实际，将法治教育内容与家庭责任、体育游戏、社团活动、消费事项等主题紧密联系，让学生感受法治教育知识在生活中的体现和运用，比如小学生的体育和保健课注重培养小学生遵守体育与游戏规则的意识等，初中生的社会课指导学生关注家庭中的个人尊严和两性平等、个人责任等。

四、国外中小学法治教育拥有较为完善的社会参与体系

国外在中小学法治教育方面强调社会各方参与，形成了较为完善的社会参与体系。

英国注重持续开展治安法院和刑事法院模拟审判竞赛，培养学生的法治意识和探究与合作等能力；立法机构、政府、社区等通过法律出版读物和咨询服务等形式对中小学生开展法治教育；社区法律咨询服务通过网站、电话热线等为经济困难群体提供免费的法律咨询服务。美国司法部预防青少年犯罪办公室引导青少年了解国家的司法体制运作过程；多个州的律师协会组织律师深入中小学课堂指导学生学习法律；社区邀请法律专业人员进入课堂或让学生走入社区，开展法治宣传和实践活动。澳大利亚的中小学注重指导家长与学校合作来培养学生的法治意识；社区通过经费资助、提供实习基地等方式培养学生的法律素养，同时为学校提供野外湿地以培养学生的合作、责任等价值观和法治意识。法国注重制订各种公民教育计划；各级教育资源中心为师生提供公民教育资料；国民教育部和国民议会联合发起年度“少年议会日”活动，小学生借此民主普选自己的“议员”并提交法律草案；立法机构、政府机构等利用特殊节日促进学生了解法国的法治和历史文化等。德国注重通过校外教育培养中小学生的文明素养、创新实践能力及预防学生违法犯罪；同时，制定多项法律和成立协助监控机构防止学生在网络中接触暴力、色情等不良思想。日本有关行政机关、社会团体等组成少年辅导中心，开展预防青少年违法犯罪工作；各类志愿组织协助警察厅开展街头辅导、少年商谈等活动；法务省与最高法院、检察厅、律师联合会等机构协调合作推进中小学法治教育，如法院派法官去学校解答学生疑问或对案件进行解说。

第二节　国外中小学法治教育的特色

一、英国的中小学法治教育：享受多样化的社区法律咨询服务

英国的社区面向广大中小学生和其他公民，通过以案析法的形式，开展生动的、灵活多样的法律咨询服务和进行法治宣传教育。

英国的社区法律服务网站为中小学生和其他人提供免费优质的法律咨询服务，助其及时处理学习和生活中面临的与法律相关的问题。该网站通过多种语言提供法律信息和常见法律问题解释，帮助青少年等人群了解自身的法律权利和法律义务，熟悉日常生活中常见的法律问题。登录人还可查找居住地附近的优秀律师或其他法律咨询人员，就近获得法律咨询帮助。社区法律咨询服务热线保密性高、服务功能强，其产生的费用由法律援助经费支付。经济困难的青少年和其他人遇到债务、教育等问题时可致电该热线寻求法律帮助。数码电视服务是针对上网不方便的人设计的一种通过数码互动电视获得社区法律咨询服务的途径。青少年等人群可使用电视遥控装置查找本地法律咨询人员名单，获得有关教育、债务等方面的法律咨询，订取送货上门的法律信息，查阅法律援助服务信息等，还可通过手机提供的政府社区咨询服务查找律师、订取或获取法律信息。社区法律咨询服务中心由地方议会和法律服务委员会共同支持，可针对债务、住房、社区保健、婚姻、家庭等方面的问题为青少年家庭和其他家庭提供独立、保密的法律咨询和代理服务，当事人可随时通过预约寻求法律帮助。①

二、澳大利亚的中小学法治教育：具有较为完善的中小学法治教育评价体系

澳大利亚将法治教育评价融入公民教育评价。该国制定了公民教育评价政策和标准，明确了评价内容和方法，并在全国范围内开展评价。

澳大利亚公民教育和法治教育的评价内容既涉及中小学生对公民教育和

① 朱昆.英国社区法律咨询服务概述[J].河南省政法管理干部学院学报，2009(5)：104—107.

法治教育的知识理解，也涉及学生参与社会生活所需技能及法治教育实施绩效。从2004年开始，澳大利亚每三年进行一次全国性公民教育评价。2013年第四次公民教育评价采取了网络评价形式，评价标准涉及分数成绩评价标准和公民素养等级评价标准，还适当配以观察、课堂练习和小组测验等非正式评价。澳大利亚评价委员会为保证测试的代表性和针对性设计了小学生测试卷和中学生测试卷，包括不记名投票、澳大利亚宪法、网络信息服务等主题。同时，抽样时考虑了主要影响因素，如学生的年龄、性别、种族、语言、父母受教育程度、父母职业、家庭地址，以及学生参与校内外团体或组织情况等。另外，澳大利亚还对评价实施方案设计、数据统计、评分标准、评价等级、结果报告等评价程序进行了周密安排。评价主体来自多个方面，包括公民教育专家、公民教育课程行政和管理人员，以及学生等，以保证评价的有效性和科学性。①

三、法国的中小学法治教育：传承了启蒙运动中的先进思想

法国是启蒙运动与资产阶级大革命的发祥地之一，传统上重视公民教育，并将法治教育纳入其中。18世纪，法国成为欧洲启蒙运动的中心，自文艺复兴以来启蒙思想家孟德斯鸠、伏尔泰、卢梭等提出了人权思想、世俗教育思想和法治思想等富有理性主义的先进思想，为法国公民教育的形成、发展奠定了坚实的思想基础。法国启蒙思想家们通过“天赋人权”理论强调人权思想，通过《人权宣言》的颁布捍卫人权思想，使人权思想深入人心，成为此后法国公民教育中必不可少的内容，并且成为法国法治教育和公民教育区别于其他国家的特点之一。在法治思想方面，影响最大的人物是孟德斯鸠和卢梭。孟德斯鸠强调用法律来保卫人们的言论、出版、思想和处置财产的自由权利，培养尊重法律、遵守法律的良好习惯。卢梭提出法律只能是公意，人人都要服从法律。这些法治思想作为法国法律思想的渊源被继承、发展，使法国公民教育在发展过程中一直饱含法治思维和法治意识的内容。②

四、德国的中小学法治教育：网络活动安全监护下的中小学法治教育

德国为保障中小学生的网络活动安全和避免他们接触暴力、色情、民族歧

---

①王建梁，岳书杰.澳大利亚中小学公民教育评价研究[J].外国中小学教育，2010 (12)：36—39.

②张越.传统政治文化影响下的法国公民教育研究[D].北京：首都师范大学，2010：4—7.

视等不良信息，制定了一系列相关法律法规，对网络信息提供者的行为做出规定，并为网络媒体的使用者提供法律保障，同时还成立了专门机构协助监控网络活动安全。德国的《多媒体法》等法律规定，信息提供者不得向青少年传播成人出版物；政府应采取必要技术措施限制特定出版物的传播；指定"年轻人保护官"作为监督员；电脑游戏要标明年龄限制级别以防青少年进入色情网页；对严重危害青少年的网络信息提供商追究刑事责任；网络内容提供商必须对网络内容进行年龄分级并做出标识。为严格执法，德国成立了危害青少年媒体检查处和其他网络活动监管和鉴定机构。德国政府还与社会各界合作，促进网络服务商加强自律和技术措施防护，同时设立健康安全的综合性网站为青少年提供专门的网络服务。①

---

①温静.德国保护青少年的网络媒体法制[D].上海：上海交通大学，2011：4－14.

第二章　英国的中小学法治教育

英国具有悠久的法治传统，公民法律意识较强，其中小学法治教育也独具特色。英国的中小学较少单独开设法治教育课程，法治教育被纳入其公民教育课程之中，作为公民教育课程的重要组成部分。公民教育在小学阶段为非法定教学科目，但在中学阶段则为必修科目，法治教育的具体内容在不同学段有不同的要求。

英国的中小学法治宣传教育具有广泛的社会性。英国政府大力支持中小学法治宣传工作，社会组织也积极参与这项工作。法治教育的手段也灵活多样，立法机构、政府、社区等多种主体利用法律、出版读物和咨询服务等形式，围绕具体法律问题，针对中小学生或青少年宣传法律知识和开展法治宣传教育。

第一节　英国的中小学法治教育特点

一、中小学法治教育内容被融入公民教育课程中

英国在中小学公民教育课程中融入法治教育，教学内容侧重与公民身份密切相关的法律，强调公民教育对公民意识养成的重要意义；教学方法丰富多样，主动参与式和实践性教学最受欢迎。英国的中小学法治教育能够有效利用社会法律资源，为学生提供富有意义的实践性教学机会。

（一）英国的中小学法治教育在不同学段呈现不同的内容

英国中小学没有专门的法治教育课程，法治教育只是作为其公民教育课程内容的一个重要组成部分。2002 年，英国通过立法规定，自当年 9 月起，公民教育在小学阶段为非法定教学科目，而在中学阶段则为必修科目。法治教育的

内容在不同学段有不同的体现。①

1.小学阶段

根据英国资格与课程局 1999 年发布的至今仍然有效的小学国家课程指南，小学第一阶段（Key Stage 1：5～7 岁）公民教育的教学内容并不涉及法律。第二阶段（Key Stage 2：8～10 岁）公民教育的教学内容涉及较为概括性的法律内容，具体包括以下三个方面的内容：一是为何要制定法律和规则，法律和规则如何制定、如何执行，为何在不同情境下需要不同的规则；二是个人意识到实施反社会行为或攻击性行为（如恃强凌弱、种族歧视等）的后果；三是个人在家、学校和社会中拥有不同的权利、义务和责任。②

2.中学阶段

根据英国资格与课程局发布的中学阶段新的国家课程指南，在中学第一阶段（Key Stage 3：11～13 岁）和第二阶段（Key Stage 4：14～16 岁）的公民教育中，需要学生理解的关键概念是相同的，即民主与正义、权利与责任、同一性与多样性。这三个方面均不同程度地涉及相关法律知识及法治观念的培养问题，但在具体的教学内容上两个阶段则有所不同。

在中学第一阶段的公民教育中，涉及法治教育的内容包括以下三个方面：(1)政治权利、法律权利和人权、公民责任；(2)法律和司法制度的作用及其与青少年的关系；(3)议会民主制与政府的主要特征，包括投票与选举。

在第二阶段的公民教育中，涉及法治教育的内容有七个方面：(1)政治权利、法律权利和人权，在不同环境下享有的自由；(2)刑事法律、民事法律以及司法制度；(3)法律的制定及其程序，包括议会、政府和法院的工作程序；(4)公民参与民主选举的程序以及如何影响国家或地方决策；(5)英国议会民主制政府的运行；(6)各种权利和自由（言论、结社、投票等）的发展及为争取这些权利而斗争的过程；(7)消费者、雇主和雇员的权利和责任。③

---

① 车雷.英国的学校法制教育带来的启示[J].教育探索，2011(11)：152－153.

② The primary curriculum [OL]. http://www. webarchive. nationalarchives. gov. uk/20100202100434/http://curriculum.qcda.gov.uk/key-stages-1-and-2/index.aspx.2016-4-10.

③ The esecondary curriculum. http: www.//webarchive. nationalarchives. gov. uk/20110119043018/ http://curriculum.qcda. gov. uk/key-stages-3-and-4/index.aspx.2016-4-10.

(二)英国的中小学公民教育注重参与和实践教学

英国教育与技能部规定对公民教育和法治教育采用“轻触式”(light touch)教学方式，即允许中小学有较大程度的自由度来选择教学方式，而不规定统一的教学模式。中小学可采用专门授课、嵌入其他课程中授课、设置专门的“公民教育日”以及采用综合方法等多种方式开展法治教育和公民教育，并且可采用有组织的学校实践活动形式，鼓励学生参与各种与公民教育和法治教育有关的实践活动。在实际教学中，许多中小学综合采用多种教学方式。①

英国的中小学在公民教育中主要采取以下教学方法②：

第一，开设专门的公民教育课程。将公民教育作为独立的课程，单独安排时间上课，但由于中小学原有的课程安排已经很拥挤，因而很多中小学难以做到这一点。

第二，将公民教育融入其他课程。将公民教育的内容嵌入其他课程(如历史、地理等课程)中进行，此方法解决了由于中小学课程繁多，难以为公民教育课挪出专门的时间和空间之难题，这也是课程指南中推荐的方法。但在实践中，并非所有的教学内容都可以在其他科目中找到适宜的嵌入点，这考验着教师的教学智慧和能力。

第三，引导学生参与融入公民教育的学校实践活动。通过由中小学组织的活动对学生进行公民教育。有的学校将公民教育渗入学校的日常生活中，学生可以积极参与学校的各项活动和管理事务并发表评论和看法，这种教学方法被称为“全校式”教学法(whole-school approach)。此种教学方式很受欢迎，但许多中小学难以为学生提供有意义的参与机会。

第四，开展司法实践教学。学校通过组织学生参加模拟审判竞赛，以及让律师走进课堂与学生探讨法律问题，对学生进行公民教育和法治教育。

一是治安法院模拟审判竞赛(Magistrates'Court Mock Trial Competition)。这是由英国公民教育基金会(Citizenship Foundation)开展的一个项目，旨在以一种创新且令人振奋的方式向学生介绍法律制度，并使他们有机会亲身体验司法过程。该项目在英国已经连续开展 20 余年，每年有超过 4500 名学生以及

---

① House of Commons Education and Skills Committee.Citizenship Education (Second Report of Session 2006－07) [M]. London: The Stationary Office Limited, 2007:7.

② 车雷.英国的学校法制教育带来的启示[J].教育探索，2011(11):152－153.

800 名治安法官涉入此项竞赛。竞赛每年举行一次，面向英格兰、威尔士和北爱尔兰公立中学第一阶段的学生，由学校组队参加。在比赛前，学校会收到一份竞赛指南，介绍比赛所需的有关法律知识及刑事司法制度知识、案件内容等，并可安排参观当地的治安法院，在条件允许的情况下，会有治安法官到学校进行指导。比赛时，由学生担任案件中的当事人、律师、证人、法官等角色，在治安法院举行开庭审理活动；来自不同学校的代表队分别作为案件中的控诉方和辩护方进行对抗，由治安法官等法律专业人士对学生们的表现进行评判。此项竞赛可使学生学习、理解和运用中学第一阶段所涉及的法治教育内容，并能培养他们的研究、探究、公开演讲、分析、沟通、团队合作等能力。2015 年 3 月，有超过 4710 名学生和 1450 名法律服务志愿者参与了 53 个地方举办的竞赛，有来自 16 所学校的 208 名学生参加了当年 6 月份举办的全国决赛。①

二是刑事法院模拟审判竞赛（Bar National Mock Trial Competition）。这也是由公民教育基金会开展的项目，并得到了英国各地律师协会的资助与支持。该项目已连续开展 20 余年，每年约有超过 2000 名学生、300 名律师以及 90 名法官涉入此项竞赛。该竞赛也是每年举行一次，面向全英国所有公立中学第二阶段的学生，由学校组队参加，并分为区域预赛和全国决赛两个阶段。比赛过程与治安法院模拟审判竞赛相似，在竞赛中，由学生担任律师、证人、法官和陪审员等角色。每一参赛队参加两起刑事案件的审判，作为案件的控诉方或辩护方，在庭审中与其他参赛队进行对抗。比赛在刑事法院进行，由法官和律师对学生的表现进行评判。学生通过参加此项竞赛，可学习、理解和运用中学第二阶段所涉及的法治教育内容，了解有关人权、责任、司法制度等方面的知识，培养自身分析道德问题与社会问题的能力。2014 年 3 月，英国公民教育基金会和英国律师协会等机构共同组织了第 23 届刑事法院模拟审判年度决赛，决赛从 2000 名学生中选出若干 15～18 岁的选手组队参与。②

三是校园律师（Lawyers in Schools）。这是一个志愿项目，始于 1999 年，

---

①Citizenship Foundation. This year's Magistrates' Court Mock Trial Competition National Final [OL]. [2016-4-10]. http://www.lawinschools.org.uk/sites/default/files/content/mcmt2015_uk_final_a5_web.pdf.

②Bar Council. 23rd Annual Bar National Mock Trial Competition Reaches a Finale [OL]. [2016-4-10]. http://barcouncil.org.uk/media-centre/news-and-press-releases/2014/march/23rd-annual-bar-national-mock-trial-competition-reaches-a-finale.

英国公民教育基金会在该项目中承担着桥梁的角色，协助参加该项目的律师事务所与学校结成合作伙伴关系，让律师们走进课堂，与学生一起探讨法律问题，帮助学生理解有关法律法规。此项目内容涉及劳动法、人权法、青少年司法、司法歧视、家庭法等诸多领域，帮助学生完成中学第二阶段有关法治教育内容的学习。活动主要采取小组讨论的方式，引发学生的思考与辩论，鼓励学生表达和论证自己的观点，培养他们的自信心和批判性思维能力。在此项目实施过程中，志愿参与的律师可以将一些有趣的法律问题带进课堂，帮助学生将法律法规与他们的日常生活紧密联系起来。律师们还可借此机会洞察学生的生活，了解本地区存在的社会问题，并使自身的表达、沟通和倾听的能力得到锻炼和培养，促进职业技能的提升。对于律师事务所来说，则可实现其企业社会责任，改善公司形象等。当前，已有 40 多家律师事务所参加了这项活动，并与全英国的上千名学生进行了合作。[①]

四是地区校园律师(Local Lawyers in Schools)。因校园律师项目的成功，公民教育基金会开发了地区校园律师项目，帮助那些愿意为本地区的发展做出贡献的中小型律师事务所与当地学校建立合作关系，其运行模式与校园律师项目相同。[②]

二、中小学法治教育的手段灵活多样

在英国，立法机构、政府、社区等多种主体利用法律、出版读物和咨询服务等形式，围绕具体法律问题，针对中小学生或青少年宣传法律知识和开展法治宣传教育。

法治教育首先体现在立法过程的公开化上。立法的过程就是向青少年和其他公民宣传法律的过程。政党竞选、女王演说、上下两院讨论及法律颁布实施的各个阶段，都渗透着法律知识和法治宣传教育。

公民基金会是重点负责青少年法治教育和为学生提供法律教材的机构。它针对青少年的不同年龄段的特点，出版法律读物。这些法律读物包括在校中

---

①Citizenship Foundation.Local Lawyers in Schools [OL].[2016-4-11] .http://www.citizenshipfoundation.org.uk/main/page.php? n377.

②Citizenship Foundation.Local Lawyers in Schools [OL].[2016-4-11]. http://www.citizenshipfoundation.org.uk/main/news.php? n831.

小学生4～7岁读本、8～9岁读本、10～11岁读本、12～14岁读本、15～16岁读本，以及为16岁以上离开学校走上社会的青少年所准备的读本。这些法律读物针对不同年龄段的青少年进行法律知识普及和法治教育，使青年人了解社会，认识自身的权利和义务，了解法律运用方式，从而正确对待社会、正确处理问题。这些法律读物除被英国的中小学广泛采用外，还被部分东欧国家所采用。[①]

英国警方是直接从事中小学法治教育的机构。警方重点从维护社会治安、保持社会稳定的角度，从避免青少年犯罪和避免青少年成为受害人两个目的出发，对中小学生进行法律常识教育和法治宣传。具体来说，从拨打"999"、按门铃、遵守道路安全规则、防抢劫、防吸毒等问题出发，建议中小学开设和嵌入有关教学内容，得到中小学的广泛支持。目前，伦敦有1%的警力投入这项工作，很多警察被学校专职雇用。伦敦的做法对英国全境有辐射作用。有些地方在仿效的同时，也希望得到伦敦警方的指导，从而形成了全国性的青少年法治宣传教育体系。

社区法律咨询服务(community legal advice)也是开展法治教育的重要手段。英国的社区法律咨询服务，作为英国的一种法律援助制度，是通过社区法律咨询服务，向广大青少年和其他公民开展法治教育的重要手段，具有直观性和生动性的特点。在英国法律服务委员会提供的专项资金支持下，社区法律咨询服务与独立的法律咨询组织和律师合作，主要通过网站、电话热线、各类法律咨询中心、数码电视、回电服务等多种服务形式，针对婚姻、家庭、教育、社会救济、税收、债务、劳动就业、住房等领域的常见法律问题，为广大经济困难群体(如低收入人群或者依靠救济金生活的群体)提供内容丰富、保密且独立的免费法律咨询服务。近年来，随着法律援助工作的深入开展，社区法律咨询服务已经成为英国公共法律教育和法治教育工作的重要组成部分，发挥着越来越重要的作用。[②]

三、中小学法治教育的宣传工作由政府和社会组织共同开展

在英国，法治宣传教育具有广泛的社会性。英国政府大力支持法治宣传工

---

①陈俊生.英国社区法律服务与法制宣传教育情况概览[J].中国司法，1998(2)：44－45.

②朱昆.英国社区法律咨询服务概述[J].河南省政法管理干部学院学报，2009(5)：104－107.

作，社会组织也广泛参与这项工作。英国没有全国统一的法治宣传教育的协调机构和职能部门。法治宣传经费投入主要由政府提供，而且政府对这项工作的投入越来越多。同时，社会组织团体也根据社会的需求，自发地组成新的法治宣传教育组织，探索新的法治宣传教育渠道。随着英国法律制度的变革和英国社会发展的需求，法治宣传教育越来越引起社会关注。①

首先，英国政府积极参与和支持法治宣传工作。英国上下两院、皇家大法官部、都市警察、国家消费者理事会等部门，都从各自职能出发从事法律知识的宣传工作。特别是上下两院和皇家大法官部往往把法律知识的宣传渗透到立法、司法的整个过程之中。地方政府也对当地法治宣传和法律服务机构予以积极的资金和政策支持。

其次，社区法律服务等社会组织积极参与法治宣传工作。在英国，律师服务是一种高智能劳动，律师收费居高不下，一般民众难以承受。对于许多小的法律事务，律师无暇顾及，而当事人也不愿花费太高。起初，国家财政向这些当事人提供法律援助，即为当事人支付律师费，以此帮助当事人获得法律服务，但是这笔财政开支越来越大，每年达数十亿英镑，政府不堪重负。因此，社会团体组织和社区法律服务组织等应运而生。

参与法治宣传教育的社会团体组织有法律行动组织、公民法律基金会，及其遍布全国的分支机构等。它们根据社会需要，通过各自的方式，向公民提供法律知识，开展法治宣传。

社区法律服务组织主要有公民咨询局、法律中心和家庭纠纷调解组织等。由地方政府支持的公民咨询局，是这类组织中规模最大的，已经成为向公民宣传法律的重要部门和途径，主要通过咨询方式宣传法律知识和开展法治宣传教育。公民咨询局诞生于 1939 年，现在全国有上千个机构，遍及每个基层社区(镇、区)。每个机构一般有 4 至 5 名专职人员，同时有更多的不拿报酬的志愿人员。他们必须品行良好，有一定的专长，并经过 1 年以上的法律培训，其中有些人是执业律师。其工作经费主要来自地方政府拨款和社会各界的捐赠，其服务对象是本社区内的低收入者，服务一律免费。其法律服务和咨询、宣传领域主要涉及雇工、住房、社会福利、消费者权益等日常生活中的法律事务。在业务范围上，一是对民众的法律问题提供具体的咨询意

①陈俊生.英国社区法律服务与法制宣传教育情况概览[J].当代司法，1998(2):44-45.

见；二是进行非诉讼代理和协商；三是代理当事人在基层法院或者专门法庭进行诉讼。执业律师作为志愿人员积极参加公民咨询局的工作，同时从那里得到有益的信息乃至一些法律事务。①

法律中心诞生于20世纪70年代，总部“法律中心联合会”设于伦敦。每个法律中心有5至10名专职人员，其余大部分是志愿人员，他们都有自己的专长。工作经费主要来源于社会捐赠和基层政府拨款，以及一部分政府法律援助经费。他们在家庭、住房、移民、教育、雇佣和福利等领域，为本社区内的低收入者提供免费的法律服务，包括代理他们进行诉讼。

英国的家庭纠纷调解组织建立于1981年，现在全国有多个分支机构，有工作人员数百人，都是不拿报酬的志愿人员，接受过法律培训。英国的离婚率较高，孩子的抚养和教育以及财产问题是婚姻家庭关系的重要内容，而离婚诉讼难以对此做出令人满意的安排。家庭纠纷调解组织以离婚家庭的财产和抚养问题为主要内容开展调解工作，每年调解纠纷近6000件，调解成功率达75%。其工作经费来自社会捐赠和政府财政支持，同时向当事人收取少量费用。该组织总部“家庭调解联合会”制订了细致的工作程序：一是当事人双方申请或者同意调解；二是调解人告知双方权利义务以及调解的保密性；三是调解人向双方当事人了解纠纷事实和争执的问题；四是调解人向当事人解释有关的法律规定，并鼓励当事人向律师咨询其权利和义务；五是调解人寻求和扩大当事人之间的共识；六是就所争执的问题达成协议。

“英国调解中心”是一个以调解邻里关系、伤害事件和校园内冲突为主要内容的调解组织，成立于1984年，总部设在伦敦，全国有140多个地方组织。每个组织有工作人员10至60人，主要是不拿报酬的志愿人员，都经过法律培训。该组织的宗旨是，通过调解纷争，达成赔偿协议，改进邻里关系。其工作程序与家庭纠纷调解组织类似，并定期回访，巩固调解成果。②

---

①陈俊生.英国社区法律服务与法制宣传教育情况概览[J].当代司法，1998(2)：44.

②陈俊生.英国社区法律服务与法制宣传教育情况概览[J].当代司法，1998(2)：45.

第二节 英国中小学法治教育的案例：生动有效的社区法律咨询服务

在英国，社区法律咨询服务面向广大青少年和其他公民，以“案”说“法”，生动、直观地开展形式多样、内容广泛的法律咨询服务，并借此开展法治宣传教育。

一、法律咨询服务形式多样

随着科学技术的发展，网站、电话热线、数码电视等社区法律咨询服务形式不断完善和发展，极大地满足了青少年或其他人中的各类困难群体在不同时间和空间的法律需求。①

一是社区法律服务网站。该网站通过为青少年和其他公民提供免费优质公平的法律咨询服务，帮助他们及时处理遇到的问题。为了满足不同语言背景的登录人的法律需求，该网站可以为登录人提供英语、威尔士语、阿拉伯语、中文等十多种语言文字的法律咨询服务。登录人可以查阅免费法律信息和常见法律问题解释，以了解自身所享有的法律权利和承担的法律义务，熟悉日常生活中的常见法律问题。登录人通过该网站还可搜索相关服务，通过网络链接搜索相关网站，为自己遇到的法律问题找到最佳咨询建议。登录人还可以通过该网站提供的“社区法律服务咨询人员名单”，查找在其居住地附近执业的优秀律师或者其他法律咨询人员，以便就近获得法律咨询帮助。另外，该网站设有法律援助计算器(legal aid calculator)程序，通过对登录人遇到的法律问题和经济状况进行审查，以帮助登录人计算其是否享有法律援助资格，能否就某个民事案件获得法律服务委员会提供的法律援助服务。

二是社区法律咨询服务热线。社区法律咨询服务热线是一项保密性高、服务功能强的电话服务方式，该热线服务所产生的费用通过法律援助经费支付。近年来，该热线在满足英国农村地区法律援助需求方面发挥着越来越重要的作

①朱昆.英国社区法律咨询服务概述[J].河南省政法管理干部学院学报，2009(5)：104—107.

用。青少年和其他人如果经济困难（比如属于低收入人群或者靠救济金生活的人群），遇到债务、教育、劳动用工、住房等问题时，可以致电该热线寻求法律帮助。经过审查，当事人如果不享有法律援助资格，该热线也可以通过转介方式，帮助当事人及时获得其他服务机构或者组织的帮助。

三是数码电视服务（digital TV advice）。这是针对当事人上网不方便的情况设计的一种通过数码互动电视使当事人获得社区法律咨询服务的服务方式。当事人可以使用电视遥控装置，查找本地法律咨询人员名单，获得有关教育、债务、救济金与纳税、劳动就业和住房等方面的法律咨询，订取送货上门的法律信息，查阅有关法律援助服务信息等。当事人也可以使用覆盖整个英国的政府数码电视门户——当地咨询服务频道以获取社区法律咨询信息。如果当事人经常外出，使用数码电视服务不方便，也可以通过手机提供的政府社区咨询服务查找律师、订取法律信息或者获取法律信息等。

四是社区法律咨询服务中心。在英国，由地方议会和法律服务委员会共同支持，建立了许多社区法律咨询服务中心。这些社区法律咨询服务中心可以为青少年家庭和其他家庭的当事人提供独立、保密的法律咨询和代理服务。社区法律咨询服务中心可以就债务、劳动就业、住房、社区保健、婚姻家庭等方面的问题为当事人提供一系列法律咨询服务。这些社区法律咨询服务中心的办公地点、办公时间、服务电话、网站等事项均在社区法律咨询服务网站上予以公示，以方便当事人随时或者通过预约寻求法律帮助。

二、法律咨询服务内容广泛

社区法律咨询服务可以针对日常工作生活中常见的一系列法律事务，为青少年家庭和其他家庭的当事人提供法律咨询和帮助。针对某个具体法律问题，当事人可以通过查看法律咨询人员名单，咨询相关法律领域的专家以获得法律帮助。主要法律事务范围包括[①]：

一是教育问题法律咨询服务。主要为当事人提供有关教育服务问题的法律咨询帮助。比如，当事人想知道相关组织机构是否已经履行教育服务职责，如何通过法律途径争取教育经费或者开展针对特殊需求的教育活动等。

---

①朱昆.英国社区法律咨询服务概述[J].河南省政法管理干部学院学报，2009(5)：104—107.

二是社会福利救济法律咨询服务。这方面的法律咨询主要包括当事人所享有的各种社会福利救济权利等。比如,为当事人提供有关政府救济等方面的法律咨询,帮助当事人了解社会福利救济的申请、审查及发放程序等。

三是针对警察行为的法律咨询服务。主要是为当事人提供针对警察行为的法律咨询和帮助。比如,在发生警察殴打公民、擅入公民住所、非法拘禁、非法逮捕、妨碍财产、恶意控告或者其他的警察滥用职权的行为时,针对当事人的需要,提供相应的法律咨询和帮助。

四是婚姻家庭法律咨询服务。主要是为当事人提供有关婚姻家庭方面的法律咨询和帮助。比如,当事人在离婚后,是否享有与子女共同居住这方面的法律权利,应当采取哪些措施实现该权利,而在这种情况下另一方是否享有与子女保持联系的权利;当事人遭到家庭暴力时是否能够获得法律帮助以及如何获得法律帮助;在当事人子女被政府送进管教院或者被他人收养的情况下,当事人该怎么办。

五是人身伤害法律咨询服务。主要是为受害人及其家属等在由他人、相关组织或者机构对自身造成的人身伤害提出赔偿诉讼方面提供法律上的帮助。不同资质的社区法律咨询服务机构和人员所提供的法律帮助各异。提供一般帮助、较有代表性的法律咨询服务机构是公民咨询局和其他咨询机构。如果当事人想请人帮助查明本人遇到了什么样的法律问题,并想通过获得相关信息、咨询和帮助以解决本人所遇到的法律问题时,当事人应当寻求能够提供一般帮助的法律咨询服务机构和人员的帮助。这些机构和人员为当事人提供的服务主要包括:分析当事人遇到的法律问题,解释并告知当事人有哪些解决办法,帮助当事人确定下一步行动,帮助当事人填写相关表格并起草法律文书、信件,必要的时候联系其他机构以获取补充信息。

此外,针对当事人遇到的案件,有些提供一般帮助的法律咨询服务机构和人员还可以为当事人提供以下个案服务工作:代表当事人采取行动;将当事人的案件提交给相关人员,说服这些相关人员做出对当事人有利的决定;通过电话、信件或者会见等方式进行个案协商工作;为当事人提供辩护服务,比如在某些法庭诉讼活动中,为当事人提供辩护服务。

在日常工作生活中,如果当事人遇到复杂的法律问题想寻求法律咨询,并需要获得包括法庭代理在内的全方位法律服务时,当事人应当寻求能够提供专家帮助的法律咨询服务机构和人员的帮助。需要强调的是,只要当事人符合法律援助规定条件，并且无力支付代理费，社区法律服务资金将为当事人提供资金支持。具体说来，在遇到复杂法律问题时，当事人可以获得以下专家帮助：针对当事人在特定法律领域遇到的复杂问题所提供的咨询和法律帮助；在条件允许的情况下，为当事人提供的法庭代理服务。专家能够在不同法律领域为当事人提供咨询服务和帮助，比如在住房、债务、刑事及移民等法律领域提供咨询服务和帮助。①

第三节　对英国中小学法治教育的反思与启示

英国的中小学法治教育注重实践性教学，参与主体广泛，形式和手段灵活多样。这给了我们以下反思和启示。

一、中小学应注重开展实践性和参与式的法治教育

英国的中小学法治教育强调实践性、参与式教学。英国大多数学校鼓励学生参与各种与公民教育和法治教育有关的实践活动。有的学校将法治教育融入学校日常生活，鼓励学生积极参与学校的各项活动和管理事务并发表自己的观点和评论。有的学校组织学生参加模拟审判竞赛，让学生亲历审判过程，或让律师走进课堂与学生一起探讨学生关心的法律问题，借此对学生进行公民教育和法治教育，培养学生的探究、思考、分析能力和团队合作精神，教育学生树立守法观念和意识，依法维护自身权利、履行法定义务。英国的中小学课堂教学多以启发式教育为主导，充分调动学生的积极性，鼓励学生自主分析和独立思考法律问题，自己得出结论，从而主动接受和认可所学法律知识，并初步了解其实际运用。

中国的中小学法治教育大多采用说理教育和知识灌输的方式。中国有些学校和教师虽然有时会结合案例“以案析法”，但所选案例有时脱离学生现实生活，无法引发学生兴趣和共鸣；有些教师只顾完成教学任务，很少启发学生独立思考和提出个人想法或质疑，所讲授的法律知识无法使学生从内心深处真正接

---

①朱昆.英国社区法律咨询服务概述[J].河南省政法管理干部学院学报，2009(5)：104—107.

受和认可，无法让学生将法律知识内化于心，并真正培养守法意识。整体上看，中国中小学法治教育没有充分发挥学生的主观能动性，仅强调外在灌输，让学生被动接受。教师往往致力于理论灌输，然后通过测评来了解学生掌握法律知识的情况，而非引导学生形成法律意识和观念。

对比可知，英国中小学法治教育的最大特色是实践性和灵活性。英国的大多数中小学开展法治教育并无统一教材，完全由教师设计课堂内容，引导学生参与法律实践活动，从而避免了正面的理论灌输和课堂教学的单调乏味，活跃了课堂气氛，增强了学生的学习兴趣，提高了学生的学习成效，这有助于引导学生真正树立法律意识，培养法治观念。

有鉴于此，中国中小学法治教育应注重法律知识讲授与法律实践相结合。要基于自身国情和学情，借鉴英国做法，将课堂上的法治教育与课下的法律实践紧密结合起来，改变在教育教学活动中让学生始终处于被动接受知识的地位的做法，注重激发学生的学习兴趣和积极性，鼓励他们积极独立地思考，自觉树立法治意识。不能仅用法律知识考试的结果来衡量法治教育的成果，而应注重引导学生在知法懂法的同时，学会增强法治意识，用法律保护自身的法定权利，同时自觉守法、履行法定义务。更重要的是，各科教师应注意探究将法治教育融入课程教学的途径和方法，因为只有引导学生将所学法律理论知识融入学生的日常生活中，让学生觉得“法就在身边”，才会提高学生的学习兴趣和学习成效，培养学生的法治意识，从而增强中小学法治教育的有效性。

二、中小学应采取灵活多样的手段开展法治教育

英国的法治教育手段灵活多样。政党竞选、立法机构讨论及法律颁布和实施的各个阶段都渗透着普法和法治教育。公民基金会出版了针对各年龄段青少年特点的法律读物；警方为避免青少年犯罪和避免青少年成为受害人，从拨打报警电话、按门铃、防抢劫等具体问题出发，对中小学生进行常态化的法律常识教育和法治宣传，受到中小学的广泛支持；社区法律咨询服务通过网站、法律咨询中心、数码电视等多种服务形式，针对婚姻、家庭、教育等领域的常见法律问题，为广大经济困难群体提供免费法律咨询服务。

中国的法治教育手段灵活性不足。中国缺乏像英国的公民基金会那样专门针对青少年群体的不同阶段年龄特点而出版系列法律读物的机构；中小学虽然多会联系当地警方对青少年开展法治教育，但未常态化，有些法治教育内容

也缺乏针对性，不像英国警方那样细致和具体；社区法律咨询服务开展不足，服务形式不够具体细致。

对比之下，英国的法治教育手段更为灵活。有专门机构出版针对各年龄段青少年特点的法律读物，在传播法治教育知识方面具有较强的针对性；警方针对具体细节问题对青少年开展常态化法治教育，提高了青少年法治教育的针对性和实效性；社区法律咨询服务为经济困难群体提供周到细致的免费法律咨询服务，在切实解决法律问题的同时有效宣传了法律知识和开展了法治教育。

有鉴于此，中国应当注意开展灵活多样的法治教育。建议适当吸收英国做法，在政府支持和资助下，由有关出版机构根据青少年年龄特点，结合其生活与学习实际情况及实际案例，编写浅显易懂的法治教育系列读本；各地警方从避免青少年犯罪和避免遭受犯罪侵害的角度出发，深入附近辖区学校，系统化、常态化地教育青少年正确处理和解决他们身边与法治有关的实际问题，如拨打报警电话、按门铃、防抢劫等具体问题；各地社区应在政府资助下建立法律咨询服务中心，聘请当地律师，通过现场咨询、网站答疑等多种服务形式，针对青少年教育等领域的常见法律问题，为青少年家庭提供法律服务，尤其是为其中的经济困难群体提供免费法律咨询服务，同时以此为平台开展法治教育。

三、中小学应在政府支持下发动社会各界参与法治教育

在英国，政府和社会组织大力支持和参与法治教育。英国立法机构、法院、警察机构等都基于各自职能从事法治宣传教育工作。地方政府对当地法治宣传教育予以积极支持。社区法律服务组织，如公民咨询局、法律中心、家庭纠纷调解组织、公民法律基金会等，也组成各类法治教育组织，根据社会需要，以不同方式，向公民提供法律知识，开展法治宣传。

在中国，社会各界对法治教育的参与有待深入。目前，中国政府、立法和司法机关以及不少社会组织都参与中小学法治教育，但参与程度有待深入。比如，社区组织参与解决法律纠纷和开展法治教育的程度和力度较为有限，不像英国的社区法律服务组织那样，在免费为经济困难群体开展法律咨询和解决具体法律问题的同时，开展法治教育。

对照英国做法可知，英国各界参与学校法治教育的程度更为深入。英国注重学校法治教育与校外法律资源（法院、律师、社区等）的有机结合，尤其是志愿律师和社区法律服务组织等在向经济困难群体等开展法律咨询服务和进行法

治宣传教育方面发挥了重要而积极的作用，增强了法治教育的实践性，有力支持了中小学的实践性法治教育。

鉴此，中国中小学应在政府支持下发动社会各界参与法治教育。建议借鉴英国做法，由各级政府对当地辖区内的社区组织和调解组织等予以适当资助，引导它们针对当地青少年家庭尤其是其中的经济困难家庭的实际需要和具体问题，以不同方式，向这些家庭提供法律咨询和法律服务，并开展法治宣传。各级政府尤其应注意为教育资源与社会人力和物质资源的整合搭建桥梁，以期中小学法治教育的开展更见成效。

第三章　美国的中小学法治教育

美国的法治教育经历了从传授法律基本知识，到将法律知识纳入通识教育以培养学生的批判性思维和法律运用技能，再到基于法律学习开展公民教育的过程。

美国独立初期，学校就开始讲授基本法律知识。早在1642年殖民地时期，就要求在校学生学习并掌握一定的法律知识。早期提倡进行系统化宪法教育的是联邦最高法院法官约瑟夫·斯托雷(Joseph Story)。他在《美国宪法简述》一书中逐条解释宪法及其修正案的内容，以及法条背后的立法意图。斯托雷希望通过这本书使青少年尊重宪法以及宪法所代表的价值观。这本早期教材中所体现的价值观包括平等、自由、爱国，以及一些中产阶级所推崇的勤劳、诚实、正直等美德。[①] 这些早期法治教育在内容上主要关注宪法和政府机构组成，而学生的主要学习方式是以法条记忆为主，体现出对宪法的极端尊重和盲目服从。[②]

20世纪50年代，法律界和教育界开始考虑将法治教育纳入通识教育，推动青少年对当前法律制度的深入理解，教育学生学会处理身边与法律有关的问题，提高批判性思维技能以及实际运用法律的能力。1953年，哈佛大学法学教授保罗·弗洛因德(Paul Freund)在华盛顿大学发表演讲，提出成功的法律思维教育是全面的通识教育必不可少的组成部分，倡导学校教育学生使用批判性思维技巧，更成功、更有学识地在法治社会中行使职能。[③] 这拓宽了当时人们对法治教育的认识。

美国遭遇越南战争、水门事件等社会危机之后，公民教育问题再次受到关注。美国法治教育之父伊萨多·斯塔(Isidore Starr)认为，新时期的公民教育

---

①Story J. A Familiar Exposition of the Constitution of the United States[M]. Boston: TH Webb & Company, 1842:269—270.

②帅颖.美国法制教育的历史演进及其启示[J]. 武汉大学学报(哲学社会科学版)，2014(3):125—127.

③Freund P A. Law and the Universities [J]. Washington University Law Quarterly, 1953 (4):379.

应加强对自由、正义、平等、财产及权利的学习,以期应对新的社会危机带来的问题。[①] 他积极倡导通过法律学习来改善公民教育,通过教导青年人了解法律制度、法律程序和法律体系,以改善公民教育,给青年人提供另一种理解社会的方式和一些可使他们参与制定和改善法律的工具。在他的倡导下,美国开始了法治教育运动,这最终促成美国 1978 年《法治教育法案》的颁布。该法案正式确定了法治教育的名称和定义,并以立法形式将法治教育确定下来,其影响一直延续至今。该法案将法治教育定义为:法治教育是使非法律专业者获得与法律、法律程序、法律体系有关的知识和技能,并领会其赖以建立的基本原则和价值观的教育。美国联邦教育部在其规章中进一步规定,法治教育要帮助学生在复杂和多变的社会中更加有效地与法律打交道。[②]

相对于笼统的公民教育,法治教育自身具有其独特的意义。其一,虽然美国绝大多数州一直都要求在中小学中进行宪法和人权法案的教育,但是在教学方法上比较受限。法治教育引入案例分析、模拟法庭等情境性的教学设计和方法,有助于提升教学效果。其二,法治教育立足于学生生活,能起到普法和帮助学生领会法律精神和原则的作用。法治教育重在培养学生的法律思维能力,帮助学生更好地应对社会生活中的法律问题。同时,法治教育对于提高学生的学习兴趣,预防青少年犯罪和促进社区参与都具有积极的作用。

美国的中小学法治教育在教学方法上,注重学生互动,提倡合作学习,广泛使用小组活动、角色扮演、模拟法庭等教学手段;在教学内容上,教育学生知法守法与培养学生的批判性思维相结合;在教学资源上,广泛利用社会资源,动员律师、法官、警察、议员进校园,丰富法治教育的课堂教学;在教学组织上,学校领导大力支持法治教育;在人员配备和人员素质上,大多数教师受过系统的法治教育培训。除此之外,有效的法治教育项目还体现法治教育的系统性。[③]

---

①Alexander M C. Law-Related Education: Hope for Today's Students [J]. Ohio Northern University Law Review, 1993 (20): 67.

②帅颖.美国法制教育的历史演进及其启示[J]. 武汉大学学报(哲学社会科学版),2014(3):125—127.

③张冉.践行法治:美国中小学法治教育及对我国的启示[J].全球教育展望,2015(9):77—78.

第一节　美国中小学法治教育的特点

一、注意培养中小学生的法治意识和用“法”技能

美国的中小学法治教育，作为公民教育的重要组成部分，除了传授法律基本知识以外，主要以培养学生的法治意识和法律应用技能为目标。具体说来，通过在中小学开展法治教育，培养、激发青少年作为公民的社会责任感和法治思维与意识，使学生能够运用法律知识、法律意识和素养，在一个以法治为基础的多元民主社会中有效发挥作用。同时，引导学生将法治思维和意识用于现实生活，在法治框架下解决学习和生活中遇到的困难和问题。所以，法治教育的任务，主要是让学生通过学习法律知识形成法治意识和技能，而非单纯针对具体法律条文强化记忆学习。

美国中小学注重在不同课程中渗透法治教育思维和意识。美国大部分学校除了开设有专门的法治类课程以外，其法治教育的内容还分散在其他各科课程中，历史课、职业道德课、社会研究课、政治课、人文课等课程都有涉及法律问题的内容。中小学注重在这些学科中通过各种适当形式实施法律渗透式教育。法治教育的渗透式教育最大的优势在于，能凸显行为养成教育和对青少年社会化的长期影响，使中小学生在耳濡目染和潜移默化中接受法治教育，并在教育方式上系统地、稳定地、全面地实现学科整合。

美国中小学法治教育注重培养中小学生的以下技能。①

一是研究。通过开展法治教育，让中小学生知道如何在图书馆和其他地方获得与法律问题有关的信息，并能针对法律问题开展个人访谈或调查研究。同时，在开展法治教育过程中，培养学生通过研究获得以下能力：将法律知识应用于真实情境的能力，整合与法律有关的信息的能力，理解与法律有关的争议与冲突的能力，就现实法律问题做出成熟的判断与决定的能力。

二是思考。在美国，法治教育帮助中小学生思考法律如何反映、塑造社会

①蒋一之.美国中小学法治教育：从观念培养到技能训练[N].中国社会报，2005-07-26(4).

价值观、信念和品质，而这些社会价值观、信念和品质又是如何上升为法律的。同时法治教育帮助学生领会和理解法律如何能够增进社会凝聚力以及影响社会变革；批判性地反思和评价法律与法律问题；理性评价法律问题中出现的争议和冲突。其中，一个重要环节是引导学生正确、辩证地理解和领会法治教育的核心概念，如法律、权力、公正、自由和平等。例如，在讲授“自由”概念时，教师让学生学习美国宪法保障下的自由权有哪些，以帮助学生初步理解什么是“自由”。然后，再引导学生理解在当代社会中当个人的自由与大多数人的价值观相冲突时，应该如何处理公民与社会之间的关系，尤其是学生与大社区（如城镇、国家与世界）之间的关系。通过法治教育，让学生认识到政府权力的运用，既可以保证秩序，也可能引发混乱，帮助学生理解宪法是通过制衡权力来限制权力滥用，而法律的正当程序在社会管理体系中发挥重要作用。当涉及平等问题时，教师通常让学生研究种族、选举权、反歧视行动等问题。总之，美国的中小学法治教育努力引导学生掌握一些基本的对立概念，如自由权与平等、统一与多元、权力与公正、自由与秩序、权利与义务等，以使他们正确、全面理解法治教育中的主要核心概念。

三是交流与社会参与。美国的中小学通过开展法治教育，指导学生学会与来自各种背景和环境的人进行交流互动，并学会劝说他人关心与法律有关的问题；引导学生参与规则的制定与目标的确定；指导学生通过商议、谈判、协调来解决冲突，达成共识；教导学生通过与他人协商，针对与法律有关的假设或真实性社会问题做出决定。掌握这些技能需要学生具备独立的思考能力和强烈的批判精神，而且要掌握相关的语言和人际关系技巧，而中小学教师往往运用大量真实的案例和有趣的情境或话题引导学生获得这些技能。例如，在幼儿园里，幼儿可以通过区分能够控制他们的人和那些在幼儿园经常欺侮他人但没有权威的人，学会理解什么是权威；五年级的学生可以通过讨论来决定处罚违反校规或法律者的最有效的方法；高中学生可以制订自己的规则以解决班内冲突，或制定政策以缓和全校性问题。当然，这些能力并非人人都可达到，但都可通过一定的努力达到相应的程度。

美国的中小学法治教育鼓励学生充分发挥学习的主观能动性。要求中小学生在生活中学会尝试解决会对他们的生活造成影响的争议性问题，反思法律影响他们生活和学习的方式，并考虑如何对法律和社会产生影响。美国中小学法治教育并不是让学生被动地接受法律知识和条文，而是关注学生生成性的学习。教师通常都不会针对某一法律问题给出标准或统一答案，而是让学生通过独立思考得出自己的结论，在此基础上再对学生进行指导，这对于培养学生的法律意识和解决法律问题的能力无疑更有意义。学生在教师指导下逐步主动地接受法治思想，形成他们的法治意识，并且将其慢慢转化为具体的法治行为。

美国中小学法治教育培养学生运用法律技能的方式灵活多样。中小学教师根据教育教学实际需求，综合运用各种形式的教育方法，其中主要以学生的年龄特点与兴趣为出发点，遵循教育的基本规律，反对灌输，提倡师生在互动和平等的对话中实现法治教育的目的。同时，法治教育方法的运用突出以过程为导向，法治教育的基本目标不在于使学生掌握法律概念和知识，而在于通过学习过程帮助学生运用对知识的理解和领悟改造自我价值观，以形成美国社会所需要的公民基本法律技能和行为习惯。目前，在西方广泛运用的德育模式，如理论基础建构模式、体谅模式、价值澄清模式、价值分析模式、道德认知发展模式、社会行动模式等，大多已有机运用于法治教育实践，取得了较好的教育效果。①

二、强调学生参与和实践

美国的中小学法治教育注重鼓励、激发中小学生积极参与探究法治问题，同时创造机会让学生参与法治教育实践，以期培养学生的法治思维和运用法律知识和思维方法解决现实生活中遇到的法律问题的能力。

美国的中小学法治教育注重为学生提供自主性的法治教育空间。在中小学的法治教育过程中，单纯的法律理论和法律条文解释会显枯燥，致使学生从心理上产生抵触情绪。而发挥学生自主性，让学生参与法治教育问题，有助于学生在真实的法治教育情境中理解法律，将课堂所学法律知识内化。美国的法治教育注重发挥学生的自主性，让学生成为真正独立的个体，而教师只是充当“引路人”的角色，不断激发学生的问题意识和求知欲望。教师为学生提供了一个更宽松、更有创造性的平台和空间，而不把学生禁锢在教师预设的标准答案内，以免学生丧失独立思考和创新能力。参与法治教育为学生提供了有意义的经历，赋予学生自主发挥的空间和对经历进行积极反思的机会，在鼓励学生“实践”法律的过程中推动了美国中小学法治教育目标的实现。

---

①刘咏梅.美国青少年法制教育的特点及其启示[J].中国青年研究，2005(9)：88.

美国中小学法治教育课堂注重情境教学和杜绝满堂灌。教师在课堂上非常重视教学材料的呈现，注意运用教学材料引导学生开展问题争论，教师在其中充当裁判的角色，通过价值澄清、角色扮演、合作学习等方法逐渐帮助学生掌握法律的真谛。这使学生在对法律的尊重与对法律实际应用的建设性批评中寻找一个平衡点。由于美国的法治教育在课堂上杜绝“一言堂”现象，不让教师成为教学活动的主角，因而在法治教育中经常使用一系列情境教学模式：了解在逮捕和搜查情境下警察机关采用的法律程序；模仿审判和上诉；到司法机关听讼；解决冲突和进行调解工作；同社区中的法律专业人士进行沟通等。这种模式为学生提供了真实的法律场景，让学生有身临其境之感，并且消除了学生对法律的神秘感。这种互动的情境教学模式为学生提供了真实的情境，给了学生参与和表达的机会，有助于学生在真实体验中培养法治意识和相关技能，大大提高了法治教育的实效性。

美国中小学法治教育强调在实践中加深学生对法律知识的理解。美国中小学的法治教育注重理论与实践相结合，在法治教育过程中贯穿知行合一的原则，强调在实践活动中加深学生对法律知识的理解，为法律意识的形成打下基础。为激发学生的浓厚兴趣，教师往往通过贴近学生生活的法律实例向学生讲述法律知识、阐释法的精髓，而尽量避免使用过多法律条规、法律术语。美国教育大纲规定，法治教育内容要贴近学生生活，让法治教育回归学生的生活世界。教育部门经常定期组织大型的法治教育活动，号召社会各界携起手来共同为学生创造一个良好的法治环境，帮助学生走出学校走进社区去体味法律的实施环节，充分提高学生的实践能力。[①]

美国中小学法治教育注重恰当组织案例教学。中小学教师通常选择发生在学生现实生活中的情境，通过别具匠心的设计，吸引学生参与法律问题探究，引导学生思考法律问题，查阅相关知识，搜集和分析事实信息，灵活运用知识解决法律问题，学生以此可获得比较强烈的情感体验和实践锻炼。[②] 在实际的案例教学中，教师会根据中小学生的年龄特点和兴趣组织不同的案例。对低年级学生来说，教师利用图片、漫画向学生解释法律问题，或让学生自己画图来阐明

①谢佑平，王永杰. 多元视野下的美国青少年法治教育：途径、策略及启示[J].青少年犯罪问题，2007(3)：63－66.

②李先军，张晓琪.美国中小学法治教育的历史演进、特点及启示[J].外国中小学教育，2015(5)：18.

对某一法律问题的看法，都是帮助学生学习法律知识和增强法律意识的有效方法。而对高年级学生，则可通过情境教学或案例分析来增加学生对法律的体验，从而帮助学生理解法律。在佛罗里达州课堂中有这样一个教学案例："警察的职能是什么?"对这一问题，低年级和高年级采用的教学方法有所不同。教师会让1～5年级的学生动手画出显示警察职责的图片，用文字解释图片的内容；之后，允许同学之间相互讨论，并尽量尊重学生自己通过思考做出的判断；让同学讲述家人、朋友是否亲身经历过这样的情形。根据学生提供的图片挑选出哪些是常见的，哪些是不常见的，并对图片进行分类，以巩固学生的基本知识；最后请出专业人士即警察来做补充，使学生对警察职能的理解更加深入、准确、全面、直观。而对于6～9年级的学生，在其探究警察职能时，教师会提前让学生看《青年和警察》一书，由警察和教师组织学生表演情景剧。学生通过扮演警察来处理交通阻塞、家庭纠纷、入店行窃等案例。同学们表演结束后，警察会描述现实中处理这些法律问题的具体方式，并补充一些相关案例，加深学生对警察日常职能的理解，培养学生对警察的崇敬之情。①

美国不少中小学设有"走向法庭"的现场训练。美国中小学法治教育在充分考虑学生已有知识和经验的基础上，为学生提供针对所学法律知识、技能、价值观进行实践和体验的各种机会和舞台。教师往往在学校里开展模拟法庭活动，让同学们扮演法官、律师、检察官、证人等角色，以加深学生对法律知识的理解，促进其对司法活动的认知；组织学生去法院观摩案件审理，让学生亲身感受法律的实际运用和法律程序的运作。有些课程除课堂教学外，还利用近三分之一的教学时间组织学生到律师事务所、警察局等机关，亲自体验现代公民的责任，这对青少年法律行为能力的培养和守法习惯的养成，无疑有较好的促进作用。

美国中小学法治教育注重充分发挥隐形教育的功能。美国教育界历来重视通过隐形教学方式对学生开展法治教育。大多美国教师认为，法治教育作为一种价值观教育，不是单靠一门课或多少学时的教学就能完成的，而是一个渐进的、不断积累和逐步塑造的过程。因此，美国中小学法治教育力求课堂学习环境与校园文化环境相一致或相协调，而校园文化环境又应与社会环境相一致。校园内的各种学术活动、节日庆典活动、学生俱乐部活动、学生各类社团活

① Naylor D T. Values: Law-Related Education and the Elementary School Teacher [R]. Washington D.C.: National Education Association. 1976: 22－23.

动、社会实践服务、宗教活动等，都在不同程度地发挥着法治教育的功能，传递着美国社会的法律价值观。值得一提的是，法治化校园管理本身就是对学生潜移默化进行法治教育的过程。美国中小学的学生工作是依据国家法律和学校规章制度进行的，不仅规范，而且透明度高，有严格的程序。在具体管理过程中十分注重对学生权利的尊重，以及对公正、平等、自由等法治理念的弘扬和践行。显然，这些对于学生的法治观念的形成、守法习惯的养成，都起到积极的作用。①

三、注重动员社会各界资源开展中小学法治教育

美国中小学法治教育重视利用多种教育资源。在美国，各种正规与非正规、显形与隐形法治教育资源得到有机结合，并通过学校、家庭、社会三位一体共同实现对中小学生的法治教育。因此，美国中小学法治教育途径呈现综合化、长期性、稳定性、广泛性、间接性等基本特点。这种全方位的渗透式教育的最大优势在于，能突出行为养成教育，使法治教育充斥所有教育时空，使教育对象在耳濡目染和潜移默化中接受教育，并在教育力量上实现系统、稳定、全面的整合，从而使法治教育贯穿于青少年个体发展的全过程。由于美国中小学法治教育资源广泛，其课程内容从校内拓展到校外，从书本延伸到现实，由抽象变为具体，极大提高了课程内容的生动性、真实性和现实性，增强了中小学生的学习兴趣和问题意识。②

家庭是学校和社会倡导法治教育的重要合作伙伴。中小学是青少年接受系统性法治教育的阵地，但单纯依靠学校的教育远远不够。只有变学校教育为争取家庭、社会与学校全方位配合的教育，才能共同承担起对青少年进行法治教育的重任。而家长正是扮演着启蒙者和榜样的角色。家长通过日常生活中的事例引导孩子了解社会运行规则、掌握社会基本生存技能，以自身合法行为为孩子树立良好榜样。在亚利桑那州，父母引导孩子参加投票选举，告诉孩子如何注册网站的信息，孩子会从教师那里收到选民身份证，家长鼓励孩子在网

①刘咏梅.美国青少年法制教育的特点及其启示[J].中国青年研究，2005(9)：88.

②Vander staay S L. Law and Society in Seattle：Law-Related Education as Culturally Responsive Teaching [J]. Anthropology & Education Quarterly，2007，38(4)：360—379.

上完成投票。[①] 值得注意的是，美国家庭采取启发式教育方式，家长一般不把自己的观点、立场强行灌输给孩子，而是启发、引导孩子独立思考，由孩子自己得出结论。因而，家长与孩子的关系更为平等，家长一般不灌输某种既定的观念、规范，而是由孩子独立思考，自由选择。由于美国人崇尚自由、民主，不相信权威，强调精神和思维的独立性，因而家长从孩子小时候起就让孩子拥有家庭中的一些权利，让孩子有选择的自由，允许孩子自由选择自己的成长道路。

网络资源在法治教育中发挥重要作用。美国既有官方法治教育网站，也有民间法治教育网站。为保证法治教育的有效实施，各州都有一个州立法治教育网站和由国家机构支持的法治教育计划。在互联网上，全美国的法治教育教师都能从每月更新的法治教育专题中获取课时计划和策略。[②]

教育资源信息中心也为法治教育提供广泛支持。这包括课时计划、课程指南、评估研究和研究性学习法。在课时计划中，中小学教师可以得到与学生面临的民主问题有关的丰富的法治教育素材。这些问题包括美国弱势群体法案、言论自由、少数民族权利和争端的解决等，这些材料为教师提供了丰富的教学资源。另外，美国律师协会青少年公民教育特别委员会也提供重要的法治教育信息。委员会的宗旨是使中小学生在理解国家法治基础上了解自己的权利和义务。委员会经常发布关于法治教育最新发展趋势等内容的信息资料，以及一系列“法律动态”，涵盖婚姻、性别歧视、投票选举等与大部分人生活密切相关的法律问题，并提供具体讨论这些话题的教学资料。

美国司法部预防青少年犯罪办公室是积极参与法治教育的主要政府部门。预防青少年犯罪办公室的动机很明确：法治教育的重要性在于它让学生了解了国家的司法体制是如何运作的。理解了法律及其用途的人通常会更加尊重法律，而不至于产生违法行为。1978 年通过的《法治教育法案》为国内法治教育项目的资助提供了政策保障，之后美国司法部先后资助过美国律师协会青少年公民教育委员会、国家公民法治教育学院、国家公民教育中心、宪法权利基金会

①Mike Martinez. Kids Voting Arizona aims to create voters for life [EB/OL].[2016-06-01]. http://tucsoncitizen.com/morgue/2008/10/31/101098-kids-voting-arizona-aims-to-create-voters-for-life.

②蒋一之.美国中小学法治教育：从观念培养到技能训练[N].中国社会报，2005-07-26(4).

等机构开展的法治教育项目。[①] 项目开展初期，司法部工作重点在于研究探索在各地全面推广法治教育的形式和做法；第二阶段发展的重点转移到项目成果的准确评估，以及将法治教育纳入国民教育课程体系；第三阶段则关注如何尽可能扩大项目的支持者和参与者范围，并在更大范围内让各层次学生受益。司法部在这些项目中主要提供财政支持以及发挥作为信息交换中心的功能。

国家公民法治教育学院开展的“街头法律”项目是美国最知名的法治教育项目。这个项目最早在1971年由乔治城大学法律中心发起，由该校某些法学专业学生到华盛顿特区的高中讲授法律相关知识。项目发展后期成立了国家公民法治教育学院，将乔治城大学的经验推广到其他地区。然而，国家公民法治教育学院的设立并不仅仅是为了复制乔治城大学的实践，从更广泛的意义来说是为了提高全体公民的法律意识。大学生们用更简单、明确、有趣的方式阐释法律，帮助中学生发展公民技能，培养对待法律及法治的积极态度。这个项目一直持续到今天仍在运行，范围甚至扩展到美国以外的地区。每个高校的“街头法律”项目都采用了不同的运作方式。以耶鲁大学为例。耶鲁大学中有兴趣参与项目的学生会事先接受一学期的培训，为下学期从事教学做准备。新培训出来的大学生兼职教师前往各地中小学，通常开设半学期课程，大部分法律知识课程包含在公民课里，同时也会开设一些更为专业的课程，比如商法或美国历史等。他们一般2～3人一组，每周讲授3～4天，其余课程时间由中小学的全职教师承担。大学生兼职教师需要承担所授课程的全部教学工作，包括讲课、设计和批改作业、测验以及期末考试和评分。中小学生的最终成绩由学校的全职教师决定，他们会在大学生兼职教师评分的基础上，结合平时成绩确定最终成绩。学期结束后，大学生兼职教师需要向项目负责人提交一份报告，对自己的工作进行描述和评价，凭此换取两个学期的学分。“街头法律”项目与美国国内50所高校建立了合作关系，包括耶鲁大学、哥伦比亚大学、杜克大学等著名高校，业务范围还在进一步扩展。“街头法律”项目网站2013年的统计数据显示，项目的运作资金中政府拨款份额最大，占34%，主要来自美国国务院、教育部、哥伦比亚特区高等法院等；其次为律师事务所资助，占29%；其他

①Alexander M C. Law-Related Education: Hope for Today's Students [J]. Ohio Northern University Law Review, 1993 (20): 13－15.

来源于企业、社会团体或个人。[①]

宪法权利基金会在为中小学开展法治教育课程培训方面发挥了重要作用。宪法权利基金会是1962年成立的民间机构，也是早期法治教育的主要推动者之一。它主要为中小学阶段的多种课程提供培训和教学资料，其中培训内容包括模拟法庭竞赛、青年领袖项目、权利法案教学；课程资料的范围更为广泛，包括刑法、宪法修正案、商法等。

美国律师界也积极参与中小学法治教育。在美国，有20多个州的律师协会和相关法治教育机构组织律师或执法官，深入中小学法治教育课堂，协助中小学教师指导学生学习法律，在民主社会中做一个负责任公民。例如，犹他州美国律师协会有关青少年公民教育委员会中的律师，到公立中小学协助教师对青少年实施法治教育，提供他们从事律师工作期间的资料、案例等。[②] 美国律师协会汇编法律学习资料，包括许多法律案例，以期通过向不同年级的学生宣讲法律，教导学生面对争议时避免困惑感、挫败感或使用暴力，而是诉诸法律。另外，不少律师进入课堂，热情指导中小学开展法治教育。律师与中小学教师密切配合，通过模拟审判展现公众生活中斗殴、防卫不当、违法犯罪、交通违规等常见违法问题。比如，大部分学生认为，针对某些同学的挑衅，出于自我防卫的需要应给予还击。尽管教师多次就这件事让学生讨论学生守则，并试图说服他们还击只会导致更多的暴力，却收效甚微。此时，律师告诉学生：不要还击，除非你是为了阻止对方的拳头落在你身上，否则不能称作自我防卫，还很有可能使自己落得轻罪或品行不端的下场。律师又通过自己处理过的案例来阐明这一行为，使同学们走出自我防卫的误区。有时只凭教师讲解不足以引起学生重视，律师作为在法律上比较权威的人，通过现身说法，给中小学生以警示，能引起他们对此类问题的重视。美国律师协会下设的青少年公民教育特殊委员会创立了《法治教育快讯》，积极面向中小学开展法治教育。2010年，该委员会还通过决议，鼓励所有的律师将参与中小学普法教育作为自己最基本的责任。在州的层面，一些州的律师协会设有法治教育专门委员会或部门，如北卡罗来纳州、南卡罗来纳州和新罕布什尔州。在州律师协会和法治教育倡导者的推动

---

①帅颖.美国法制教育的历史演进及其启示[J]. 武汉大学学报(哲学社会科学版)，2014(3)：127－128.

②Hanson R L.The Case for Law-Related Education [J]. Educational Leadership, 2002(4): 61－64.

下，很多州还设有专门的法治教育非政府组织，如得克萨斯州、犹他州、俄亥俄州和佛罗里达州。这些州层面上的组织不仅提供法治教育的丰富资源，而且直接组织和协调州内法治教育活动。①

美国中小学法治教育离不开社区参与。在美国中小学法治教育中，社区参与使得学生在真实情景中试验、内化和运用在教室学到的知识，从而达到法治教育期望的目标，形成作为一个具有民主意识的公民应具备的态度和价值观。社区参与的实施可以是将社区资源人士邀请进入课堂或在课堂中模拟社区，形成“课堂中的社区”，也可让学生走入社区，在社区中与司法机构等共建“社区中的课堂”。

第二节 美国中小学法治教育中的案例:课堂内外的社区参与

在美国，社区生活能为中小学生提供丰富的信息和各种实践机会，从而使中小学生可通过各种各样的形式参与社区法治教育。具体的社区参与过程因具体情境而有所不同。

一、“课堂中的社区”

社区内参与法治教育的人员通常会进入中小学课堂中，为学生做讲座，形成“课堂中的社区”；中小学生在课堂内也会针对一些著名案例、争议性案例或者社区内法律问题开展模拟法庭辩论等活动。这些方法在美国中小学的法治教育中较为普及，尤其适用于因各种原因无法让学生走入社区接受法治教育或者走进社区机会较少的学校。

二、“社区中的课堂”

社区内参与法治教育的人员还可以让中小学生到社区内，针对他们的实际情况开展法治教育活动，由此构建“社区中的课堂”。具体形式较多，主要包括实地考察(field trip)与实习(internship)两种类型。在实地考察和实习中，中小

---

①张冉.践行法治：美国中小学法治教育及对我国的启示[J].全球教育展望，2015(9)：77—78.

学生获得面对真实情境、接触法律专业人员的机会，这使他们在课堂中学习的关于法律系统、法律程序、立法过程等方面的知识不再抽象，不再遥不可及，从而有助于推动学生形成对法律的正确认识，不再将法律看成神秘复杂的、超出自己理解范围的事物，而会将法律看作可帮助自己的、可通过自身努力改变或完善的事物，由此获得对法律以及法律专业人员的新认识。

三、课堂中和社区内的观察、服务与行动

事实上，法治教育中的社区参与在课堂中和社区内都可进行。例如，模拟法庭，既可以邀请法官等专业法律人员进入课堂作为裁判者在教室中进行，也可以在法庭中实地进行。学生在具体的参与过程中所体现出的参与程度深浅是有所不同的。学生可以进行观察、服务与行动等由浅至深地进行社区参与。

一是观察。在这种参与形式中，学生是一个不介入的“观察者”。学生完全作为一个“外人”进行社区参与，不介入所要研究的活动当中，只履行观察者的责任。参与的主要目的在于收集信息。比如，学生可将在法庭中发生的某一种活动作为观察目标，向法官询问此活动的功能，观察此活动在整个过程中发生的作用，并将所得的信息记录下来，作为理解有关法庭审判程序知识的辅助资料。

二是服务。在“服务”中，学生是“作为参与者的观察者”(the observer as the participant)，主要从一定程度上参与到与法律相关的具体职业角色中。在这种参与形式中，学生较少直接参与，是一个较被动的研究者，只在需要时提供一些服务或者辅助性帮助，充当服务者的角色。可以为学生提供服务的人员很多，如少年训诫所的官员、州检察官、教授宪法的教授、司法部门的职员等几乎所有与法律有关的人士。这种参与活动能使学生获得一些有关法律职业的培训，对他们的职业探索和定向也有一定的帮助。

三是行动。“行动”这种参与形式有助于学生直接参与法律政策制定以及执行的过程，以期带来相应的社会或经济等方面的变化。学生可以积极地参加一些组织，如妇女投票者联盟(the League of Women Voters)，也可以自行成立组织，开展活动，如由学生组织的、旨在降低合法驾车年龄的活动。这种参与形式要求学生具有劝说、组织、倡议的能力，比其他两种参与形式对学生的要求更高，整个过程也更为复杂；同时也更能让学生感受到法治教育中的一些核心而抽象的概念，如法律、权利、公正、自由、平等在现实生活中的应用。在“行动”

中，学生可以充当完全的参与者或作为观察者的参与者。“完全的参与者”身份使学生全力投入，成为其研究活动中的一个“职员”，这种参与形式有助于学生对其参与的角色或内容有所了解，但学生却无暇顾及和分析整个活动的其他方面，从而阻碍其对研究活动形成完整的认识。“作为观察者的参与者”的学生在社区参与中具有双重身份，虽然仍作为参与者直接参与活动，但同时也是一名观察者。学生可以有时间和机会“坐回来”（sit back）观察一下研究活动的全景。①

第三节 对美国中小学法治教育的反思与启示

一、中小学法治教育应注重培养学生的法治意识和思维

美国的中小学法治教育注重培养学生的法治意识。美国的中小学法治教育以培养中小学生的法治意识为主要目标，包括培养学生的社会责任感和法治思维，引导学生运用法律知识和法律意识思考和应对现实生活中的具体问题。为此，美国中小学注重在不同课程中融入法治教育，使学生逐步形成法治意识，并将其转化为具体的法治行为。教师通过丰富多彩的教学形式，如小组交流、师生讨论、模拟表演等不断激发学生对社会生活、法律问题的好奇心，促使他们提出问题，独立思考，形成法治意识和思维。

中国的中小学法治教育着重灌输法律常识。总体上来看，中国的法治教育是一种法律常识教育，而非法治意识教育。中小学大都没有开设单独的法治课程，也没有专业法律教师进行法治教育，通常由思想政治专业的教师在思想品德教育课中嵌入某些法律常识。② 更值得注意的是，教师的教育方法单一，主要是课堂灌输教育，注重书本知识的教授，过多强调法律的强制作用，忽视法律的教育、指引、评价和激励功能；教授的法律内容空泛、抽象，脱离学生的实际生活。这不仅难以激发学生的兴趣，也很难培养学生的法治意识和应用法律的

---

①沈英.美国中小学法治教育中的社区参与：内涵、实施及特色[J].外国教育研究，2015，32(1)：35—37.

②罗将.美国的法制教育及其启示[J].法制与社会，2014 (7)：225.

能力。①

对比之下，中国的中小学法治教育应当由传授法律常识转向培养学生的法治意识和思维。21世纪要求弘扬人的主体性，培养人的自尊自信、独立思考、自立自理等独立人格，以及创新意识、创造性思维能力等。因此，中小学要充分发挥学生的自主性，培养其自主思考和探究的习惯，使之逐步形成法治思维和意识。具体来说，在培养目标上，中国的中小学法治教育应由“传授法律常识”转向提高学生的法治意识；在教学方式上，要由“灌输”转向“对话”，由“书本”转向“情境”，由学生被动“学习”转向学生主动“建构”，避免把法治教育简单视为法律条文的传播和强记；在教学内容上，要变法条解读为案例研讨，在具体的案例情境中引导学生理解法律背后的理念和原则，培养学生运用法律知识和法律推理分析和解决实际问题的能力，最终形成法治思维和意识。

二、中小学法治教育应注重学生的法治实践参与

美国的中小学法治教育注重学生的参与和实践。美国的中小学法治教育注重鼓励学生积极参与法治教育实践，以培养学生的法治思维和运用法律知识解决现实生活中法律问题的能力。教师在教学中注意运用情境教学模式引导学生通过角色扮演、合作学习等方法逐渐领会和运用法律，为学生提供充分的参与和表达机会，使学生在真实体验中培养法治意识和技能。尤其注重理论与实践相结合，如结合贴近学生生活的法律案例引导学生领会法律知识并加以运用，让学生走进社区观察法律的具体实施，在学校模拟法庭活动中让学生扮演法官、律师等角色，组织学生赴法院观摩案件审理，以期培养学生的法律应用和实践能力，引导学生形成法治观念和守法习惯。

中国的中小学法治教育强调法律常识的课堂学习。在中国，中小学的法治教育大多是在思想品德教育类的课程中加入某些法律常识，由思想品德教师在课堂上简要介绍某些常见的法律知识，授课形式单调、枯燥、乏味，教学效果大打折扣，学生难以形成法治思维意识和法律应用能力。

因此，中国的中小学法治教育应注重学生的法治实践参与。要根除利用学校法治教育“做”宣传、走形式的做法，积极开展生动活泼、形式多样、适合不同兴趣爱好学生的法律实践活动，把理论知识融入学生日常生活，真正让法治教

---

①秦岩，代志鹏.解读美国中小学法治教育[J].外国中小学教育，2011(3)：26.

育回归学生的现实生活，切实提高法治教育的实效性。比如，引导学生开展互动、合作学习，引入主动学习（active learning）和体验式学习（situated learning）的理念，运用图片解说、游戏活动、情景剧、微电影、角色扮演等教学方法，在课堂上展示日常生活中遇到的法律问题，引导学生思考、讨论、表达观点，使学生形成法治思维和运用能力[①]；利用纪念日开展宣传法治教育活动，如通过“3·15”消费者权益日、“6·26”国际禁毒日、“12·4”国家宪法日等普及法治知识并让学生从中受到法治教育；让学生通过“模拟法庭”、“我来当法官”、观摩法庭审判等活动，提高对法治教育的兴趣和参与性，以及对法治精神的内心认同；通过学生社团、法治实践等活动，提高学生对法治教育的参与性，加强学生与社会间的互动；将社会上有经验的法律工作者聘为校外指导教师，使学生学到更多法律理论和实践知识。

三、中小学法治教育应注意动员社会资源

美国的中小学法治教育注重广泛利用多方社会资源。美国教育部组建了青少年公民教育特别委员会、宪法权利基金会等中小学法治教育机构；各州的律师协会都有志愿者和学校法治教育教师共同合作。此外，官方和民间法治教育网络资源也发挥重要作用。各州都有一个州立法治教育网站，还有由国家机构支持的各种法治教育计划。再者，教育资源信息中心也为法治教育提供课时计划、课程指南、评估研究和研究性学习法，美国律师协会青少年公民教育特别委员会也提供重要的法治教育信息；美国司法部预防青少年犯罪办公室积极参与法治教育；国家公民法治教育学院开展的“街头法律”项目是美国最知名的法治教育项目；宪法权利基金会在为中小学开展法治教育课程培训方面发挥了重要作用；美国律师界和各社区积极参与中小学法治教育。

中国的中小学法治教育动员社会资源不够。各级政府和司法机构在人力和物力上对中小学法治教育的支持力度有待加强；相关法治教育机构有待充分整合当地德育、教研、科研等部门的力量，进行法治教育的研究和实践；学校对网络、影视、图书馆、教学课件、音像制品等资源的利用率和利用实效性有待加强；学校、家庭、社会的融合力度不够，学校不太重视引导学生走进社会，参加社

---

①李先军，张晓琪.美国中小学法治教育的历史演进、特点及启示[J].外国中小学教育，2015(5)：18.

区实践活动。

因此，中国的中小学法治教育应注重广泛利用社会资源。首先，各级政府和司法机构要在人力和物力上支持中小学法治教育。政府要设立指导法治教育的专业机构，协调当地司法机构与学校加强联系，如联系当地法庭向学校提供模拟法庭，邀请法律工作者到学校举办讲座；相关法治教育机构要整合当地德育、教研、科研等部门的力量，进行法治教育的研究和实践。其次，学校应广泛利用网络、影视、图书馆、教学课件、音像制品等资源，设计吸引学生的法治教育案例、法治教育专题课程、法治教育实践活动课（如模拟法庭、情境教学等），以及法治教育短剧、微电影、动漫及创意作品等。再次，学校可邀请律师、法官、检察官、警察和立法者等深入课堂，以案说法，增强学生对法治教育的兴趣。最后，实现学校、家庭、社会的深入融合。学校定期或不定期召开家长座谈会，并随时通过电话、网络等联系家长，探讨学生法治教育问题；组建家长委员会，创造机会让其参与学校法治教育；开办家长学校，使家长掌握必要的教育子女的知识，同时向家长传授正确的法治教育方法，推动家长和教师、孩子的沟通互动，邀请家长观摩孩子的模拟法庭并鼓励其参与其中；家长自身也要多关注孩子的成长，及时制止孩子违反法律道德规范的行为，引导孩子熟悉和遵守社会秩序，教给孩子作为合格公民所应具备的权利和义务相关知识；学校要引导学生走进社会，参加社区实践活动，如鼓励学生参加社区组织的法治宣传活动和法治教育实践活动等。

第四章　澳大利亚的中小学法治教育

澳大利亚的中小学法治教育被纳入公民教育中。中小学法治教育的途径和方式多种多样。澳大利亚教育行政部门鼓励学校结合地区特色、校情，创新法治教育方法，运用显性的课程和隐性的教育手段，通过校风校规、师生榜样、学生小组等开展包括法治教育在内的价值观教育。学校法治教育的具体方法也很灵活，根据具体情况广泛采用课堂讲授、案例分析、价值观研讨、课外实践活动以及个人叙述方法等。

学校是澳大利亚中小学开展法治教育的主要阵地。《澳大利亚全国学校价值观教育大纲》明确规定学校在价值观教育中的作用；同时强调，学校与家长、监护人、社区建立合作关系是顺利开展价值观教育的基础。另外，政府在法治教育的发展中始终起主导作用。政府对中小学法治教育进行资助，推动法治教育的开展。

第一节　澳大利亚中小学法治教育的特点

一、中小学法治教育寓于公民教育中

澳大利亚的中小学法治教育被纳入公民教育。澳大利亚公民教育涵盖内容广泛，不仅注重公民意识和公民权利与义务，而且强调公民认同、公民德行和公民责任，尤其在包括土著居民在内的多元文化社会中，注重培养相互尊重和积极应对不同文化冲突的公民。具体而言，澳大利亚中小学公民教育主要包括政治教育、人权教育、法治教育、道德教育、环境教育和经济教育等。

政治教育方面，澳大利亚联邦政府鼓励中小学生更多地了解地方、州和联邦三级政府及其相关部门的角色和功能，思考它们对自己生活的影响，并且解释政党的作用，包括国家元首、总理、州长的角色作用，以便长大后更好地加入民主社会建设。澳大利亚的公民教育课程规定中小学生应能够确认有关代议

制民主的主要价值观，包括参与、代表、权利和责任；解释主要的政治组织，能够注意到三级政府中的相似与不同；说明在立法和执行机构中，关键人物和集团的角色，包括国家元首、总理、州长、议员、政党和反对党；了解个人和社区群体参与政治过程的途径。在涉及土著居民方面，中小学生需确认土著居民和托雷斯海峡岛土著居民的哪些公民权利过去被否认，以及土著居民争取公民权利被否认的原因，争取公民和政治权利运动的不同方式等。在中学阶段，中学生还应能够解释在现代西方社会中的社会和政治态度及价值观的主要变化。①

人权教育方面，早在1967年全民投票中，澳大利亚著名历史学家贝恩·阿特伍德就提出人权教育，旨在保护土著居民的人权。20世纪70年代后期，澳大利亚结束了“白澳政策”，开始推行“多元文化”政策，澳大利亚人权教育的内容也逐渐丰富。在中小学教育体系中，人权教育着重培养学生的人权意识和进行相关实践活动的锻炼。同时学校积极引导学生掌握人权教育的主要内容，提高学生的人权知识水平修养，评估和支持现有的人权教育计划，开展成功的人权教育实践活动，保障可持续性的国家人权教育政策的发展。具体人权教育内容包括加强尊重人权和基本自由；全面发展人的个性和尊严感；帮助弱势群体变得更独立；促进所有地区、土著居民、不同种族、宗教、性别、语言人群之间的理解、宽容和友谊，使所有的人能平等地参与到自由社会中，进一步促进世界和平，促进人权国际化。另外，还包括了解政府对教育的立法是否与人权标准相一致，处理好违反人权行为的申诉等。2007年10月，澳大利亚教育部门出版了《今日人权》(*human rights today*)课本，规定在9年级和10年级开设今日人权课程，旨在让学生更多地了解童工、澳大利亚土著居民的权利、妇女和女童的权利以及保护人权的措施。澳大利亚公民教育课程要求中小学生了解和识别公民在民主中的权利和责任，以及参与民主和政府的方式等。②

法治教育方面，澳大利亚的中小学公民教育以法律为依据，并通过法律来实施。澳大利亚联邦政府认为，引导公民自觉履行宪法和法律规定的各项义务，积极承担自己应尽的社会责任，民主社会才能健全发展。澳大利亚教育行政部门也规定在小学和中学阶段学生需要接受不同程度的法律知识教育。在

①丛立新，章燕，吕达，等. 澳大利亚课程标准[M]. 北京：人民教育出版社，2005：408.

②Civics and Citizenship Education. About Civics and Citizenship Education [R/OL]. [2017-7-23]. http://www.civicsandcitizenship.edu.au/cce/about_civics_and_citizenship_education,9625.html.

小学阶段，学生要能够说明地方法律法规制定和改变的方式、过程和原因，明确规则和法律的需要，以及支持规则和法律制定的价值观；识别法律和规则间的区别，以及在家庭、学校和社会中制定及改变规则的方式方法；说出规则和法律需要进行修改的原因。在初中阶段，学生需要考察澳大利亚法律制度的起源和基本价值观；说明在联邦、州和地方三级政府的主要审判和执行机构，以及法律制度怎样允许积极的有知识的公民进行参与；研究解决不同法律纠纷的途径。在高中阶段，学生掌握的法律知识要更有深度。例如学生需要描述一项澳大利亚法律的改革计划；分析个人、群体、社区、法律和政治机构如何可能受到一项改革计划的影响；说明对于一项改革计划的不同看法，以及个人和群体在推动或挑战该计划中的作用；或者在关系到政治和立法问题带来的法律改革中，评价民主过程的有效性。①

由上可知，澳大利亚的中小学政治教育涉及该国的代议制民主、主要政治组织、立法和执行机构、个人和社区群体参与政治过程的途径等；人权教育涉及人权意识，对人权和基本自由的尊重，人的个性发展，对弱势群体的帮助，对不同区域、土著居民、不同种族、不同宗教等人群的理解与宽容等；法治教育涉及宪法和法律规定的各项权利和义务、公民的社会责任、基本的法律知识等。显然，政治教育和人权教育与法治教育密切相关，可以涵盖在法治教育之中。可见，法治教育是澳大利亚公民教育的主要内容。

二、中小学法治教育注重培养学生的公平观念和多元文化意识

澳大利亚本是土著人的居住地，18 世纪后，其主体民族是英国及爱尔兰后裔。在过去的 50 多年中，来自世界 150 多个国家的近 560 万人移居澳大利亚。因此，澳大利亚是一个多民族的多元文化国家，多元文化政策是该国的基本国策。多元文化政策以民族平等、公平观念为基本前提，尊重并认可各民族的文化价值，强调各民族间的尊重、平等、交流和理解，实现各民族融合共处，进而实现整个国家的和谐发展。在多元文化政策的背景下，澳大利亚联邦政府非常关注中小学的公平观念和多元文化的教育问题，通过在中小学培养学生的公平观念和多元文化意识，推动社会公平的实现。

1999 年，澳大利亚出台的《21 世纪学校教育国家目标》（*National Goals*

---

①吕宏倩.澳大利亚中小学公民教育研究[D].武汉：华中师范大学.2009：12.

for Schooling in the 21st Century)提出了能力、课程、公平三大目标。其中公平目标规定，学校应该体现社会公平，包括：学生的教育结果应免受诸如性别、语言、文化和种族、宗教或残疾等歧视形式以及由于学生社会经济背景或地理位置的不同而带来的消极影响；提升教育劣势学生的学习结果，并使其逐步赶上其他学生；原住民和托雷斯海峡岛民学生拥有平等的获得学校教育以及享有平等的教育过程的机会，提升其学习结果并逐渐赶上其他学生；所有学生理解并认可原住民和托雷斯海峡岛民文化对澳大利亚社会的价值，掌握知识、培养技能、加深理解，为土著民族和非土著民族的重新融合做出贡献并从中获益；所有学生理解并认可多元文化和语言多样性的价值，掌握知识、培养技能、加深理解，为澳大利亚社会和国际性的多样性做出贡献并从中获益；所有学生能获得所需的高质量的教育，完成 12 年级教育或同等的职业教育，为学生提供清晰、可识别的就业或获得继续教育和培训的途径。①

2000 年，澳大利亚出台的《土著民族教育(目标援助)法案》[*Indigenous Education (Target Assistant) Act 2000*]规定：做出有效的安排，使得原住民儿童家长或其他原住民族在关于学前、小学和中等教育的计划、分配和评估的决策中增加参与程度，增加参与教育的原住民族的人数，等等，以期为推进土著民族教育发展提供目标指向的财政资助。其具体目标是为土著民族提供平等适合的教育；使土著民族获得平等教育权利；为土著民族提供平等参与教育的权利；提高土著民族在教育决定中的参与度；为土著民族发展适合其文化的教育服务。②

2011 年澳大利亚教育部颁布的《全球视角下澳大利亚学校全球教育的框架》(*Global Perspectives: A Framework for Global Education in Australian Schools*)注重教育中小学生公正和平等地对待每一个人，保护所有人免受种族、性别、年龄和能力等方面的歧视，并使之享受政治、经济、社会和文化等方面的基本权利；同时，在发展本国主流文化的同时，允许并鼓励多种语言和文化的繁荣。该框架强调，中小学生的全球教育核心是使中小学生参与塑造一个更好的、共享的未来世界，为可持续性的未来世界构建和平环境；注重发展邻国邻海

---

①Trent F.National Goals for Schooling in the 21st Century[R/OL]. [2017-7-23]. http://www.ais.sa.edu.au/resources/National%20Goals.pdf.

②Australian government.Indigenous Education (Target Assistant) Act 2000[EB/OL]. [2017-7-23]. http://www.legislation.gov.au/Details/C2009C00008.

的国际关系，尤其是在亚太和印度洋地区；学生要学着为自己的行为负责，尊重文化多样性，努力成为一个促进和平、公正和可持续发展的全球公民。① 该教育框架要求中小学生了解社会、文化、国家中平等、正义、公平的重要性；通过案例研究和统计分析，调查解决贫穷和不平等问题的进展情况，如对联合国千年发展目标进展进行评估；理解平等和公平之间的区别，评价国际组织在保障人权上所发挥的作用；识别那些不可接受的歧视方式，如种族歧视、性别歧视，寻求方法克服这些歧视思想和做法；强调人权本身固有的、具有普遍意义的本质；考虑群体的社会权利，包括少数群体（如土著居民、少数民族）的权利，探索个人权利和责任的不同内涵，从而使他人也能享受这样的权利，维护弱势群体或受压迫的群体的权利和自由。同时，探求文化的同一性和多样性，使学生在继承与发扬自身文化的同时，认识并理解多元文化，形成积极肯定的自我认同感和高度的自尊心，同时正确看待和认可他人的权利、文化、信仰、价值观；通过参与相关活动为跨文化沟通交流做贡献；养成与他人分享自身文化特性的习惯；识别并批判狭隘的民族主义和种族主义，不管他人是何种文化或宗教背景，都对其思想和生活习惯保持宽容与理解；了解各种文化背景下信仰的相似性及差异性，学会发现并力求避免文化偏见；理解并致力于土著澳大利亚人和非土著澳大利亚人的和解，并从中受益。②

可见，澳大利亚的中小学法治教育以促进教育公平为核心，强调使土著学生在整个教育过程的起点、过程和结果上都实现公平；增加土著民族在政策、计划、资源和教学方面决策中的参与度，强调提高中小学生在教育决策中的参与度，激发土著民族参与教育、自主管理的积极性。同时，注重民族文化特点，尊重多元文化尤其是土著文化，强调民族文化间的平等、尊重和交流；为土著中小学生提供适合于土著文化的教育，在教育过程的各方面关注土著学生的文化特点和特殊需要，树立澳大利亚民族意识，培养澳大利亚民族认同感；实行多元文化教育，帮助土著民族学生更平等、更积极主动地参与澳大利亚社会经济生活，从而提高少数民族学生的文化自我认同和民族认同感，化解民族矛盾，促进社

①闫闯，晁秋红.加强中小学全球教育，塑造具有责任感的全球公民——《全球视角下澳大利亚学校全球教育的框架》解读[J].世界教育信息，2013(1)：46－47.

②National Library of Australia. Global perspectives：a framework for global education in Australian schools ［R/OL］. ［2017-7-23］. http://trove.nla.gov.au/work/27546245?q&sort＝holdings＋desc&_＝1500803127748&versionId＝217760167.

会和谐稳定发展。①

三、中小学法治教育凸显多样化的教学方式与教育实践活动

澳大利亚的法治教育注重采取多种多样的教学方式，让中小学生在丰富多彩的教学活动中理解、感受、思考有关法治教育的各种问题，从而为自觉遵纪守法奠定了坚实的理论知识基础。

首先，将法治教育内容融入课堂当中。在澳大利亚，法治教育课程的开设各州不一，基本上可以划分为三种形式。一是开设宗教课，通过宗教价值观所蕴含的法治教育内容熏陶和感染学生；二是开设专门的法治教育和价值观教育课，通过教学帮助学生应对和处理社会生活中的各种关系和社会问题；三是学校不设专门的法治教育或价值观教育课，但要颁布有关教育大纲，强调通过某些相应课程促使学生掌握澳大利亚的民主、多元文化和国家共同行为标准，以增强民族认同意识和社会凝聚力。大部分学校将法治教育内容渗透到各学科领域中，由浅入深、相互衔接，在不同学科中渗透法治教育思想和内容。不少学校还根据自己本土的区域环境特点开发许多新的课程内容，融入原有的课程当中。如昆士兰州有些学校在课堂中引入哲学理念让学生在课堂中实践公正和责任，并做出理性和成熟的决策。② 新南威尔士许多学校，将法治教育融入不同阶段或年级的课程中，开展独立的法治教育和价值观教育课程活动。如，第一阶段（幼儿班），责任：我们是谁，作为天主教徒意味着什么？第二阶段（1～2年级），尊重和正直：正确对待人类尊严，尊重他人权利。第三阶段（3～4年级）公正、理解和包容：正视人类权利、个体权利等。第四阶段（5～6年级），关心、同情和自由：学生帮忙给避难营里的妇女发放食物，尊重土著人权利，支持妇女摆脱家庭暴力和生活现状。

其次，采取生动多样的教学方式开展法治教育教学。澳大利亚学校除了将法治教育思想融入课程中以外，在现实的课堂教学和课间教育活动中还注重采用多样化的教学方式。

澳大利亚中小学注重设计多种教学方式和教学活动激发学生的学习兴趣，

---

①陈立鹏，章靖慧.澳大利亚民族教育立法研究及启示[J].民族教育研究，2011(3)：34—35.

②DEST.Values Education Study[M]. Melbourne：Curriculum Corporation，2003：23.

促进他们对法治教育内容的思考和理解。如,在创新与艺术表演课程教学当中,教师会鼓励学生通过图画、话剧、音乐及模仿活动等方式,在表现对艺术理解的同时,思考和解决艺术活动所体现的法治教育主题。新南威尔士州的许多学校开展的创新与艺术表演课程教学,就涉及让学生通过水彩画和叙事诗表达维护公正、和平等法治教育主题。此外,新南威尔士州的许多学校将每项法治和价值观教育内容分为具体的单元进行教学,每一个单元都包括热身、激励、活动和运用四个步骤。以"尊重"为例。热身活动阶段:学生们站成一圈,每个学生用积极的语言描述自己左边和右边的同学,然后思考是否对别人给自己的描述感到吃惊;激励阶段:运用自由讨论法,教师在黑板上写出"尊重是什么"后,让每个学生说出对尊重的理解,并思考如何对他人表现尊重;集中活动阶段:将学生分成六组,每组讨论一个问题,如在公车、操场或宗教场所,或在排队进入学校或在糖果店里买东西时,如何表现尊重;运用阶段:将上一阶段所得出的结论通过表演节目的形式表现出来。①

澳大利亚中小学校注重利用影视等媒体资源开展法治教育。为了让学生切身理解法治教育的有关内容,许多教师将电影和电视中许多有争议的话题引入课堂,让学生通过讨论加深理解。有些教师通过让学生在观看有关如何相处的电视节目后,对学校欺凌、家庭破裂、青少年犯罪等问题进行讨论,然后要求学生讲述自己的朋友,用日记记录与朋友一起发生的故事,从中发现如何与他人友好相处,许多学生的作品会被收录在图书馆里。

制订周教育主题,也是澳大利亚许多学校进行价值观教育的主要方式之一。麦凯西(Mackay West)州立学校每周开展的法治教育主题包括公正(把机会首先让给别人)、自由(做出选择前要认真思考以确保做出最佳选择)、尊重(思考在什么情景中感觉被尊重或不被尊重)、责任(有责任保证自己就餐位置的清洁,需要做的事情一定要积极主动)等。在每周星期一的学校集会上,校长都会陈述本周的法治教育和价值观教育主题,教师们把每项主题编成押韵的语句让学生记忆,同时还会确定本周每个班级学生应该完成的任务。部分用韵律表达的主题包括:Care and compassion(关爱与同情): To show care for ourselves and others too, this is what we should always do (关心自己,关爱他人;持之以恒,坚持到底);Fair go (公正): We should think about everyone here

①闫宁宁.澳大利亚学校价值观教育研究[D].南京:南京师范大学,2008:29—30.

at Mackay West, when we decide what is fair and what is best（设身处地想别人，理智判断公正与优秀），等等。[①]

除此之外，澳大利亚中小学还通过一些常态化的课外实践活动，将法治教育融入学生的日常生活。比如，设立合作奖，鼓励学生相互帮助，共同进步。有些小学每周一次集会，会前全体师生齐唱国歌，会上表演学生自己编排的节目，然后由主管校长颁发获奖证书，创造一种激励学生积极向上、遵纪守法的良好氛围。有些学校设立多元文化周，宣传各国不同的文化内容，提倡宽容与共处。有些学校每月举行数次规模较大的募捐活动，为儿童、医院乃至退伍军人筹集善款，奉献爱心。有些学校印发抵制欺凌的手册，分发到每个学生家长手中，由学校、家长和社区共同配合，减少校园暴力。有些学校广泛开展反毒品教育，教育学生远离毒品。

澳大利亚除了通过多样化的教学方法开展法治教育以外，还注重引导中小学生参与各种法治教育实践活动。

首先，注重加强校园环境建设强化法治教育。澳大利亚非常重视环境对学生法治教育和价值观形成的影响。几乎每个州都特别强调校园建设和校风养成的教育作用，要求学校创建有安全感、有纪律、有温暖的校园环境和民主、平等、安全的校风氛围，使学生从中获得自尊自信，并使其充当的社会角色和承担的责任得到充分发展和支持。大多中小学以一套由学校、社区和家庭一致同意的价值观作为目标，整合教育资源，建构一种法治教育和价值观教育情境，对中小学生进行“情境”教育，使之在自身的“生活世界”中，通过生动的环境、氛围、活动，理解、体验和践行法治教育，达到内化于心的目的。澳大利亚中小学的环境布置鲜明，体现了学校法治教育的要求。通常每所学校的教室门口都悬挂着一面国旗，每个班的教室都挂着三幅地图，一幅是世界地图，一幅是澳大利亚地图，一幅是本州地图。每天早晨，许多小学的第一件事就是升旗宣誓。每遇集体活动，开场前全体起立奏国歌。教室里还装饰有鼓励正直、合作等的标语口号，学校的集会、公告、海报等也都体现这些内容，形成一种无处不在的法治教育和价值观教育氛围。[②]

为了在课堂中创建一种法治教育情境，许多学校努力建设特有的课堂文化。如在教室墙壁上张贴反映法治教育的画报，在每个教室设定一个图书角，

①闫宁宁.澳大利亚学校价值观教育研究[D].南京：南京师范大学，2008：32.

②闫宁宁.澳大利亚学校价值观教育研究[D].南京：南京师范大学，2008：23.

为学生提供各种各样的法治教育图书，包括学校根据社区和校情编制的课外读物，社会作家所写的反映法治教育的传记等，以及载有讨论中小学法治道德的儿童周报、学校时事通讯等报刊。

另外，为引导舆论，澳大利亚中小学还通过校报、纪律手册、教室板报、校园杂志等校园出版物，为向中小学生开展法治教育创造机会，其具体内容包括合作、负责、诚信等。同时，为给学生树立榜样，学校还注重规范教师的行为，要求教师做守法的模范。如，罗吉戴尔（Rochedale）州立学校的行为规范要求教职工尊重学校和学校其他成员的权利，有责任为学生提供一个安全、友好和富有挑战性的学校环境，本着公正原则公平对待所有学生。

其次，鼓励各种学生组织通过参与学校事务践行法治教育。在澳大利亚的中小学，学生在法治教育活动中并不是作为被动的接受者存在，而是扮演着参与者和领导者的双重角色。为了实现学生的双重角色，澳大利亚中小学一方面积极鼓励学生成立各种协调管理学校事务的组织；另一方面也支持学生开展各种自发性的法治教育管理活动。

学生代表委员会代表学生参与学校事务。在新南威尔士州，几乎每所学校都有一个这样的团体，它由学校组织成立，主要任务是代表学生参与学校事务、及时向学校反映学生的需求、组织一些课外活动、协调解决学生之间的纠纷等。学生代表委员会的成员来自各个年级，由学生自己推选。这是一个非常有效的组织，在学校管理方面起到了重要的作用。学校的很多事情，都必须有学生代表委员会成员参与。在中学，学校的最高决策机构“学校管理委员会”中，必须有学生代表。在一些小学，还会选一两个学生做正、副“队长”，其角色相当于校长的助理，在学校分量很重。

学生行动小组专门管理法治教育和价值观教育事务。学生行动小组由来自中小学高年级的学生组成，其主要任务是在全校和社区进行法治教育和价值观教育调查，确定教育主题，如“诚实可信”“关心他人”“尊重他人权利”等。确定教育主题后，学生行动小组还会设计一些可行的主题实施活动。有些学校的学生行动小组，重点研究了学校“欺凌现象”，制作了一些关于什么是“校园欺凌”、如何避免和抵制“校园欺凌”的宣传文件，最后还成立了学生“调解小组”，致力于解决校园欺凌现象。①

① Tamra Simmons. Student Action Teams: Active citizenship. [EB/OL].[2017-7-27]. http://www.civicsandcitizenship.edu.au/cce/? id=13439.

再次，引导学生参与各种法治教育实践活动。在澳大利亚，许多中小学校鼓励学生参与和监督法治教育的实施过程，并组织学生开展以学生为主导的法治教育活动。

在澳大利亚的许多中小学，任何一项政策制度的出台都要征求学生的意见和看法。学生参考国家法治教育和价值观教育框架及各州相关文件的规定，检查这些政策制度能否促进法治教育和价值观念的渗透，是否与法治教育内容和所倡导的核心价值观相冲突。在创建班级和学校的教育环境方面，学生也充分发挥自身的积极性。如，有些学校为了在校风格言中强调法治教育和价值观教育的重要性，向学生征集有关格言，并从中选择最合适的格言作为学校的新格言。有些学校还鼓励高年级学生谱写学校的新校歌，在学校墙壁上画有关法治教育内容的壁画等。①

澳大利亚中小学校还倡导学生主导的自我法治教育活动。为了发挥学生在法治教育中的主动性和积极性，挖掘学生自我管理和自我教育的潜能，澳大利亚学校开展了各种学生自我教育活动。这些活动包括同伴调解、好朋友班级等。这些活动的开展，受到学生的广泛欢迎。悉尼的爱立逊公立学校开展了一项“同伴创造和平”活动，活动的核心是“同伴调解”。所谓“同伴调解”，简言之，就是“让学生自己选择方法解决他们自己的问题”。具体做法是学校从高年级挑选一些学生做“调解员”，专门负责调解学生之间比较琐碎的矛盾与纠纷，教师则主要起咨询和协助的作用，很少直接干预需要调解的问题，如学生之间争夺教学仪器、讽刺与嘲笑、在运动场发生碰撞以及“你不再是我的朋友”之类不友好的语言。学生调解员轮流在校园里值班，发现产生纠纷和矛盾的学生就及时进行调解。② 考虑到有些学生不愿公开自己的缺点，学校还专门装修了一间类似俱乐部式的房子，供学生在里面轻松自由地谈话与交流。另外，为了给学生提供锻炼的机会，学校还要求教师故意留下一些问题让学生自己解决，让他们在实践中学会与同学和平相处。与“同伴调解”相类似，恩菲尔公立小学开展了“好朋友班级”活动。每一个高年级的班级都要找一个低年级的班级作为“好朋友班级”，帮助低年级学生学习，和他们一起活动，协调他们之间的冲突和矛盾。学校希望通过这个活动创造充满关爱、团结互助、远离暴力的和谐环境，同

---

①闫宁宁.澳大利亚学校价值观教育研究[D].南京：南京师范大学，2008：34.

②St Kevin's Catholic Primary School. Peer Mediation Program[EB/OL].[2017-7-27]. http://www.sk.qld.edu.au/policies-and-programs/Pages/Peer-Mediation-Program.aspx.

时培养高年级学生对他人、对社会的责任心。①

最后，支持学生通过参与社区服务接受法治教育。在澳大利亚，为了促进中小学法治教育与家长和社区之间的合作，许多中小学开展了各种不同的法治教育社区合作活动，支持学生参与社区服务和接受法治教育，同时积极鼓励社区成员向学校法治教育提供资金和资源方面的支持。

为了促进中小学与社区的合作，鼓励学生参与社区服务，许多学校都纷纷开展了各种活动。新南威尔士州的天主教小学开展了法治教育和价值观教育走向社区活动，鼓励学生参与各种各样的社区服务活动，发展学生的公民责任感，如鼓励学生为老人送饭到家，照顾退休在家的老人，或在地区组织的帮助下开展一些生态整治活动，等等。这些活动的过程管理十分严格。首先学生要填写一份活动计划，需要经父母与指导教师同意并签字，完成后还要附上社区服务接受方的评价。在维多利亚州的有些社区学校，学生通过各种方式参与社区服务，学校会将这些活动刻录在 DVD 上，并以一位高年级学生谱写的音乐为背景音乐。具体来讲，不同年级的学生参加不同的活动，如 6 年级学生共同编织毛毯送到社区老人的家中，并给他们唱欢乐歌曲；3～4 年级学生用各种器件为老年中心建立一个感官花园，与孤寡老人一起做游戏；9 年级学生组织一些活动帮助社区，如为年轻的癌症患者募捐，帮助当地小学教学，组织各种活动帮助退休家庭等。②

家长也积极参加家校合作活动。为了鼓励家长参与学校政策计划中有关法治教育内容的评估和讨论，学校根据不同家长的经济文化背景，挑选出若干名家长代表参与相关的家校合作活动。这些活动以学校研讨会、家长和教师联谊晚会、家长志愿者活动等为主。另外，学校每年还举办面向家长的若干次开放活动，平常还设有固定的家长听课日。此外，学校还会让家长直接参与学校组织的旨在培养学生的法治意识的活动，例如家庭电影晚会等。

同时，社区在支持学校的法治教育方面也发挥了重要作用。社区通过经费资助、提供实习基地、加强联系等方式来促进学生的法治意识和价值观的发展。有些学校、家庭和社区共同开展的法治教育和价值观教育涉及多种合作方式。例如，学生主导的家长会议计划，由学生向家长陈述法治教育内容，教师只帮助

---

①闫宁宁.澳大利亚学校价值观教育研究[D].南京：南京师范大学，2008：34－35.

②闫宁宁.澳大利亚学校价值观教育研究[D].南京：南京师范大学，2008：36.

学生澄清信息，家长和教师一起帮助学生进步；学校发放法治教育问卷，与社会共同确定社区期望学生接受的法治教育内容；在社区帮助下建立青少年中心，并在社区各界人士参与、赞助下提供各类有益于青少年的健康活动；组织医疗部门参与的医疗工作报告会，聘请医学专家到学校讲述手术事例，让学生理解和体验其中的关心、合作和权利尊重等法治教育和价值观教育内容；学校和社区组织合作建立野外教室，由社区为学校提供野外湿地，帮助学校将法治教育、课程教育与环境教育相融合，发展学生的合作、责任等价值观和法治意识；制订抵制毒品计划，该计划包括关于毒品、酒精和烟草的危害等课程，在实施中有时还聘请警官做示范，引导学生如何抵制诱惑，自尊、自爱。[①]

另外，为了开辟法治教育实践场所，有的学校还有自己独特的合作伙伴和特殊的校外联盟。这包括文体俱乐部，州、地区和国家的议事专员，支持学校活动或为学生提供兼职工作的本地公司，图书馆、博物馆和艺术展览馆之类的文化机构，本地宗教团体和教堂、环境保护和福利事业团体，报纸、无线通信和电视等传媒机构，红十字协会、国际援助机构、联合国儿童基金会等国际组织，以及继续教育学院和高校等。

四、中小学法治教育注重开展多维度的科学评价

中小学阶段是青少年形成法治意识的关键时期。各国无不把培养具有法治意识的公民视为中小学教育的首要目标，并通过法治教育有关课程来实现。21世纪之初，澳大利亚就开始重视中小学公民教育评价问题，并寓法治教育评价于公民教育评价之中，同时颁布了一系列有关的评价政策，积极制订评价标准，同时实施全国范围的评价，促进了中小学法治教育和公民教育评价体系的逐渐完善、成熟，并形成了澳大利亚法治教育和公民教育评价自身的特色。

在开展具体评价的过程中，澳大利亚联邦政府既注重促进中小学生对法治教育和公民教育有关知识的理解，也强调他们对积极参与社会生活所需技能的掌握，更关注法治教育实施的绩效情况。澳大利亚通过建立统一的、由上而下的一整套管理体制，干预和管理中小学法治教育评价和公民教育评价，促进了公民教育评价的多维度、系统化、科学化，保证了评价的有效实施。

自2004年开始，澳大利亚开始针对全国中小学，开展包含法治教育在内的

---

①闫宁宁.澳大利亚学校价值观教育研究[D].南京：南京师范大学，2008:36.

公民教育评价，并规定国家评价每三年进行一次；2007年和2010年，澳大利亚实施了第二次和第三次国家中小学公民教育评价。评价的结果均以国家报告的形式公布。为了尽可能减小评价误差，教育、就业、培训、青年事务部长委员会（Ministerial Council on Education, Employment, Training and Youth Affairs, MCEETYA）制订了详细、科学的评价内容，以确保评价的全面性。评价的主要内容包含两个部分：第一，了解关于公民参与公民机构和民主进程的方式和目的，掌握有关法律法规、国家认同、社会公正、多元文化、多种族和社会凝聚力等核心概念的知识；第二，理解成为知情的公民所必需的参与态度、价值观和国家信仰，以及有效参与民主政治和公民活动的意识倾向和技能。

2010年以后，在澳大利亚联邦政府的倡议下，公民教育评价机构开始尝试开展网络抽样评估。2013年开始向中小学生开展公民教育评价的网络测试和问卷调查，因此第四次公民教育评价首次采取了网络评价形式。①

评价内容制订以后，为了更好地统计学生的评价成绩和结果，澳大利亚公民教育评价小组制订了详细的评价标准：分数成绩评价标准和公民素养等级评价标准。其中，分数成绩评价标准用于评价学生公民教育成绩，而公民素养等级标准则用于衡量学生掌握的公民知识、法治知识及公民参与技能达到何种水平。②

第二节 澳大利亚中小学法治教育的案例：系统而科学的评价体系

评价是开展中小学法治教育的一个重要环节。为了解决包括法治教育在内的中小学公民教育缺乏系统检查、评价而导致难以进行绩效评估的问题，澳大利亚制订了详细的公民教育评价内容，设计了较为详细具体的评价体系，并在全国范围内实施。澳大利亚中小学公民教育评价从多种维度对学生的法治教育、公民教育知识和技能进行评价，内容较为全面系统，评价指标较为科学合理。

---

①O'Malley K, Gebhardt E, Chow R, et al. National Assessment Program: Civics and Citizenship 2013 Year 6 and Year 10: Technical Report [R]. Sydney: Australian Curriculum, Assessment and Reporting Authority, 2014.

②岳书杰.澳大利亚中小学公民教育评价研究[D].武汉：华中师范大学，2011：21.

一、澳大利亚联邦政府对法治教育和公民教育的评价经历了一个逐步探索和完善的过程

澳大利亚联邦政府早在20世纪80年代即把中小学法治教育和公民教育列为政府政策的重点。20世纪末，在南澳大利亚首府阿德莱德举行的州、地区、联邦部长会议上通过了《二十一世纪国家学校教育目标》，该目标要求学生离开学校时成为理解和认识澳大利亚联邦政府体制和公民社会的积极的、知情的公民，具备鉴定和承担伦理行为责任的能力。随后，为了更好地达到国家学校教育目标和监控学生相关目标的达成情况，澳大利亚成立了国家教育绩效监测工作组(National Education Performance Monitoring Taskforce, NEPMT)，监控公民教育评价的实施。后来，国家教育绩效监测工作组(NEPMT)对小学后期和义务教育后期的学生的公民教育进行了调查研究，形成了公民教育的核心操作指标(Key Performance Measures,KPMs)，主要涉及公民制度与过程的知识与理解，关键概念的知识与理解，有关公民制度与澳大利亚民主中的程序、政府、法律、国家身份认同、多样性、社会凝聚力与社会公正的理解；参与公民教育的倾向和技能，以及对态度、价值观、爱好、信念、行动等的理解。① 此后，教育、就业、培训与青年事务部长委员会将公民教育列入全国课程评价项目，发布了《公民教育评价范围》(Civics and Citizenship Assessment Domain)。自2004年开始，澳大利亚开始在全国范围内开展中小学公民教育评价。2007年、2010年又实施了两次国家中小学公民教育评价；2013年实施了首次网络公民教育评价。

二、澳大利亚中小学公民教育评价涵盖对法治教育和公民教育知识和能力的考查

为了提高公民教育在国家课程中的地位，2006年，教育、就业、培训与青年事务部长委员会颁布了《公民教育学习声明》(Statements of Learning for Civics and Citizenship)。该声明为课程开发者提供了有关公民教育的核心概

---

①Wernert N,Gebhardt E,Murphy M, et al. National Assessment Program: Civics and CitizenshipYears 6 and 10: Technical Report 2004 [R]. Sydney: Ministerial Council on Education,Employment,Training and Youth Affairs,2006.

念并配以详细的解释说明，使《二十一世纪国家学校教育目标》在澳大利亚的各州及地区形成了稳固的课程框架，并第一次为义务教育阶段提供了一种更全面的公民教育指导。[①] 后来，为了使公民教育更容易在课堂中实施，各州及地区当局把公民教育指导纳入修正后的课程结构中。2008 年，各州及地区统一在所有的学校计划中实施公民教育指导。

依据教育、就业、培训与青年事务部长委员会制订的方案，澳大利亚中小学公民教育评价的内容包含法治教育评价内容在内，主要涉及对公民知识理解的评价，如澳大利亚民主、历史、政府、法律、国家认同、社会结构、社会管理方式、公民机构及其运行程序、包容性和社会公正等，以及与积极公民相联系的参与技能和价值，如公民价值观、信仰、态度和相关的实践活动等。

为了尽可能地减小评价误差，中小学公民教育评价的内容力求层次分明，结构清晰。具体而言，评价内容分为三个层面：第一个层面包括两个核心操作指标（Key Performance Measures：KPM 1 and KPM 2），规定了公民教育评价的范围，包括对公民机构和程序知识的理解（KPM 1 公民学），以及公民积极参与所需的技能和价值（KPM 2 公民身份）；第二个层面为每个核心操作指标的范围描述（Domain Descriptors），它包含了期望学生掌握的一系列与公民教育有关的概念和实例，是对第一个层面的进一步解释，其中核心操作指标包括若干具体的范围描述；第三个层面为专业解释（Professional Interpretation），这是公民教育教学的核心，也是测试项目的核心和评估中测试的关键学习结果，它是对第二个层面更为详细的解释说明。这三个层面层层相扣，使得评价过程更具有科学性，评价结果更为精确。[②]

小学教育阶段的公民教育评价，就公民知识而言，涉及的内容包括：小学生应该掌握一些基本概念，理解与澳大利亚民主、政府、法律、社会公平相关的公民机构及其运行方式；就法治教育知识而言，涉及的内容包括：理解制定和修改法律法规的程序和目的，识别公民在澳大利亚民主中的权利和责任。而针对公民参与技能和价值的评价而言，涉及的内容包括：小学生应了解具备参与技能和交际能力才能使自由、法治、民主有效运行；了解个人、集体、国家间的关系；

---

①National Library of Australia.Statements of Learning for Civics and Citizenship［R］.［2017-7-28］http://trove.nla.gov.au/work/37978951.

②王建梁，岳书杰.澳大利亚中小学公民教育评价研究［J］.外国中小学教育，2010(12)：37.

懂得只有理解相关的观念、价值及行为才能有助于加强积极、民主的公民关系和法治意识。中学阶段对公民教育和法治教育的知识评价，不仅仅限于学生对公民知识概念的掌握，更重要的是要求学生通过运用掌握的基本法治教育和公民教育知识，理解、分析、辨别公民机构或民主进程的运行方式等，如了解宪法影响澳大利亚公民生活的方式，认识政府和法律在澳大利亚民主传统中的作用。就对公民参与技能和价值的评价而言，强调的不仅仅是学生参与政治的过程，更要突出学生社会参与的重要性，通过社会参与进一步为学生的政治参与提供锻炼的机会。[①]

三、澳大利亚中小学公民教育评价具有系统性、科学性和多维度的特点

为了使中小学公民教育评价顺利实施，澳大利亚联邦政府制订了明确的公民教育目标，评价内容也显示出高度的系统性和规范性。澳大利亚公民教育评价是根据一定的公民教育目标、任务和系统化的内容，运用可操作的科学手段和程序，通过系统地搜集信息、资料并进行分析、整理，对公民教育活动实施的过程和结果从多维度和多层面进行考查、判断和评估，从而进一步完善公民教育的过程。[②] 澳大利亚公民教育评价的成效，依赖于其系统性、科学性和多维度的公民教育评价体系。

澳大利亚公民教育评价的系统性。澳大利亚中小学公民教育评价向中小学生提供系统化、全方位的法治教育和公民教育知识、技能评价体系，要求学生理解和实践民主政治中的公民身份，形成积极公民所应具备的法治意识和价值观，为学生成为有见识、守法纪的公民做准备。澳大利亚中小学公民教育内容包括政治、经济、法律、社会、生活、道德、历史、科学等基本知识。公民教育内容的广泛性要求用一种系统化、整合性的方法来制定和规范评价内容。澳大利亚中小学公民教育评价内容把知识、技能、理解、价值观、倾向性以及社会行动的事实融合在一起，使学生的自我评价和反思得以整合，并使学生的相关知识和实践技能都得到相应的评价，进而增强评价的有效性。同时，公民教育评价内

---

①Education Services Australia. What is being assessed? The Civics and Citizenship Assessment Domain [EB/OL].[2017-07-28]. http://www.civicsandcitizenship.edu.au/cce/default.asp? id=9173.

②王建梁，岳书杰.澳大利亚中小学公民教育评价研究[J].外国中小学教育，2010(12)：36－39.

容从核心操作指标、范围描述以及专业解释这三个层面涵盖了法治教育和公民教育各方面的要素，充分体现了澳大利亚公民教育在法治教育、公民身份教育、德行教育等方面的系统化有机结合。评价的核心操作指标从法治教育和公民教育的基本知识和基本技能两方面规定了评价的总内容，范围描述列出了要求中小学生掌握的具体知识和技能，专业解释则介绍了中小学公民教育评价的实例，要求学生鉴别全民投票选举在不同机构发展中的角色，辨别民主及民主机构的主要特征，了解澳大利亚法律产生的过程等。这三个层面层层递进，系统性强，既关注学生基本知识和技能的掌握，又关注学生情感与态度的发展；既考虑学生学习的结果，又考虑学生学习的过程。

澳大利亚公民教育评价的科学性。澳大利亚中小学公民教育目标具有一定的原则性、抽象性和笼统性。因此，在开展具体评价的时候，需要依照公民教育的知识能力结构、学生的发展需要和社会的发展变化等，把抽象、笼统的目标进行具体化、指标化。评价委员会为了保证测试的代表性、针对性、科学性，设计了小学生测试卷，主要涉及班长选举、不记名投票、网络信息服务、学生代表委员会、义务投票、好公民、社区咨询委员等主题；中学生测试卷则涉及不记名投票、世界公民、学生代表委员会、义务投票、联邦预算、司法独立、澳大利亚宪法、网络信息服务等主题。另外，进行中小学公民教育评价时，评价委员会在对学生样本进行选择时还考虑了以下主要影响因素：学生的年龄、性别、种族、语言、父母受教育程度、家庭主要成员、父母职业、家庭居住地址，学生参与校内外团体或组织情况等，以确保评价指标的代表性、科学性和公正性。①

参加公民教育评价的每个学生除了要回答公民教育评价问卷，还要参与学生背景因素的问卷调查。同时，为了开展科学评价，有效测试中小学生法治教育与公民教育的实践能力和效果，以保证中小学生在评价中所取得成绩的有效性，评价专家还特别调查了学生参与校内外团体或组织的情况，将参与实践活动的情况融合到学生背景调查中，以便有效检测学生实际参与的法治教育和公民教育实践活动情况，以及他们对参与实践活动的认识。此外，澳大利亚中小学公民教育评价还充分照顾联邦、州、地区、公立学校和私立学校等不同团体间的利益，确保测评的全面性和公正性。同时，澳大利亚还对评价实施方案设计、

①Ministerial Council on Education, Employment, Training and Youth Affairs (MCEETYA). National Assessment Program: Civics and Citizenship Years 6 and 10 Report 2007[EB/OL]. [2017-7-27].http://works.bepress.com/suzanne_mellor/7/.

数据统计、评分要求等评价程序和步骤进行了周密的组织和安排。由教育、就业、培训与青年事务部长委员会专门制订公民教育评价的实施方案，同时成立了评价专家小组，专门负责评价实施具体事宜、统计数据、报告结果等。为使中小学公民教育评价顺利实施，澳大利亚制订了明确的公民教育目标。在实施全国评价之前，公民教育评价专家又依据公民教育目标，通过问卷调查系统搜集有关学生公民教育的信息、资料并进行分析、整理，最终制订科学的评价指标。专家们在评价指标的基础上将评价内容细化，使评价内容显示出高度的规范性、严密性和全面性。为了使公民教育评价有效展开，澳大利亚公民教育评价小组颁布了评分指南，制订了详细的评价评分标准，使公民教育评价的结果能转换成相应的分数。专家们还建立了学生评价等级量表。① 明确的公民教育目标、科学的评价指标、全面的评价内容以及详细的评价标准，共同组成了澳大利亚科学化的中小学公民教育评价体系。

澳大利亚公民教育评价的多维度。澳大利亚在中小学公民教育评价中注重法治教育与公民教育知识的掌握和参与技能的统一，而且注重多主体评价，并基于多维度、多层面评定学生的成绩。公民教育评价的主体主要包括公民教育专家、公民教育课程行政和管理人员，以及学生等。澳大利亚中小学公民教育评价采用横向和纵向等多层面的评价，在重视同一年级不同学生比较的同时，还关注不同年级学生公民教育状况的分析比较，使公民教育评价具有连续性、一致性和层次性，以便更好地了解公民教育的实施状况。依据学生成长过程中心理发展的不同阶段，以及在同一阶段不同环境中的不同要求，各个学段设置的学生法治教育和公民教育重点内容也有所不同。小学低年级主要学习社会常识，培养学生良好的社会态度和日常行为习惯，即对周围的人、家庭、学校、社区的友善态度以及对国家、民族的基本感情等；小学高年级主要是理解和初步掌握系统的公民知识、具备一定的法治意识和公民价值观以及初步技能；初中阶段主要是在深化小学教育的基础上增进其法治意识和公民价值观，培养其公民态度、技能并养成一定的公民行为，同时围绕构成民主社会的价值观如平等、自由、民主和正义等促进学生了解国家政体、社会制度等方面的知识，并努力培养学生的法治意识和公民意识，鼓励学生参加社会实践活动。同时，澳大利亚中小学公民教育评价除了采用正式的水平等级评价标准以及分数成绩

---

①岳书杰.澳大利亚中小学公民教育评价研究[D].武汉：华中师范大学，2011:21.

评价标准外，还适当地配以非正式评价，如观察、课堂练习和小组测验等，确保学生成绩的真实性和客观性。①

第三节 对澳大利亚中小学法治教育的反思与启示

澳大利亚的法治教育寓于公民教育之中，同时还渗透着价值观教育。总体上看，澳大利亚开展的法治教育和公民教育的教学方式灵活多样，教育实践活动丰富多彩；作为一个多民族的多元文化国家，澳大利亚在法治教育和公民教育中非常注重培养学生的公平观念和多元文化意识；同时，注重对法治教育和公民教育开展多维度的科学评价。这给我们诸多反思和启示。

一、中小学法治教育应注重减少机械灌输知识和加强学生社会实践活动

澳大利亚的法治教育和公民教育立足中小学生的年龄特点、生活经历、所学课程、学习资源，以及学生平时遇到的真实生活矛盾和问题，采取丰富、多样的教学方式，这有利于激发中小学生的学习兴趣，并引导其结合所学法治教育和公民教育知识领悟、反思、探索和解决身边的社会问题。此外，澳大利亚中小学还通过常态化的课外实践活动，如颁发合作奖，每周集会齐唱国歌，举办多元文化周，开展反欺凌、毒品教育和其他“情境”教育活动，制作法治教育和公民教育校园出版物，鼓励学生参与由学生组成的学校事务管理组织、学生纠纷解决组织，支持学生创建良好校风与校园环境，支持学生参与社区服务和校外联盟组织，从而将法治教育和公民教育融入学生的日常生活。

长期以来，中国中小学的法治教育通常限于让学生机械、被动地接受法治教育知识，忽视学生的主体性和能动性的发挥，疏于对学生社会实践活动参与能力的培养。这样培养出来的学生，仅仅具备一些法治教育书本知识，而难以结合生活实际成为积极主动的法治实践者和纠纷解决者。事实上，学生只有参与社会生活，将法治教育知识转化为生动的社会实践，才能提升自身法治意识和法律素养，增强其权利意识和社会责任感，以及发现法律问题和解决法律问

---

①王建梁，岳书杰.澳大利亚中小学公民教育评价研究[J].外国中小学教育，2010(12)：36—39.

题的能力。

因此，中国的中小学要为学生的法治教育活动创造条件，在采取灵活多样的法治教育课堂教学方式之外，要多途径、多手段为学生提供参与法治教育实践的机会，鼓励学生参加校内校外法治教育实践活动。比如，可以设计校园绿化带被破坏、学生闯红灯、共享单车被恶意损坏、校门口销售劣质小食品等主题，研讨相应的原因与对策。通过这些法治教育主题活动，以案释法，引领学生走进社会、走进生活，引导学生依法行使法定权利，自觉履行法定义务，积极承担自己应尽的法律责任和社会责任。学校作为法治教育活动实施的主阵地，要注重协调好与家长、社区、社会之间的关系，积极争取他们的合作和配合，为学生的法治教育实践活动创造良好的氛围。

二、中小学法治教育应重视培养学生的多元文化意识

澳大利亚作为一个多民族的多元文化国家，倡导和推行民族平等、公平观念和多元文化意识，尤其强调各民族间的尊重、平等、交流和各民族融合共处。在多元文化政策的背景下，澳大利亚的中小学法治教育和公民教育非常关注公平观念和多元文化意识问题，并将此体现于全国性的学校教育目标和学校教育框架以及法治教育和公民目标的确立中，要求中小学生公正和平等地对待每一个人，保护他人免受种族、性别、年龄和能力等方面的歧视，尊重文化多样性，努力成为促进和平、公正和可持续发展的全球公民，探索个人权利和责任，维护弱势群体或受压迫的群体的权利，养成与他人分享自身文化特性的习惯。

中国政府同样高度重视少数民族教育问题，在中小学法治教育中倡导全国各民族一律平等的观念和意识，并先后制定了一系列少数民族教育特殊政策，推动了少数民族教育的发展和民族平等。但是，我国至今没有制定少数民族教育的专门法律法规，民族教育法律体系还不够完善，少数民族教育的法规层级仍然较低。另外，中小学虽然开展多元文化教育和民族团结教育，利用丰富的文化资源丰富学校课程内容，但总体上看，中小学生尤其是汉族中小学生对少数民族文化历史、传统风俗，以及少数民族的法定权利等有关法治教育知识，还了解不够，缺乏增进汉族和少数民族之间相互了解和尊重的知识基础和前提。此外，少数民族的中小学生对其民族文化有特殊需求，我国在为其提供适合其民族文化、心理特点的教育，提高其法治教育的针对性和有效性方面也有待加强。

为此，中国应在制定少数民族教育条例的基础上，尽快制定少数民族教育法，提高民族教育的立法层次，引起整个社会对民族教育的重视；将发展少数民族教育和少数民族学生法治教育落到实处，使法律成为发展少数民族教育的坚强后盾，切实提高少数民族教育质量，使少数民族的中小学生获得平等的发展机会和权利，促进教育公平。各地方应根据本地区经济社会发展实际情况，结合本地少数民族的文化特点和教育的特殊需要，有针对性地制定符合本地少数民族教育特殊需要的少数民族教育政策，并组织中小学校开展少数民族学生的法治教育，注意听取少数民族的中小学生对民族教育和少数民族法治教育实施的真实感受、困难及需要。对汉族的中小学生开展法治教育，要注重民族认同感的培养，加深其对多元文化的认同、尊重，广泛开展多元文化教育和民族团结教育，充分利用我国多民族多文化的资源优势，丰富学校的课程内容，使汉族学生了解、认同并欣赏少数民族文化，增进汉族和少数民族之间的相互了解和尊重，促进民族团结。①

三、中小学法治教育应重视开展科学评价

澳大利亚联邦政府非常重视中小学公民教育评价问题，并将法治教育评价寓于公民教育评价中，通过颁布公民教育评价政策、制订统一的评价内容和标准、实施全国范围评价、逐步完善评价体系，打造澳大利亚法治教育和公民教育评价自身的特色，形成了一套多维度、系统化、科学化的公民教育评价体系。

澳大利亚的公民教育实施起初由各州负责，联邦政府并没有统一规定，各州公民教育的实施情况不一，评价内容和方法多种多样，联邦政府难以评价各州的公民教育成绩。为此，教育、职业、技术培训、青年事务部长委员会委托国家教育绩效监测工作组专家设立了全国统一的评价内容和标准，在全国范围内实施中小学公民教育评价。具体的公民教育评价内容既注重中小学生有关法治教育和公民教育知识的理解，也注重他们参与社会实践所需技能以及法治教育和公民教育实施绩效，以期达到法治教育、公民教育知识掌握和社会实践参与技能的统一。而在评价样本的选择方面，澳大利亚公民教育评价委员会在随机筛选学生评价样本时，全面考虑了学生的年龄、性别、种族、语言、父母受教育

①陈立鹏，张靖慧.澳大利亚民族教育立法研究及启示[J].民族教育研究，2011(3)：34－35.

水平、父母职业、家庭居住地址，以及学生参与校内外团体或组织情况等主要影响因素，以确保评价标准的科学性和公正性。澳大利亚中小学开展公民教育评价中所使用的具体方法灵活多样，主要包括专案工作（Project work）、档案袋（Portfolios）、操作（Performances）、成果（Products）、纸和笔（Paper and pen）等。科学的公民教育评价，不仅有助于澳大利亚联邦及各州政府制订下一步公民教育发展目标，而且学校也能从评价成绩中检验公民教育的实施效果。

目前，中国中小学法治教育评价还处在初步确立阶段，法治教育评价意识还不够强，法治教育目标和课程标准对法治教育评价的内容和标准等尚待确立。中国中小学通常都根据自己的学情和校情开展一些法治教育检测和评价，而相关的法治教育评价内容和标准往往缺失或滞后。特别值得一提的是，中国的中小学法治教育的内容检测和评价多重视中小学生对法治教育基本知识的理解和掌握，而对中小学生参与社会法治实践的技能培养重视不够；有些学校对中小学生法治教育的实践效果也予以一定程度的关注，但这方面的法治教育评价大多考查学生的被动服从校规校纪情况，而忽视了对中小学生积极参与社会法治实践、维护自身法定权利、探索和解决社会纠纷等的考查。另外，中国中小学法治教育检测的方法大多仅为纸面考试或问卷，这种相对单一的法治教育检测和评价手段偏重测试中小学生的法治教育知识，而难以评价学生的真实法治意识和素养。

现代法治教育评价有其显著的特点：它是以培养学生的法治意识和素养达到法治教育教学目标为中心的评价，不仅重视测量学生的法治教育知识，而且重视考查学生的社会法治实践参与能力；不仅重视总结性评价，而且重视形成性评价；重视多元主体评价，发挥评价者和接受评价者等不同评价主体的作用。

为了避免因法治教育评价内容和标准等滞后而导致的中小学法治教育质量下滑现象，我国应当在开展中小学法治教育教学的同时，组织人力探索和研制统一的法治教育评价内容和标准，以保障中小学法治教育评价的顺利实施。特别是在制订中小学法治教育评价内容时，应当注重中小学生对法治教育的知识掌握和他们参与法治实践技能的统一，尤其注重开展中小学生平日遵纪守法观察活动、考查中小学生参与社区服务活动和法治教育实践的情况等，做到对中小学生的法治教育知识测试评价与学生平时的守法表现和法治实践能力相结合。在评价样本的选择方面，可参考澳大利亚公民教育评价的做法，在选取法治教育评价学生样本时，综合考虑学生的年龄、性别、民族、父母受教育水平、父母职业、家庭居住地址，以及学生参与校内外组织情况等影响因素，以确保评价标准的科学性和公正性。同时，要注重开展多元主体评价，发挥不同层面的评价者和接受评价的中小学生等不同评价主体的作用。通过这样的法治教育评价，中小学生在学校里将能掌握一定的基本法治知识与实践技能，走上社会后就能成为知法守法的公民，具备积极地参与法治实践的意识和素养。

第五章　法国的中小学法治教育

法国的中小学法治教育被纳入公民教育之中。作为启蒙运动与资产阶级大革命的发祥地之一，法国在传统上就重视公民教育。18 世纪，法国成为欧洲启蒙运动的中心，启蒙思想家孟德斯鸠、伏尔泰、卢梭和“百科全书派”提出了人权思想、世俗教育思想和法治思想等富有理性主义的先进思想，为法国公民教育的形成和发展奠定了坚实的思想基础。在法治思想方面，影响最大的是孟德斯鸠和卢梭，他们为新兴的资产阶级法律制度提供理论基础，也为之后法国公民教育体系的构建提供了重视法律保障作用的思路。

法国一贯重视公民教育。国家在公民教育上占主导地位，直接干预教育，采取独特的教育督导制。同时，法国不仅通过立法来明确公民教育的课程地位，同时通过制定一系列法律来保障公民教育的正常进行。与法国启蒙运动中的人权思想相适应，法国的公民教育内容有较强的权利意识性。法国一直把人权教育放在公民教育的首位。

整体来看，法国公民教育涉及大量的法治教育内容，即便其公民教育涉及的非直接法治教育的内容，也大多与法治教育密切相关。公民教育课程涵盖的领域趋广，涵盖健康教育、安全教育、法律教育、环境教育、和平教育等领域，具体包括预防上瘾行为、虐待、性暴力、过度冒险行为，防止暴力、种族主义、性别歧视，民主社会的基本原则，欧洲及国际社会议题，等等。

法国的中小学公民教育以人与公民的基本概念为主线，根据学生的年龄和接受能力逐步深入。小学和初中开展公民教育，高中开展公民、法制与社会教育。公民教育的师资队伍主要由一批高层次专业人员组成。教师在教学组织和教学方法上具有较大的自由度，可根据中小学生的年龄特点、知识结构、生活经验等，采取多样化的教学方式。同时，法国中小学公民教育的参与主体也较为广泛。公民教育在法国得到政府尤其是国民教育部的重视和引导，学校、学生、家长、社区和社会共同参与，协同营造和改善公民教育环境，支持学生把校内学习和校外生活联系起来。

第一节　法国中小学法治教育的特点

一、涵盖法治教育的公民教育传承启蒙运动中理性主义的先进思想

法国是最早开展公民教育的国家，这和该国在历史进程中形成的丰厚政治文化积淀不无关系。作为启蒙运动与资产阶级大革命发祥地之一，法国有重视公民教育的传统，其法治教育寓于公民教育中。法国公民教育作为资产阶级革命的产物，在维护资本主义制度以及培育这一制度所必需的公民方面，曾发挥巨大作用。

启蒙，本义为“智慧、知识”的意思。18 世纪震荡欧洲的启蒙运动，倡导理性主义，崇尚人类知识，遵从自然规律和理性法则，反对信奉神灵和奇迹的赐予。18 世纪的法国是欧洲启蒙运动的中心，可以毫不夸张地说，启蒙时代的欧洲是“法国的欧洲”。以孟德斯鸠、伏尔泰、卢梭和“百科全书派”为代表的法国启蒙思想家提出了自文艺复兴以来人类先进的思想，捍卫人权，提倡智慧与教育，与中世纪欧洲社会的基督教宗教神学处于对立的地位。他们用以人权思想、世俗教育思想和法治思想为代表的饱含理性主义的先进思想，为法国公民教育的形成和发展起到了思想奠基的作用。这些思想作为法国宝贵的传统政治文化财富，在该国公民教育的发展历程中都有不同程度的渗透和继承。①

(一)人权思想

“人权”，乃人因其为人即应享有的权利，无疑是人类文明史中一个最能唤起内心激情与理想的词汇。② 人权在法国民族的全部文化遗产中占有重要地位，并被载入联合国宪章。人权思想在法国的法治教育和公民教育中通过注重权利意识的培养而充分体现出来。法国启蒙思想家们则是通过“天赋人权”理论的提出强调人权思想，通过《人权宣言》的颁布捍卫人权思想，从而使人权思想深入人心，成为此后法国公民教育中必不可少的内容之一。

①张越.传统政治文化影响下的法国公民教育研究[D].北京：首都师范大学，2011：4－5.
②徐显明.人权研究(第九卷)[M].济南：山东人民出版社，2010：前言.

天赋人权又称自然权利，指每个人与生俱来的共同的基本权利。在启蒙思想运动中，天赋人权论最重要的宣传者是卢梭。卢梭提出，自由、平等的权利是人类首要的不可转让的天赋权利。他在《社会契约论》中的第一句话就是“人是生而自由的，但却无往不在枷锁之中”①，并以此作为推翻封建制度和构建新社会制度的根据。卢梭确信人类所建立的一切政治制度和法律制度都是为了保障人的天赋权利，如果它们同天赋权利背道而驰，人们可以废除它们，甚至可以通过暴力手段推翻它们。由此可见，人权思想在启蒙思想家那里得到了充分的认可和强调。

启蒙思想家的天赋人权论，在1789年法国《关于人权和公民权宣言》（简称《人权宣言》）中得到明文记载。法国国民议会于1791年9月讨论制定了宪法，《人权宣言》被全文列入宪法作为序言。这样，《人权宣言》便正式成为法国宪法不可分割的一部分，而人权也就成为法国宪法明文规定的公民的基本权利。

所以说，《人权宣言》是用宪法形式把天赋人权加以具体化、固定化，使之成为影响更为广泛的文献。《人权宣言》由序言和17条条文组成。《人权宣言》在序言中强调“不知人权、忽视人权或蔑视人权是公众不幸和政府腐败的唯一原因，所以决定把自然的、不可剥夺的和神圣的人权阐明于庄严的宣言之中”。在正文的条文中，把人权具体化为自由、财产、安全和反抗压迫等四种权利。后来，在1791年和1793年，法国宪法又进一步把人权具体化为平等、安全、财产、人身自由、信仰自由、出版和结社自由等公民权利。此后，资本主义各国都仿效法国，把上述权利作为公民权利列入自己的宪法之中。②

总的来说，天赋人权理论的提出和《人权宣言》的颁布，有着巨大的历史进步意义，它是神权和贵族特权的对立物，它在实际上肯定了人的地位、人的价值和人的尊严，在当时对鼓舞和激励人民大众反对封建统治的斗争起了重大作用。更重要的是，人权思想从那时开始就被放在重要的位置，在法国法治教育和公民教育中对人权思想的灌输是通过权利意识的培养来进行的，并且这成为法国法治教育和公民教育区别于其他国家的特点之一。

（二）教育世俗化思想

18世纪，法国的启蒙思想家们关注的教育问题的主题，主要集中在教育世

---

①卢梭.社会契约论[M].何兆武，译.北京：商务印书馆，1980：8.

②张越.传统政治文化影响下的法国公民教育研究[D].北京：首都师范大学，2011：5.

俗化的问题上,并在此过程中催生了包含法治教育的公民教育的理念。他们主张教育要归于世俗,由国家掌握教育的主办权,反对教会对教育的控制,提倡教育事业由国家主管。在教育内容上主张对学生进行百科全书式的教育,包括自然科学和伦理道德教育,以道德课取代宗教课从而来培养共和国的公民。[①]

教育世俗化思想首先是教育管理的世俗化,即结束天主教会对教育的垄断,由国家掌握教育的管理权,教师不再是僧侣身份而是国家的公职人员。在教育举办权的问题上,伏尔泰、拉·夏洛泰、孔多塞以及百科全书派等,几乎所有的启蒙思想家都要求按照人的自然属性,施以自由、民主、理性的教育,主张将教育大权从教会手中收回,由国家管理。

百科全书派要求政府取代教会举办学校,改革教学内容。狄德罗指出,人们应该在大学中给公民传授一种从立法到技艺的所有必要的知识。拉·夏洛泰在1763年出版的《国民教育论》一书中系统阐述了自己的国民教育思想。他的结论是“教育只能依靠国家,因为教育的本质就是国家的事务,因为这个国家对教育自己的成员有不可剥夺的权利,一句话,因为国家的儿童应该由国家的成员来培养”。他关于国民教育的思想为后来法国公民教育中央集权教育领导体制的形成提供了思想依据。[②]

在教育的内容和目标上,启蒙思想家们也提出了先进的思想,使得公民教育的理念应运而生。最重要的代表人物仍然是拉·夏洛泰。他指出,每个国家的教育目的都应该是激发公民精神;而对我国来说,教育的目的应是培养法国人,是为了形成法国人,努力将他们造就成人。[③] 在教育目标上,拉·夏洛泰主张国民教育应以培养良好的法国公民为首务,应以造就心智健全发达、道德水平高尚、身体强健匀称的公民为自己的教育职责。启蒙运动中百科全书派的代表人物狄德罗在论国民教育与科学教育时也发表了自己的看法。他指出,国民教育课程应有阅读、习字、算数、道德和公民这几方面的内容。由此,公民教育思想在法国教育史上开始占有必不可少的位置。

(三)法治思想

18世纪的启蒙思想家们在人权、自由的基础上,发展了亚里士多德时期的

---

①张越.传统政治文化影响下的法国公民教育研究[D].北京:首都师范大学,2011:5—6.

②张越.传统政治文化影响下的法国公民教育研究[D].北京:首都师范大学,2011:6.

③刘大明.“民族再生”的期望:法国大革命时期的公民教育[M].北京:中国社会科学出版社,2005:59.

法治思想。在法治思想方面，影响最大的当属孟德斯鸠和卢梭，他们以自然法为武器，在政治法律领域高举资产阶级革命的大旗，不仅为法国资产阶级革命奠定了思想理论基础，而且对近代资产阶级法律学说的成熟和完善做出了重要贡献，为新兴的资产阶级国家政权的法律制度提供了理论基础，也为之后法国公民教育体系的构建提供了重视法律保障作用的思路。①

孟德斯鸠是一位坚定的法治主义者。他说，"法治是很有利于保国的""没有法治，国家便将腐化堕落"。② 孟德斯鸠虽然主张君主立宪，却反复强调君主必须依法治国。他认为法律一旦制定出来，就要保障其尊严和相对稳定性，没有充足的理由就不要变更。司法也必须按法定程序办事，必须彻底改变专制国家那种专横暴虐、法官受贿、拖延习气、勒索行为和滥施重刑等恶劣做法。他强调法律是自由的保障，用法律来保卫人们的言论、出版、思想和处置财产的自由权利。因此，要培养尊重法律、严守法律的良好习惯和风气，培养真正守法的精神。这些思想在法国公民教育的发展过程中产生了潜移默化的作用，使得法国公民教育有了注重法律保障的思维意识。

卢梭提出了"法治国"思想，其基本政治思想就是建立一个法治共和国。他说："凡是实行法治的国家（无论其政体形式如何），都可以叫共和国。……国家构成的基本要素不是官员而是法律。"③法治共和国的特点在于：首先，法律只能是公意，即作为合作公民的行为和意志，这只能由人民来创制；其次，人人都要服从法律，这就是服从自己的意志；最后，法律平等就是任何人都不能自以为居于法律之上。卢梭所提倡的法治主义认为，只有在法治的国家里，公共利益才能占统治地位。可见，法治国家的立法权永远和唯一地属于全体人民。

启蒙思想家们的法治思想以其饱含理性主义的光芒，为法国接下来的一系列革命指明了方向。同时，这些法治思想也作为法国法律思想的渊源被继承、发展和完善，从而应用于社会生活的各个层面，使得法国公民教育在发展过程中也一直饱含法治思维和法治教育的内容，重视利用法律来保障实施各项政策举措。④

---

①张越.传统政治文化影响下的法国公民教育研究[D].北京：首都师范大学，2011：6.

②孟德斯鸠.论法的精神（上册）[M].张雁深，译.北京：商务印书馆，1982：85.

③卢梭.社会契约论[M].何兆武，译.北京：商务印书馆，1980：51.

④张越.传统政治文化影响下的法国公民教育研究[D].北京：首都师范大学，2011：7.

二、公民教育由国家主导并强调权利意识和法律保障

法国一贯重视公民教育并坚持国家在公民教育上的主导地位，其公民教育呈现出高度的组织性，这主要表现在国家直接干预教育及其独特的教育督导制。法国的公民教育，是以法国传统政治文化背景中启蒙思想家的教育世俗化思想为发端，在批判继承拿破仑时代的中央集权教育领导体制下的“帝国大学领导制度”过程中逐渐形成的。①

国家直接干预教育是法国教育行政的指导原则，最终目的是利用政府权力的权威性来保证法国文化的统一以及公民教育权利的平等，从而促进个人和社会的发展。在进行公民教育的过程中，法国政府在关于学校应该提供哪些知识能力来使学生积极生活于现代社会这方面付出了很大努力。法国的公民教育事业由国民教育部统一管理，公民教育的教学大纲、课程设置及年限、教材以及参考资料都有统一的制订标准，不允许擅自更改。国民教育部的权限广泛而集中，实行中央对地方的垂直领导，地方教育机构的作用非常有限。法国学校公民教育的这一国家主导性特点在西方主要发达国家之中是一个例外。② 当前，法国在公民教育方面实行中央集权与适度放权相结合的政策。虽然 20 世纪 80 年代以来，法国教育体制改革的重点之一是放权，但是在教学内容上，法国的教育行政机构仍紧握公民教育课程的设置和实施的权力，教学内容和课时设置也都必须遵循教育行政机构的规定。法国教育提倡尊重学生的“自由”，即学习的自主性，不同的能力、兴趣、态度等个人因素；但同时又坚持维持公民教育的权威性，因为公民教育不能随心所欲。③法国希望通过设置预定的教学目标来加强公民教育的权威性，让学生在学习的过程中主动达成这些目标以成为法国需要的合格公民。

法国公民教育完备的督导评估系统是其国家主导下组织化程度高的一种集中体现，法国公民教育的成功实施与其发达的督导评估系统有着密切的关系。目前法国的教育督导制已经比较完善，其教育督导体系包括总督、学区督学和省督学三层机构，系统地对全国学校进行行政督导评估工作。法国的教育

①张越.传统政治文化影响下的法国公民教育研究[D]. 北京：首都师范大学，2011：20.

②蓝维，高峰，吕秋芳，等. 公民教育：理论、历史与实践探索[M].北京：人民出版社，2007：174.

③魏传立.法国公民教育对我国的启示[J].法国学习，2011(3)：33.

督导评估系统组织严格，并且方式灵活，不仅使中央和基层得到了有效的沟通，而且使教育方针政策的制订、调整和落实有了切实的保证，从而使整个教育系统得到正常运转。在评估方式上，法国公民教育的评估采取多层评估的方式，不仅接受本学区的督导权威机构的监督和指导，而且还要接受全国评估委员会这个社会评估专业机构的外部评估。法国在教育方面，除了教育行政机关之外，由教员团体、家长团体、学生团体、各界专家等社会各阶层的代表组成的各种审议、咨询机关占有重要地位。这些机构与教育督导机构和社会评估机构互相合作、相辅相成，共同参与审议和评估，共同保证法国教育及公民教育的质量。①

法国公民教育这种由国家主导的高度组织化教育手段传承和实践了18世纪启蒙思想家提出的教育世俗化思想即通过国家教育来培养新型公民的构想。他们主张教育要归于世俗，反对教会对教育的控制，提倡教育事业由国家主管；在教育内容上主张对学生进行百科全书式的教育，以道德课取代宗教课从而来培养共和国的公民。法国的公民教育正是汲取了这方面传统政治文化的优良部分，才呈现出坚持国家主导地位的组织化程度高这一特点。同时，这种公民教育的高度组织化，在一定程度上也批判继承了拿破仑时代的中央集权教育制度。拿破仑建立的帝国大学，不是高等教育机构，而是全国最高的教育领导机构。由于当时的法国属于中央集权制的国家，教育的权力因此也集中在中央。各级各类学校的规章制度、课程设置、课时安排均由国家统一制定和监督实施。拿破仑统治时期制定的高度统一的中央集权教育管理体制经过多年的完善，成为法国现代教育的最显著特征，而法国公民教育的这一由国家主导的高度组织化特点也深深地印刻了这一体制的烙印。

与国家主导公民教育相适应，法国的公民教育内容有较强的权利意识性。在公民教育中向学生进行政治教育的目的不仅是让他们对法国国家制度的运作有所了解，更重要的是让他们了解作为法国公民的权利与义务，树立起一种权利意识，使他们在学校接受公民教育的过程中培养和锻炼政治参与意识。这种突出权利意识以及政治参与意识培养的公民教育理念是以《人权宣言》为基点的。法国在开展公民教育的过程中，一直把人权教育摆在首要地位，而这期间对《人权宣言》的重视更不容忽视。法国早在1923年就把公民权利和义务教育列入小学公民教育教学大纲，并强调权利的意义和价值。1984年以来，法国

①张越.传统政治文化影响下的法国公民教育研究[D].北京：首都师范大学，2011：20—21.

官方强调学校公民教育要遵循1789年的《人权宣言》和1948年联合国通过的《世界人权宣言》,必须坚持"主权在民"思想,因为"在权利面前,人们生来而且始终是平等的;要以'人权'为公民教育的核心,重视公民的权利,使所有公民都享有自由、集会、结社权,以及表决权和劳动权"。这种建立在国家主导地位基础上的人权教育,显示了教育的权威性,同时也直接体现了公民权利的重要性,并因此让公民在行使权利过程中产生对国家的认同感和责任感。①

另外,法国公民教育注重法律的保障作用。法国不仅通过立法来明确公民教育的课程地位,同时通过制定一系列法律来保障公民教育的正常进行。法国公民教育注重法律保障这一特点是以启蒙运动中启蒙思想家们的法治思想为浓厚思想底蕴的,同时,也与戴高乐时代颁布有关教育法令来发展和改革教育的领导理念有着深刻的关联。

法国通过立法来明确公民教育的课程地位。1989年法国颁布的《教育方向法》明确了公民教育在中小学课程中的地位。《教育方向法》是法国的教育基本法,规定了法国教育的指导原则、发展方向及要实现的主要目标。它明确提出教育是法国优先考虑的问题,将教育的重心转移到学生身上。同时,1989年的《教育指导法案》规定了法国政府、社会团体、家庭在青少年公民教育中的地位和作用,成为法国公民教育的一个重要法律保障。法国的"教育高级委员会"就是根据这一法案而成立的对青少年的公民教育工作进行统一管理的机构。法国的这一"教育高级委员会"还取代先前的全国性社会参与管理机构"国民教育高级委员会"和"普通教育和技术教育委员会"来统一管理公民教育的社会参与工作,这是法国公民教育注重法律保障实施的另一个方面。这些与法律相关的保障措施都与法国传统政治文化中的法治思想和法律实践有着重要的联系。②

在启蒙运动中,以孟德斯鸠和卢梭为代表的启蒙思想家们提出了很多理性的法治思想。孟德斯鸠是一位坚定的法治主义者,他强调法律是自由的保障,用法律来保卫人们的言论、出版、思想和处置财产的自由权利。卢梭认为立法原则是与人民和国情相适应;个人意志符合公意的时候才有自由,而法律是公意的运用,所以服从法律才有自由。这些绽放着理性光芒的法治思想在法国公

---

①张越.传统政治文化影响下的法国公民教育研究[D].北京:首都师范大学,2011:21—22.

②张越.传统政治文化影响下的法国公民教育研究[D].北京:首都师范大学,2011:23.

民教育的发展过程中，产生了潜移默化的作用，使得法国公民教育在发展过程中一直注重法律的保障作用。

戴高乐任法兰西总统时期，为谋求社会稳定与增强经济和军事实力而重视教育改革，他率先实践了法律保障教育的举措。戴高乐政府先后颁布了《教育改革法令》《国家和私立学校关系法》和《高等教育方向指导法》三项教育法令，奠定了20世纪60年代以来法国教育制度的基础。在法国公民教育的保障实施中起到举足轻重作用的《教育改革法令》正是产生于这个时期。可见，法国公民教育重视法律保障的传统由来已久。

三、公民教育涉及法治教育等广泛内容并因学段而异

法国公民教育的目标是培养公民的平等、人权等法治意识，端正的行为品格，正确的价值观、爱国情操与国际和平思想等。通过学校课程，国家可以有效地传播基本的、共同的社会核心价值观，如平等、人权、责任感、尊重等，促进学生对公民权利和义务的了解，培养学生未来生活的正确价值观和意识，为未来参与民主生活做准备。因此，法国公民教育涉及的内容较为广泛，包括法治教育、安全教育、国防教育等。具体来说，法国公民教育希望学生成为具有以下良好品质的公民。一是自立自律，能够理解和尊重法律，遵守规则，为自己的行为负责。责任感教育是法国目前公民教育的重点。学生应该认识到个人和集体责任，有进行正确判断的能力，进行负责任的行为，成为有教养的法国公民。法国小学开设道路安全课程，教小学生了解遵守交通规则的重要性，认识到这不仅是对自己生命的尊重，也是对他人生命的尊重，从小培养学生树立安全责任感意识；中学教育学生了解男女生交往应注意的问题，教女生如何保护自己，防患于未然。二是政治素养，要求学生了解人权和民主理论，熟悉政治和社会制度，理解文化和历史多样性等。法国的学校课堂比较自由，教师经常以辩论的形式组织课堂教学，学生自由发表观点，教师在合适的时机给予引导，以此培养学生的语言表达能力和逻辑思维能力等，这些也都是民主社会对公民的基本要求。三是参与意识，培养学生成为未来能够建设民主社会的公民。学校是缩小的社会，学生在学校里的生活和学习，也会培养学生参与公共生活的意识。法国学校鼓励学生参与社区活动，通过各种途径激发学生积极主动参与社会生活的热情。四是关心法国和欧洲议题。随着全球化和欧洲一体化进程的加快，

“欧洲公民”概念丰富了法国公民教育的内涵。法国公民教育强调学生不仅要关注法国，而且还要放眼欧洲，放眼世界，了解法国在欧洲、世界中的地位，培养学生成为有责任感、有合作意识、有团结精神的欧洲公民。五是有国家归属感。法国一直以其法兰西文化而自豪，学校的公民教育十分注重爱国主义教育，弘扬民族传统文化自信心和自豪感。随着移民人口的增加，法国的文化日趋多元化。如何加强多元文化融合，培养统一的共和国思想和民族精神，形成国家认同，是法国学校公民教育新时期的重要任务。因此，学校教育不仅要让学生树立尊重文化多样性的意识，也要让各民族学生接受统一的法国社会价值观，即平等、自由、博爱和人权思想教育。①

从法国公民教育的这些目标和整体内容来看，法国公民教育涉及大量的法治教育内容，即便是其公民教育涉及的非直接法治教育的内容，也大多与法治教育密切相关。

随着时代的发展和变迁，法国公民教育的内涵不断发展变化，公民教育课程涵盖的领域也越来越广，涵盖了健康教育、安全教育、法律教育、环境教育、和平教育等各个方面。具体内容，包括预防上瘾行为、虐待、性暴力、过度冒险行为，防止暴力、种族主义、性别歧视、同性恋以及其他一切形式的歧视行为，民主社会的基本原则，可持续发展，欧洲及国际社会议题，等等。法国学校公民教育不仅注重知识的学习，更强调共同价值观的学习及积极行动和实践的学习，学习内容根据不同年龄阶段层层推进。②

在法国，中小学公民教育以人与公民的基本概念为主线，根据学生的年龄和接受能力逐步深入。中小学的公民教育课程在不同阶段均有不同侧重，课程名称也不尽相同，在小学和初中称为“公民教育”，在高中则称“公民、法制与社会教育”。

(一)小学阶段

法国在小学阶段就有专门的公民教育课程，是学生学习计划的重要组成部分，主要围绕“尊重”和“宽容”两个核心价值观来组织教学，强调公民教育知识和行为能力的获得。要求小学生尊重自己和他人的出身、人格和财产，尊重每个人的思想表达；爱护公共财产，保护生活环境（卫生、安全条例，健康教育，环

①董筱婷.法国中小学的公民教育[J].湖北教育，2014 (6)：78—79.

②董筱婷.法国中小学的公民教育[J].湖北教育，2014 (6)：79.

境管理入门教育以及人类生活环境和公共财产教育等）；认识社会共同生活的规则，了解公民的权利和义务，学会承担责任（包括遵守班级和学校的公共生活规章制度，珍惜同学友情，相互帮助，共同合作，培养责任感，努力工作的意识等）。

6～8岁，公民教育主要围绕共同生活课程展开，课程内容包括个人卫生、个人和集体安全、国家认同的概念等。通过这一阶段的学习，发展学生正当的社会行为，学生学会尊重自己和他人，爱护公共财物，初步实现自治，承认他人的权利和种族间的平等，了解与他人相处的准则等。学生通过了解国家的象征来理解国家概念，如认识象征自由的弗里吉亚帽，了解法国的国庆日、国旗、国歌等。

9～10岁，公民教育内容包括个人自由、如何与他人相处以及共同价值观问题。学习共处的道德教育课要求儿童从其同伴那里认识其行为，认识到集体生活的约束是他们自由的保障；要学习拒绝暴力、避免冲突等。此外，学生初步接触到各种制度，了解选举权、普选，总统、总理议员的职权与作用，认识学校生活范围内的财产等概念，了解法国在世界中的地位，了解《人权宣言》以及自由权利的含义。在这一阶段学习结束后，学生学会尊重学校里的规则和价值观，意识到个人在社会中的责任。

（二）初中阶段

初中学生应了解法国社会长期以来形成并秉持的核心价值观和原则，不同阶段的学生应该达到相应的公民知识和能力水平，为未来生活做准备。为了适应学生的接受水平，初中每个年级的教育主题设计也各有侧重。初中一年级学生要理解人的权利与义务。课程大纲将权利与义务分别列出并加以对照，使学生清楚并了解两者的不同与关联。比如，学生不仅有尊重自己的权利，同时还有尊重他人的义务；不仅要防备自己身体不受侵犯，同时也不对他人使用暴力；学生有自由表达的权利，还有倾听他人的义务等。初中二年级公民教育的基本内容为平等、团结、安全等概念，初中三年级为自由、权利和公正。认识交通安全时，要求学生不仅看到事故的直接损失，如残疾、死亡和车辆损坏，还要关心救护、医疗、赔偿、道路修复、司法审理等社会成本。初中四年级为义务教育的终止年，因此公民教育课程涉及公民身份这一核心内容，主要涉及公民、共和国、民主：公民身份，共和国的价值、原则和标志；共和国权力机构：共和国的机构、国家和地方行政机构、法国和欧洲机构、选举；政治与社会的公民身份：

活动者、社会生活中的公民;民主辩论:公众舆论与媒体、问题中的国家、民主中的科技伦理、妇女在社会政治生活中的地位;国防与和平:国防、集体安全与和平、团结与国际合作。[①]

在法国,初中被认为是学生"学习成为公民的地方",学生主要学习民主共和国的主要价值观念。在法国公民教育教材中,团结合作是学习的重要价值观之一,在各个方面都有体现,如同学间的合作、各种志愿活动、社会保障制度,甚至国际人道主义援助。学生通过对联合国、联合国教科文组织、联合国儿童基金会、非政府组织等国际组织的学习,了解国际合作,教师可要求学生就某一个问题(如国际合作捍卫人权的方式)收集资料完成一篇论文。为了帮助学生了解和感受法律,教师会组织学生去法院参观,观摩庭审,还可以与法院院长和律师进行交谈,问师生感兴趣的问题。[②]

(三)高中阶段

在高中阶段,法国公民教育更加注重"公民身份"教育,强调对公民知识的运用和实践能力以及批判精神的培养。高中学生必须学习公民、法制和社会教育这门课程,借此了解国家制度的运作和自己作为公民所拥有的权利和义务,了解国家法律体系。该课程主要采用辩论的形式,鼓励学生对各自的观点进行辩护,使学生熟悉政治辩论。

高中学生临近或达到法定公民年龄,因此高中的公民教育尤显重要。高中的公民、法制与社会教育课程其实是通过对公民身份概念的深入分析,面对现实世界,重新学习其原则、形态与实践。

高中一年级:以公民身份在社会中生活。高中一年级公民、法制与社会教育课的目标是从社会生活出发,重新认识初中学习过的公民身份的概念。主要学习内容是4个主题和7个定义。4个主题为公民身份与礼仪、公民身份与社会融合、公民身份与工作、公民身份与家庭关系的变革;7个定义为礼仪、社会融合、国籍、权利、人与公民权利、公民与政治权利、社会与经济权利。

高中二年级:制度与公民身份的实践。高中二年级公民、法制与社会教育课主要是对政治参与和公民身份实践的思考,理解权利、政治制度和自由。主要学习内容也是4个主题和7个定义。4个主题为公民身份的练习与政治权

①王晓辉.法国公民教育的理论与当前改革[J].教育科学,2009(3):87—89.

②董筱婷.法国中小学的公民教育[J].湖北教育,2014(6):79.

力的代表制和法制、公民身份的练习与政治参与形式和集体行为、公民身份的练习与共和国和地方主义、公民身份的练习与公民权利；7个定义为权力、代表制、法制、法治国家、共和国、民主、国防。

高中三年级：当代世界变革中的公民身份。高中三年级的公民、法制与社会教育课要求学生在前两年学习的基础上，认识到民主国家与社会中的权利、公正、自由和平等正面临新的挑战，特别是科学技术的变革、公正与平等的新诉求、欧盟的构建和经济文化的全球化。主要学习内容是4个主题和8个定义。4个主题为公民身份与科学技术的变革，公民身份与公正、平等的新诉求，公民身份与欧盟的构建，公民身份与世界化的形式；8个定义为自由、平等、主权、公正、普遍利益、安全、责任、伦理。①

法国的小学和初中每周进行公民教育的时间是30～60分钟，其中大部分教学是在课堂上完成，但也可通过组织参观、项目学习和讨论会等活动形式开展公民教育。高中每周进行公民教育的时间为2小时。在义务教育阶段结束后，教师要对学生是否具备了与公民身份相关的技能等关键能力进行评估，评估主要从三个维度进行，分别是知识、技能和行为。每个学生都有一本个人记录簿，上面记录了他们从小学到中学期间在“社会和公民”能力方面获得的成绩以及进展情况，评估标准是由国民教育部颁布的知识和技能“共同核心”。评估时间分别为小学二年级、五年级以及初中毕业三个时间段。为了提高学生对公民教育的重视，公民教育课程成绩被算入学校期末考试成绩内。学生记录簿不仅反映了学生学校生活的参与情况，也是学生行为表现的重要依据。②

可见，法国公民教育的课程内容依据其各个学段的公民教育培养目标而设置，中小学各阶段都有其教学重点，这种系统化的公民教育课程设置对其公民教育的有效实施起到了很大的作用。

四、法治教育凸显多样化的教学方式和参与主体

法国的公民教育队伍主要由一批高层次专业人员组成，他们具有法学、教育学、心理学、伦理学、社会学等专业的知识。虽然在传统上，法国教师必须按照国家教学大纲规定的内容组织教学，但是国家并不会过多干涉教师用什么样

①王晓辉.法国公民教育的理论与当前改革[J].教育科学，2009(3)：87－89.

②董筱婷.法国中小学的公民教育[J].湖北教育，2014 (6)：80.

的具体教学方法和手段达成课程目标。教师在教学过程中的教学组织和教学方法选用上具有较大的自由度，可根据中小学生的年龄特点、知识结构、生活经验等，采取多样化的教学方式。同时，法国中小学法治教育和公民教育的参与主体也较为广泛。法治教育和公民教育在法国得到政府尤其是国民教育部的重视和引导，学校、学生、家长、社区和社会共同参与，形成合力，积极营造和改善法治教育和公民教育环境，支持学生把校内学习和校外生活联系起来。

法国公民教育由掌握公民教育教学技能的教师授课。法国学生从 6 岁就开始接受公民教育。小学生每学年的公民课课时大约为 30 小时，中学生为 28 小时。根据欧盟的统计数据，法国是欧洲对学生进行公民教育课时最多的国家。除了单独的公民教育课程外，学校还提倡跨学科教学方法和渗透教学法，将公民课与其他学科相联系，如在初中阶段，健康教育、安全教育、环境教育等交叉主题的教育内容就是分散在各个学科教学中。[①] 为了顺利开展公民教育课，法国中小学教师都被要求掌握公民教育教学技能。法国的小学是“教师包班制”，一位教师负责一个班级的全面教学，教师也要掌握公民教育教学技能。自小学三年级开始的公民教育课中，学生要学习做本市镇公民，熟悉本市镇的民主制度，参观市镇政府，认识当选者（市镇长、市镇议会）在学校事务和改善居民生活等方面的作用。同时，学生要学习做法国公民，初步认识共和国总统、政府和议会的职能，民主生活的不同形式：投票、选举的责任，公共生活中的承诺。[②] 中学阶段，公民教育教学有专门的任课老师，但公民教育也要融合到各科教学中。因此，所有中学教师都必须具备公民教育的一系列知识能力。初中阶段的公民教育课主要由历史与地理课教师承担，但整个教学组其他教师，特别是班主任教师都有责任，其他学科也参与公民教育。高中阶段开设专门的公民、法制与社会教育课，由专业教师授课。值得一提的是，为了保证公民教育的顺利实施，国家、各省、地方以及学校各层面都提供各种公民教育培训项目，促进教师专业发展，培训对象有校长、督学和教师。区教育局会组织为期三天的有关公民和公民教育主题的培训课程，尤其针对小学和初中阶段历史和地理教师。其他学科的教师如果希望教授公民课，也必须参加培训。

法国公民课的教学形式多种多样。法国的中小学法治教育和公民教育不是简单的说教，而是培养积极参与社会生活的自立自律公民的一项教育活动。

---

①董筱婷.法国中小学的公民教育[J].湖北教育，2014 (6)：78－81.

②王晓辉.法国公民教育的理论与当前改革[J].教育科学，2009(3)：88－89.

法治教育和公民教育的内容根据不同年龄阶段层层推进，与学校实际生活和社会实践活动紧密结合，淡化知识灌输，注重对学生能力的培养以及学生态度、行为的转变，使学生在社会和生活实践中培养权利、自由、民主以及参与的观念。因此，法国公民课的教学形式不拘一格，灵活多样，不拘泥于一种模式，以期充分发挥学生的动手能力，让学生自由发挥，在做中学，在做中得到提高与发展。教师根据教学需要，有时围绕一个主题，通过网络、图书馆查阅资料，制作课件，利用实物，组织各种活动进行教学。一位教中文的汉语教师刚到巴黎，需要办理银行、居留、网络、房屋合同等各种手续，还涉及与学校校长之间的协商等诸多事宜。这位聪明的教师把全班同学分成几个小组，每个小组负责这位教师拟办手续中的一项事务，并派出一个代表（通常汉语较好）作为翻译，带领教师办理相关手续。这样，不仅加强了本班小学生对法国法律等制度的了解，还锻炼了他们的办事能力。[①] 另外，教师还经常以辩论的形式让学生展开讨论，或是以小组形式进行主题汇报演讲，培养学生的道德判断力。如关于消除歧视的一堂公民课，教师首先给学生呈现一系列情境选项：老年人在公交车上应不应该享有优先选择座位的权利；如果时间来不及的话，能否把车停在残疾人通道，等等。学生要对这些陈述做出判断，并说明理由。接下来，老师会请学生表达自己的观点，让持有不同观点的学生相互辩论，最终使学生达成正确的认识，即应该在享受个人权利的同时尊重他人的正当和合法权利，尊重、包容差异，理解别人的缺点和不足，消除偏见和歧视心理。[②] 值得注意的是，在高中阶段的公民、法制与社会教育课上，教师在讲授之外尤其重视辩论。在辩论中，学生是主角，处于责任态势之中。首先，学生根据课程进展情况选择辩论题目。然后，进行辩论的组织，划分若干工作组，可能涉及新闻资料、历史文献、法律文献、网上或多媒体资料、调查或访谈、走访专家、整理资料等。之后，举行辩论会，要选举主持人，由报告人列举证据，开展正反方的辩论。教师负责监督辩论规则的执行情况，适当参与并做总结。最后，辩论情况可以形成书面材料，通过班级壁报或其他方式展示。辩论的意义在于遵守规则，以理性论据形成共识，从而构成法治教育和公民教育的实践学习。时事讨论也是高中公民、法制与社会教育课的重要形式。地方性、全国性和国际性的某个事件可以成为时事讨论的内容。对时事讨论的某个事件或一组事件的选择，通常要符合两个要求，一是能激发学

---

①高迎爽.法国基础教育：从平等、自由达至和谐[J].基础教育，2010(1)：14.

②董筱婷.法国中小学的公民教育[J].湖北教育，2014（6）：78－81.

生的兴趣,二是有助于开展公民教育。时事事件一旦选定,就要广泛搜集相关资料,然后将其置于历史背景之中分析,对不同观点进行梳理,求得一定的共识。对于学生在高中公民、法制与社会教育课上的评估,主要看学生在各种活动中的积极程度,如在资料的准备、辩论的内容、文章的撰写等方面的情况。评价的标准主要有四个方面:信息的收集与分析;书面、口头、视听、数字化、多媒体等信息材料的质量;辩论中的态度;知识掌握情况。① 同时,法国中小学还通过课外组织学生进行课题研究活动来培养学生的法治意识和公民素质。有些学校每个班级都有自己的公民教育研究课题,而且为保证课题的可行性,班级课题有正规可行的行动计划,以确保最终可以达到既定的结果。同时,学校对于所有课题都给予支持,而且还将对出色的课题给予奖励。② 这种课外的课题研究活动目的就在于拓展学生的知识面,加深学生的理解能力,使他们在课堂上学到的法治教育和公民教育知识可以运用到实践中,为他们成为具备自立自律品格和社会参与能力等素养的合格公民做准备。

丰富的课外实践活动是开展公民教育的重要形式。法国的中小学生不仅通过课堂教学,还通过各种非正式教育形式以及各种课外实践活动接受公民教育。在法国,公民教育渗透在社会生活的方方面面。公民教育与中小学生的现实生活相适应,根据不同年龄阶段向前推进。学校不但把公民教育渗入到文[illegible]史、地理、社会等课程之中,而且把这些内容渗入到课外与校外活动、学生社团、教师职责、管理机构等工作中。这既符合公民教育本身的要求,也密切了公民教育与现实生活和学生需求的联系,让学生在社会的方方面面都能受到公民教育。为此,法国的中小学经常举办各种课外活动,锻炼学生的法治意识和公民素养,如各种学习小组活动、俱乐部活动、体育活动、学生创办的各种校报活动、社会教育之家活动等。许多学生组织也自发开展丰富多彩的有关公民教育的活动。法国学校的学生组织一般有校委会、学生会、班委会等。这些学生组织通过开展一些活动,让学生提前感受到社会生活的规则和氛围,锻炼他们的法治意识、公民素养和社会参与能力。这些学生组织开展的活动不但体制健全,而且工作程序正规,活动内容丰富而深入。学生通过班级选举进入班级委员会或学校委员会,成为学生代表,参与学校管理机构会议,而且学校还会对他们进行专门的培训;学生有表达自身意愿和诉求的空间和自由;学生不仅是学

---

①王晓辉.法国公民教育的理论与当前改革[J].教育科学,2009(3):88—89.

②张越.传统政治文化影响下的法国公民教育研究[D].北京:首都师范大学,2011:19.

校规则的遵守者，他们也能够参与到规章的起草和修改中，这不仅能让他们更好地理解学校规章制度的意义，也能培养学生参与民主生活的习惯。此外，校委会的学校课题被认为是法国学校开展公民教育不可缺少的重要部分，能让学生有机会为集体服务。这些活动大多安排在课余时间，而且大都没有教师的参与。通过参与校委会的研究课题，学生能够拥有更广阔的社会视野，切实了解合作互助、人道主义、权利义务等方面的问题，从而更易于学生法治意识和公民素养的发展。法国学校的班委会主要是组织班级的课题与班级活动，并负责向家长和其他代表人员报告班级的行动与进展。为了完成这些任务，班委会成员必须受到以下训练：作为全班同学的代表，要有听取意见的能力；在班级里组建班委会，并准备述职报告；在没有教师帮助的情况下选择重要的议题，并能发表自己的观点与见解；有能力组织班级课题，并能够向班主任与校长陈述课题的思想内容；有能力组织全班同学开展正规的讨论。① 另外，法国的博物馆对教师和 18 岁以下的青少年一律免费开放，学校往往会组织学生去附近的博物馆、纪念馆参观和考察学习，培养学生的公民意识、法治意识、社会公德以及道德实践能力。

法国的公民教育有广泛的社会参与。公民教育是法国政府重视、学校视为中心、社会和家庭负责的集合体。它的发展由全社会的力量一起推动，然而又可从中明显看到法国政府的重要作用。法国公民教育得到政府的大力支持与引导，如教育优先区，制定了发动学校与社会合作，帮助家庭条件差、学业差的学生完成学业等一系列旨在改变不利现状的政策。为了使公民教育行之有效，法国建立了公民教育的社会参与机制，鼓励社会参与。根据法律规定，法国每所中学都必须成立“健康和公民教育”委员会，委员会成立重点小组，制订有关学校行动方案倡议。在学校外，各地区政府也会制订各种公民教育计划。政府、学校、教师、学生、家长、社区、社会团体等形成了广泛的公民教育参与主体。尤其是社区，它是开展公民教育不可缺少的领域，并由国家制定法律来规范，从法律制度层面保证公民教育的顺利实施。通过加强学校、学生以及当地社区的联系，学生能够积极接受公民教育，成为具备法治观念和公民意识的社会公民。此外，国家、省、地区教育资源中心为教师和学生提供大量公民教育相关资料，

---

①吴世勇.中国中小学思想政治教育与法国中小学公民教育比较研究[D].贵阳：贵州师范大学，2008：23－24.

每所学校也都有自己的信息和资源中心；法国国民教育部还有专门的公民教育网站。①

法国鼓励中小学与当地政府以及文化、社会、体育协会之间的合作，为学生参与社会实践、了解社会提供更多的便利。国民教育部和当地政府甚至会签署教育协议，对学生参加课外活动给予支持。2010—2011 学年，法国巴黎一个社区开展了由小学和退休家庭参与的代际活动，学生通过和退休老人接触，懂得了尊重和平等的概念、工作的价值，培养了公民意识、法治意识和责任感。法国国民教育部和国民议会还联合发起过一个“少年议会”。少年议会仿照法国国民议会工作模式，由来自法国各个地区、代表不同儿童群体的少年代表担任“议员”，针对有关儿童群体利益的一些议案展开讨论，并向议会主席提问和质询。如今，这项活动已经发展成为法国的年度“少年议会日”。每年秋季开学后，年龄在 10 多岁的小学生开始以班级为单位报名参加“少年议会日”活动。在被选中的班级中，小学生们民主普选他们自己的“议员”，这些当选的小“议员”们在下一年的“少年议会日”那一天，便带着向大会提交的法律草案，代表他的“选民”们到巴黎国民议会大厦开会。为此，全班同学都要认真学习宪法等法律条文，一起讨论起草他们的法律草案文本。这项活动不仅培养了孩子们的法律意识，也培养了他们的法治观念、公民意识和社会责任感。近年来，西班牙、葡萄牙、意大利和瑞典等欧盟国家也群起而仿效，纷纷组织本国的“少年议会日”活动。在 2003 年 6 月举行的第 15 届法国少年议会上，来自全国各地区 577 名儿童议员参与了三项法律草案的审议，涉及设立免费、无广告的“绿色”公共儿童电视频道，在收容机构采取相应措施鼓励无家可归者重返社会以及促进媒体与新技术的发展。②

家长在公民教育和学校生活中具有重要的作用。家长要和学校共同承担教育责任，培养学生成为一个自立自律的好公民。家长要与教师一起尊重孩子的个性，多与孩子沟通，给孩子表达自己意愿的权利；培养孩子的环保意识，以身作则，成为孩子学习的榜样；与孩子共同做决定，帮助孩子成长。家长可以通过家长会或者各种家长委员会参与孩子的班级及学校事务管理。如当选学校校务委员会的家长代表拥有表决权，就学校运作和任何有关学校生活问题（如

①董筱婷.法国中小学的公民教育[J].湖北教育，2014 (6)：78－81.

②董筱婷.法国中小学的公民教育[J].湖北教育，2014 (6)：81.

残疾儿童入学、课外活动、学生安全等）发表意见和建议。另外，法国假日较多，中小学生有充裕的时间从事课外活动和学习书本外的知识。法国的许多家庭在让孩子参观博物馆等场馆之外，还为孩子安排旅游和野营活动，让孩子在回归大自然、体验各地的风土人情、感受浓郁的人文和艺术气息的同时，养成互助合作的品质和尊重他人权利等法治意识。营地教育计划是法国的家庭普遍认可的一种有意义的教育性活动。法国为不同年龄阶段的儿童和青少年开发了各种形式的夏令营，按其接待对象的年龄及活动性质大致分为幼儿夏令营（3～5岁）、儿童夏令营（6～12岁）、青少年夏令营（13～17岁）、童子军活动营（6～17岁）等类型。孩子们在家长安排的旅游中走进大自然，学会认知、做事、团结协作、尊重他人权利等，养成适应现代社会生活的基本法治意识和公民素养。[①]

各种特殊节日也是法国中小学开展公民教育的有效时机。每年9月的第三个周末是世界文化遗产日。法国的议会、总统府、内政部等政府机构，博物馆、艺术馆等公共机构免费对学生开放。通过简单必要的安检，学生无须证件就可进入香榭丽舍大街的爱丽舍宫，感受艺术气息，参观历届总统的办公室及生活场所，了解总统的职能，并增长历史知识。在法国参议院大厅，工作人员会耐心细致地讲解议会的组成情况和议员的选举过程，并印制相关画册和光盘，向学生普及政治选举常识。[②] 这些措施有助于学生了解法国的法治、政治和历史文化，是对学生进行法治教育和公民教育的有效方式。同时，每年的国际儿童日、国际人权日等，学校和社区会对那些在维护人权方面有突出表现的学生给予奖励。

法国公民教育还有各种职能不同的专门指导机构。法国有专门的健康和公民教育委员会指导小组、急救训练指导小组，以及环境教育指导小组等，这些指导小组致力于开展公民教育实践，协调公民教育工作，与国民教育部的外部合作伙伴加强联系。2006年9月，法国成立了一个由不同政府机构的代表组成的指导小组，其成员由来自教育、健康、急救服务、职业健康、安全等领域的专家组成，旨在为学生以及学校制订合适的公民教育计划。[③]

---

①高迎爽.法国基础教育：从平等、自由达至和谐[J].基础教育，2010(1)：14.

②高迎爽.法国基础教育：从平等、自由达至和谐[J].基础教育，2010(1)：14.

③董筱婷.法国中小学的公民教育[J].湖北教育，2014 (6)：78－81.

第二节　法国中小学法治教育的案例:有效的校园安全教育计划

法国的法治教育被纳入公民教育中,而公民教育内容广泛,涵盖人权教育、安全教育、环境教育、和平教育等。前面较为详细地介绍了法国公民教育中有关人权教育和法治教育实践等内容;法国中小学公民教育中的安全教育在前面也有介绍,但不够详细。

这里专门介绍一下法国的中小学校园安全教育计划。[①] 该计划含有大量法治教育的内容,如有关中小学抑制毒品走私和免受暴力威胁的问题,既是校园安全问题,也是校园法治问题。之所以在这里介绍法国的中小学校园安全教育计划,是因为法国的校园安全圈在各国独树一帜。该安全圈将警务区域分为三个同心圈,分别是校内、学校周围和校外。该计划自从 2009 年正式实施以来成效较好,尤其是在抑制毒品走私和买卖以及校园暴力等方面已经获得相当大的进展。后来接着扩大了实施范围,以使更多受暴力威胁的学校受益。

一、校园安全诊断助力校园安全事件预警

所有学校必须完成其安全诊断工作。

184 所校园安全问题较为敏感的学校是安全诊断工作的重点对象,需要依据规定建立防范与通报机制。其他各级学校则需参照这些学校,依据各校实际情况拟定校园安全防范与通报机制。

上述 184 所学校如遇到较为复杂的安全事件,应立即启动防范性安全机制,委派经过专门训练的"安全联络警察或宪兵"负责,预先推测各种可能发生的暴力事件,事先评估各项可能的技术或手段。在校园实地深入勘察后,应该撰写分析报告,呈报给公共安全的省级负责人或者负责将其上报给省长的宪兵队集团指挥官以及校长。省长再将此文件转发到相关权责单位处理。

一些安全诊断和可靠性诊断的实例将放置在 www.eduscol.education.fr/ 网站上。

---

①公安部治安管理局,公安部第一研究所. 国外中小学校园安全保卫[M].北京:群众出版社,2012:164－168.

二、安全机动队确保师生免受侵犯

学校把建立安全机动队的工作放在首位。这支队伍由教育和安全领域中具有各种能力的人员混合组成，受学区区长主管，协助达成双重目的：一方面确保学校安全和保护学生及教职员工免受各种侵犯；另一方面保持紧张时期教育活动的连续性。

安全机动队应该确保完成以下任务：学校及其周边在危机情况下的安全行动，围绕学校的预防行动，对暴力受害职员或学生的贴身保护。

为方便安全机动队组建工作的完成，安全机动队应履行下列职责。

1.总体目标

(1)确保学校的安全，保护学生和职员免受各种侵犯。

(2)在紧张时期保持学校教育活动的连续性。

(3)注意保护危机情况下的受害职员和学生，预防性地进行遵守学校中的行为和权力规则，以及尊重学校权威的宣传活动。

2.构成和培训

(1)每个学区根据其各自的环境确定安全机动队组成人员不同管辖权之间的平衡，同时尊重该机动队的混合性：隶属国民教育部的人员(校长、教师、高级教育顾问、护士等)和来自其他部委或安全行业的安全专家。

(2)安全专家，是指在依据现行法规和指令规定的条件下签订合同受到委派，对其而言没有接待机构的公务人员、军人或者退休公务员；对于非正式人员，必须采用合同招聘方式。

(3)无论其原来从事何种职业，安全机动队的成员应该接受与学校环境干预行动的特殊性相对应的培训。

3.管理

(1)安全机动队由学区区长直接指挥，在其身边安排有一名来自警察局或宪兵队的安全技术顾问。

(2)安全机动队的管理、招聘、培训和协作，由安全技术顾问和学区区长委托负责此档案的国民教育人员负责。

4.任务

安全机动队的设置旨在增援教育队伍，承担着三种主要任务，其目的是在承受紧张气氛困扰的学校中恢复信心和对话，加强学校的权威。

(1)安全行动任务

安全机动队应确保在危机或被证实的危险情况下学校中或其紧邻周边人员及财产的安全，包括：检查、劝阻、临时负责学生出入和紧邻学校入口处的安全行动等。

(2)预防任务

当压力可遇见(团伙出现、争吵频发等)时，在发生危机或危险临近的情况下，安全机动队在学校中开展行动。

所采取的行动要与每种状况相适应：干预、分析压力或暴力的起因，加强学校有关安全的组织架构，参与制订安全诊断方案，实施安全部署。学校安全联络员应当参与此类行动。

(3)陪伴任务

完全机动队在学校生活和暴力预防方面，对领导和教育团队提供帮助、咨询和信息。

安全机动队负责陪伴和保护受害者、学生或职员，帮助其提出诉状。

5.提出干预申请

(1)必要时，校长向学区主管机关告警，并提出安全机动队干预申请。

(2)该申请由安全顾问及安全机动队的领导负责受理。

(3)安全机动队的干预由学区区长决定。

6.干预方式

(1)在干预过程中，安全机动队的行动受校长指挥，由校长告知教育界。

(2)安全机动队行动时，应与学校安全联络员紧密联系，并以通常的方式与治安力量(警察和宪兵)严格协商。

(3)安全机动队可组织对学校入口和出口的监视。在公共道路(学校周边、前往学校的路途中、运输过程中等)方面的干预行动，则属于警察局或宪兵队的工作。

7.安置

(1)安全机动队可以按照与其所在省和学区最敏感区域相符的分布方式，被安置在学区部门或学校中。

(2)这种安排必须能够保持必要的邻近联系并使得快速干预成为可能。每个学区将配备一支能被用户清晰识别出其标志(徽章、服装等)的安全机动队。

三、学校安全联络员协调校园安全事务

各学校拥有一名经校长或者承担区级任务的国民教育监察员认同的安全联络员，与其建立相互信任关系，在事件突发时方便行动。

为强化这种合作关系，每个学区应拥有一个列明每所学校安全联络员的更新名单。

安全联络员的任务尤其要得到校长的同意，然后告知学校管理委员会。其任务内容如下：在遵守职业道德，尊重校内专业人员的前提下，规划完成信息与情报交流的具体行动；协助制订安全整顿方案，规划校内各项暴力防范措施；组织各项活动，教授学生各种防范暴力的知识与技能；防范毒品进入校园，并实时通报各种毒品渗透校园的征兆；实施必要措施，确保学生与教职员工上下学途中的道路安全。

委托给联络员的任务必须适合每个地方的情况。

为了促进联络员之间的协调，学校和学区主管机关可为他们提供情报，尤其是关于学校的组织构成和教育环境方面的信息。学区可根据“合作行动以便更好预防和打击校园暴力”教育学培训文集的主要内容开展工作，该培训文集以CD形式展现。此套文件由内政部、国民教育部和司法部制作完成，可在Eduscol网站上获得。

四、安全问题和危机管理培训确保校园安全保卫职责

要在尽量短的期限内普遍加强学校安全，国民教育管理人员，特别是领导人员培训计划的设计和落实必不可少。地方公立教育机构的安全行动方案要靠国家高等教育学院在国家高等安全与司法研究所合作范围内设计、指导的培训大纲加以支持。由国家高等教育学院负责执行的国家培训必须加强学区培训计划的“安全部分”。

1.国家培训

优先培训人员主要是184所面临比较严重暴力问题的学校校长、学区区长、办公室主任以及学区区长指派的负责人。在国家高等教育学院和国家高等安全与司法研究所合作范围内，由国家高等安全与司法研究所组织培训和考试。其内容一方面是公共安全和治安基本要素，另一方面是危机管理和联络。

学区职业培训工作者培训计划的目的是帮助学区配备职业培训工作者网络，该网络能够安排、引导实现完全诊断和危机时行使权利。为此，国家高等教育学院和国家高等安全与司法研究所合作，编制了《学区培训职责手册》，向学区区长发放。此外，每个学区派 2～4 名职业培训工作者接受国家高等教育学院关于该手册的培训。

安全机动队队长及其紧密合作者的培训由国家高等教育学院组织完成，其目的是给予这些学校安全行动的参与者履行其职责所必需的知识，内容包括学校的行政管理功能、教育活动的合作者，以及校园暴力现象的特点。

初始培训是在监察和领导人员规定的职业培训中，重视加强安全问题的培训，这是引入国家高等教育学院组织培训的一种特定模式。

2.学区培训计划

14000 名领导人员的培训必须被视为一种优先事项，并由学区在干部继续培训计划范围内加以保障，该计划也应是涉及行政管理干部、督察队伍以及高级教育顾问和管理者的各类人员间的行动。此类培训可与合作者一起设计和实施。

此项培训政策是考虑学区特殊性的多年计划，并应与在本学年结束前完成的所有地方公立教育机构安全诊断工作同时进行。

干部人员培训时学区代表应注意在初始培训的学区部署中是否考虑了学校给人以安全感的问题，注意继续培训计划的一致性和质量。为此，学区代表可依靠经国家高等教育学院培训的职业培训工作者、国家高等教育学院与国家高等安全与司法研究所共同制订的《学区培训职责手册》以及可在其网站上获取的资源开展工作。

所有这些措施实施的阶段情况可向学区区长咨询。[1]

---

①公安部治安管理局，公安部第一研究所. 国外中小学校园安全保卫[M].北京：群众出版社，2012：164－168.

第三节　对法国中小学法治教育的反思与启示

一、中小学法治教育应承袭传统的民主法治教育思想并注重权利意识的培养

法国是启蒙运动与资产阶级大革命发祥地之一。以孟德斯鸠、伏尔泰、卢梭和“百科全书派”为代表的法国启蒙思想家，提出了自文艺复兴以来人类先进的思想，即人权思想、世俗教育思想和法治思想，这些富有理性主义的先进思想为法国公民教育的形成和发展奠定了坚实的思想基础。这些思想作为法国宝贵的传统政治文化财富，不同程度地传承和渗透到该国的公民教育中。同时，法国的公民教育重视培养中小学生的权利意识。法国公民教育的目标是培养具备平等、人权等法治意识和正确的价值观等品质的公民，为未来参与民主生活做准备。整体上看，法国的公民教育内容有较强的权利意识性，让学生了解作为法国公民的权利与义务，使他们树立起一种权利意识，培养他们的政治参与意识。小学生要了解公民的权利和义务并学会承担责任，初中生要理解人的权利义务、权力机构与行政机构、选举等，高中生要接受“公民身份”教育，了解国家法律体系，为各自的观点进行辩护。

中国的法律思想，正如中华文明一样，源远流长。中国古代的不少教育家、思想家和法家也有深邃的法律思想或法治思想。孔子主张“德主刑辅”，注重德礼教化、以“礼”服人；荀子最早提出“礼法统一”的主张，开创了儒法合流的先例。法家主张“依法治国”，韩非提出“治民无常，唯法为治”，推行变法，实行“法治”。但中国开展中小学法治教育过程中吸收和借鉴中外现代法律思想和立法规定较多，探索和借鉴我国古代法律和法治思想不够。另外，当前中国中小学法治教育中，对权利意识或维权意识强调不够，而对责任感和义务思想强调较多，担心倡导权利意识会引发学生权利至上的思想和自由主义。其实，这种弱化权利意识的思想是一种片面认识，因为在法律中权利与义务是对应的，不能片面关注和强调义务与责任。

有鉴于此，中国开展中小学法治教育，应像法国继承本国启蒙思想家的法治思想那样，充分吸收中国古代的法律思想文化，传承中国古代思想家的法律思想和法治思想精华，将这些内容作为我国传统政治文化财富的一部分，不同

程度地传承和渗透到中国中小学的法治教育中。同时，中国开展中小学法治教育，在加强中小学生责任感和义务意识的同时，还要注重培养中小学生的权利意识，让中小学生走向社会后，能够树立平等、人权、维权等法治意识，依法积极参与民主生活。

二、中小学法治教育应探索与其他学科的融合并采取多样化的实践性教学方式

法国的法治教育纳入公民教育中，而公民教育内容较为宽泛，涉及安全教育、人权教育、环境教育、和平教育等。法国公民教育的具体内容还具有跨学科的性质。初中阶段的公民教育课主要由历史与地理课教师承担，其他学科也参与公民教育。同时，除了单独的公民教育课程外，教师还采用跨学科教学方法和渗透教学法，将公民教育课与其他学科相联系。另外，法国中小学在开展公民教育过程中，往往紧密联系学校的实际生活和社会实践活动，淡化知识传授，注重对学生的法治观念、公民意识的培养以及学生态度和行为的转变，让学生在实际社会生活实践中培养权利意识以及社会参与能力。因此，法国公民课的教学形式丰富多样，实践性较强。教师在公民教育的教学活动中，经常研讨某一主题，或者组织学生开展辩论，研讨有关情境，进行课题研究，以便于让学生有机会表达自己的观点，形成正确的法治思维和公民意识；还经常举办学生学习小组活动、俱乐部活动、校报活动、博物馆参观活动、校委会和班委会等学生组织活动，或者组织学生参加“少年议会日”活动，让学生感受社会规则和氛围，培养学生的法治意识、公民素养和社会参与能力。

中国中小学的法治教育内容相对比较单一，缺乏学科融合的内容框架设计。中国的中小学法治教育的目标和内容主要涉及培养学生的法治观念，强化规则意识，倡导契约精神，弘扬公序良俗；没有把法治教育与其他相关学科进行融合的内容和方法等置入法治教育的设计框架。同时，中国中小学的法治教育在缺乏专业过硬的专业教师队伍的同时，法治教育的教学方法也不够灵活和丰富。中国中小学法治教育主要通过思想品德或思想政治课或道德与法治课来进行，课堂上主要传授有关法治和道德的书本知识，教学方法突出教师的主体地位，学生往往被动接受，学生的参与性和师生互动性不够，学生往往在课后通过书本摘抄等方式完成教师交付的书面任务，这在一定程度上对法治教育的实际效果产生消极作用。另外，中国法治教育的实践性也较弱，缺乏法国公民教育所采取的情境研讨、课题研究、学生小组活动、博物馆参观活动、校委会和班

委会等学生组织活动，以及学生“少年议会日”活动等，不利于培养学生的法治意识和法治实践参与能力。当前，中国的青少年法治教育实践基地尚未全面建立并发挥积极作用，也影响了中小学法治教育的实践效果。

为此，中国的中小学法治教育应在现有内容基础上进行适当扩展，呈现发散式的、范围更广的内容，并从整体上结合学科融合进行框架设计。具体进行法治教育的内容设计时，在强化法律规则意识的同时要强化权利意识、公民意识、参与意识等。此外，中国中小学的法治教育要在加强法治教育专业教师队伍的培养培训及青少年法治教育实践基地建设的同时，指导和引领法治教育教师探究多样化、实践性的教学方法。中小学教师在法治教育的教学过程中，要淡化教师的主体地位，增强学生的参与性和师生互动；针对不同学段的中小学生适当借鉴法国公民教育所采取的情境研讨、课题研究、学生小组活动、博物馆参观活动、校委会和班委会等学生组织活动，以及学生“少年议会日”活动等，并创造性地尝试案例分析、研究性学习、采访、模仿、游戏、演讲等教学方法，以培养学生的法治意识和法治实践参与能力。

三、中小学法治教育应注重学校教育、家庭教育和社会教育的一体化

学校教育、家庭教育和社会教育等有机结合，形成纵横交错的公民教育网络是法国公民教育的显著特点。学校教育、家庭教育和社会教育既有各自的独特性，又相互配合、相互渗透。学校教育是主导，社会教育是延续、依托和补充，家庭教育是基础。[①] 学校、学生、家长、社区和社会共同参与，共同营造法治教育和公民教育的良好环境和氛围，将法国的中小学法治教育和公民教育通过校内和校外的多种途径联系起来。法国政府为支持公民教育，还建立了健康和公民教育委员会指导小组、急救训练指导小组，以及环境教育指导小组等，协调公民教育的开展。由此，政府、学校、家长、社区等形成了广泛的公民教育网络。同时，法国的各级教育资源中心还为师生提供大量公民教育资料，法国国民教育部还开通了专门的公民教育网站。

中国中小学法治教育的一体化体系还有待进一步加强和健全。学校教育、家庭教育和社会教育等有机结合的法治教育网络有待进一步完善。全国青少

---

①吴世勇.中国中小学思想政治教育与法国中小学公民教育比较研究[D].贵阳：贵州师范大学，2008：34.

年普法网和其他各级教育普法网还没有在全国各地的中小学全面、有效覆盖，还有待进一步发挥积极和更大作用。中小学在开展法治教育工作过程中还没有与立法机构、司法机构、有关行政机构和社会团体组织等形成稳固、常态化的合作机制，中小学法治教育的国内社区合作与支持，以及国际交流与合作，还有待进一步深化。

为此，中国中小学法治教育应加紧建立和健全一体化的支持体系，尽快形成学校教育、家庭教育和社会教育等紧密结合的中小学法治教育一体化网络系统。全国青少年普法网和其他各级教育普法网应创造条件，在全国各地的中小学全面覆盖，尽快发挥积极和有效的作用。中小学在开展法治教育工作过程中，要与立法机构、司法机构、有关行政机构和社会团体组织等开展常态化、制度化的交流与合作。这些机构和组织要加强与中小学的联系和交流，积极主动地创造条件，为中小学生提供参观、考察、学习、感受和反思真实案例的机会。此外，应该建立家长联系制度，如家长会、家长学校，家庭教育委员会等，加强学校与家长之间的联系；进一步挖掘和发挥社区法治教育的潜力和作用。另外，要建立和完善中小学法治教育协同创新机制，大力推动中小学法治教育的创新研究与资源开发，积极利用中外人文交流机制等平台，推动中小学法治教育的国际交流与合作。

第六章　德国的中小学法治教育

在德国，有关法律针对教师对学生的监管义务进行了比较明确的界定，使教师监管有较强的可操作性。如，对教师在课堂教学中，在上学和放学路上、校内以及校内休息时间，在体育活动、上课途中、郊游和参观活动中，在学校庆典活动中以及举行学生代表大会过程中，教师所承担的监管责任都有较为详尽的规定，便于教师加强对学生的监管，明确自身的职责和义务，同时也能相应界定教师不必承担监管学生职责的时间和场合，从而从一定程度上保障了教师在监管学生过程中的合法权益。

德国有完善的社会教育制度，这保障了家庭能够获得有效的教育支持以促进孩子健康成长。根据《青少年福利法》的规定，父母和其他对教育负有责任的成员应得到家庭中的一般性教育帮助，如对处于不同生活处境及教育情境的家庭，根据其需要、兴趣及经历提供家庭教育服务，提高家庭与教育机构合作、自我帮助以及获取邻里支持的能力，并为青少年的教育和发展提供咨询等；通过咨询帮助解决家庭中的冲突和危机，以期为青少年的幸福创造条件；帮助家庭解决教育上的问题；等等。家庭补充性的帮助主要包括帮助年龄大些的青少年及年轻成人解决问题和实现自立，使之顺利融入社会。

德国的校外教育系与学校教育、家庭教育等并行的教育类型，旨在培养和提高青少年的文明素养、创新和实践能力，预防青少年违法犯罪，促进其全面发展。青少年校外教育涵盖的领域广泛，涉及政治、法治、文化、职业、健康等层面，汇集了广泛的社会力量。德国各州的青少年校外教育具有多元化、多层次的教育目标。比如，促进青少年的权利意识和责任意识的培养，要求青少年在维护自身权利的同时，尊重他人的权利，同时认识到自身的社会义务；促进青少年在社会中的团结合作意识的养成；等等。为了促进德国的校外教育充分且正确发挥其应有功能，德国有关法律对其资质、运行、资助、保障等方面做了明确规定和限制。如对教学人员有专门的任职要求；对私立教育机构参与青少年校外教育有严格的准入要求；校外教育具有明确的保障体系；对校外教育进行财政资助上的分类监管；青少年对校外教育享有知情权与参与决策权；多层级的校外教育机构协同合作。

为防止中小学生在网络活动中接触暴力、色情、民族歧视等不良思想，德国制定了一系列法律法规，并严格执行，同时成立了专门机构协助监控。早在20世纪末期，德国就通过了世界上首部全面监管网络的法律《多媒体法》。根据该法，信息提供者有在德国境内不向青少年传播成人出版物的义务；采取必要技术措施限制特定出版物的传播；指定“年轻人保护官”作为监督员。有关法律还对餐厅、舞厅、游戏间等公共场合中的活动进行管制，并要求电脑游戏标明年龄限制级别，以防止青少年进入色情网页。有关立法还规定对提供严重危害青少年的网络信息的人员追究刑事责任；实行网络内容分级制度，网络内容提供商有义务对其提供的内容进行年龄分级并做出标识，然后由家长根据相应的软件决定是否过滤。

为了严格执行保护青少年网络活动的有关法律，德国成立了危害青少年媒体检查处，还成立了一系列机构执行网络活动监管和鉴定。德国联邦信息技术安全局吸收了300多名物理、数学、信息学等领域的专家，专门应对网络安全问题；同时向社会发布安全警告，提供安全技术支持。德国联邦刑事警察局等部门组建了“网络警察”部队，监控有害信息的传播。德国在监控网络信息安全方面还注重政府与社会各界广泛合作，促进网络服务商加强自律和技术措施防护。德国各网站主动配合青少年保护工作，含色情内容的网站都须使用“成人认证系统”，否则将被视为违法。此外，德国政府还大力推广“青少年网络行动”，并设立集信息娱乐与学习于一体的综合性网站，为青少年提供专门服务。德国教育机构和青少年保护机构还推出大量健康游戏软件和学习软件，不断为家长提供指导青少年上网的专家建议。

第一节　德国中小学法治教育的特点

一、德国明确规定中小学教师对学生的监管义务

在德国，教育行政机关对中小学的学校活动承担监督义务，而学校领导和教师则直接承担对学生的监管义务。其中，学校领导负责制订和实施监管计划，并指导教师完成监管任务，其目的在于尽可能避免各种损害的发生。教师

对学生的监管义务包含两层含义。其一，教师有义务使被托付的学生免受损害。在此，确保学生的身心健康和财产安全被视为教师义务的重要组成部分。其二，教师也有义务避免他人或其他受到学生的侵害。教师必须始终考虑到可能发生的意外事情。但即使如此，也不能要求教师的监管毫无空隙。只要教师的行为不能归因为不负责任或者违法，或者不作为，《社会法法典》所规定的学生伤害事故保险和《民法典》所规定的公务员职务责任的法律规定均可以帮助教师免责。根据《社会法法典》，中小学生在上学期间以及在参加直接由学校组织或由学校参与组织的课前和课后活动期间发生事故，均享受学生事故保险。保险的必要资金由学校举办者按照成本会计中的相应分配办法支付，而学生本人无须承担费用。[①]

德国的中小学教师对学生的监管义务有一定界限。德国相关法律法规对教师监管的时空进行了比较明确的界定。比如，《下萨克森州学校法》第 62 条第 1 款规定，教师有义务照看好在学校内、学校区域内、学校区域内公共汽车车站，以及在校外举行的学校活动中的学生；教师的监管还要使小学和初中阶段的学生未经允许不可离开学校属地。由此，教师监管义务的时空界限得以明确：教师的监管义务以在校学生的实际学习和生活为界限。其一，教师只对发生在学校以内，以及虽在学校以外但却在学校组织活动过程中的学生负有照看义务。其二，只有在可能的情况下，才要求教师履行监管职责。只要教师注意观察事情的整个过程，从而使学生绝无随心所欲的行为和感觉，就算尽到了自己应尽的义务和责任。其三，小学和初中生按规定未经允许不得擅自离开学校，以确保教师更好地履行监管职责。另外，教师对成年学生的监管义务受到大幅限制。成年学生必须对自己的行为负责。对于成年学生而言，教师可以做的事情就只有两点。第一，遵守现行的保护性法律法规，制订相应的预防保护措施，避免学生的损害。第二，遵守学校规章制度，避免成年学生伤害年幼的学生。从这个意义上来讲，教师此时对成年学生与其说是监管，还不如说是教育和管理。此外，教师的监管义务可以委托给他人。假如教师必须暂时离开自己的学生，则必须将其委托给可以信赖的人加以监管，如其他教师、房主或合适的学生。[②]

---

①胡劲松.德国中小学教师对学生的监管义务[J].比较教育研究，2006(12)：58.

②胡劲松.德国中小学教师对学生的监管义务[J].比较教育研究，2006(12)：59.

德国中小学教师在具体情境中对学生的监管义务涉及以下几个方面。①

(一)课堂教学中教师对学生的监管

绝不允许出现教师在课堂教学过程中的失职或未尽监管之职的现象。虽然教师不需要始终注视整个班级,也可以在关注某个学生或某几个学生的同时,让其他学生自主活动,但在那些可能有危险的课程尤其是自然科学课程中,教师要尽到特殊的注意义务。

绝不允许教师在课堂教学过程中因私擅自离开教室。教师只有在突然生病和类似的紧急情况下才可放弃监管而离开班级。至于教师是否可因紧急的公务离开教室,则要视学生的行为举止以及班级组成等情况做出具体的判断和评价。对此,教师自己享有决定权,并由此而承担相应的责任。如果教师要将班级托付给一个学生负责监管,则必须首先肯定被托付的学生对自己的同学完全有能力履行监管职责,同时应再请求一位同事帮助照管班级。

原则上允许将一位正在捣乱的学生逐出课堂,前提是如果让该生继续留在课堂,该生可能在缺乏监管的情况下造成更大的危害。一个更好的做法是,将学生直接送回家。当然,如果该生提前离校会在回家的路上遇到特别的危险,或者确信该生在家也不可能得到有效监管,则教师不可以随意将一个需要照顾的学生遣送回家。假如教师依据家长的申请而批准一个未成年学生短期从学校告假,则教师在该学生缺席期间被免除监管责任。

对自习中的学生,教师只需进行使之感到自己并非完全失控的适当监管。如果学生在完成自习任务的过程中发生事故,或者导致他人受到伤害,绝不可随便指责或怪罪教师。

(二)上学和放学路上、校内以及休息时间教师对学生的监管

在德国,中小学生在上学和放学的路上,原则上不属于学校的监管范围。如果学生搭乘校车,则学校举办者承担监管责任。当然,它以学校举办者承担乘运学生的义务为前提。当学生屡次危害安全时,学校举办者有权暂时取消其乘坐校车的资格。

学校的监管责任以学校地理范围为限,始于和结束于课前和课后的某个特

---

①胡劲松.德国中小学教师对学生的监管义务[J].比较教育研究,2006(12):60—61.

定时刻。学生提前进入学校范围，学校的监管责任则随之产生。学生课前进入校园和教室，学校监管责任也随即产生，并由一位主管的教师负责对每层教学楼实施监管。放学之后，学校必须检查和清理校舍，而最后离开教室的教师则应该履行锁门的责任。

根据德国的司法实践，校园内和校舍内的休息时间，始终不可有让学生知道其失控的监管漏洞。在需要多名教师对课间活动场所实施监管的情况下，若只派一位监管教师，则校长负有违反职务义务的过错责任。除非存在特殊情况，不允许单个学生在课间操时滞留教室。学生不可以在课间擅自离开校园。

（三）体育活动、上课途中、郊游和参观活动中教师对学生的监管

德国中小学体育课适用特殊的教师监管学生原则。体育教师要随时注意检查器材、体操馆和运动场的状况，并针对每一个体育项目发出明确的指令。在体操课上要采取相应的安全措施，如软垫和辅助动作等。在游泳课中，也应该有相应的行为准则，如规定教师必须事先了解并知晓游泳池的状况以及可能存在或发生的危险；教师必须确定，哪些学生能够或不能够游泳，并避免有心脏病的学生入池游泳。另外，让学生入池和游泳的教师自己必须会游泳并能够实施救护，也必须时刻准备游泳和实施救护。游泳课结束以后，教师还必须再次确认所有学生已离开泳池。

在学校与体育场馆之间，教师也需要对学生实施监管。教师原则上必须将整个班级全体学生领到体育场馆，最后再将全体学生带回学校。如果不能这样，比如体育教师必须继续留在体育场馆接着进行下一个班级的体育课，则年长的学生可以单独走回学校。如果体育课是在运动场馆开始和结束，则教师可以和学生约定到体育场馆或游泳场馆，并就地解散。上述规定同样也适用于下午放学以后的附加体育课或游戏课。

参与学校组织的郊游活动以及在校外教学基地的活动等均属于教师职务内的义务。在此之前，必须对学生进行体检。每位教师要尽可能事前做好准备，甚至要有急救方面的知识。如果在郊游中要游泳，则无论如何事前要获得家长的书面同意。在通过搭乘公共汽车或火车而进行的旅行活动中，教师有义务对学生进行有关搭乘运输工具方面的规则教育，并监督学生遵守相关规则。上述有关郊游的种种原则同样适用于参观建筑物、博物馆和企业的活动。被参观机构的领导对自身建筑、机械和设备仪器的正常运转和安全承担责任。凡被

允许参观的企业，不能以与教师和学校校长的协议为由而免责。无论教师还是校长，均无权授权企业做出上述弃责声明。

（四）学校庆典活动中以及举行学生代表大会时教师对学生的监管

在学校的各种庆典中，教师应该以适当的方式使学生处于自己的监管之下。这首先适用于那些具有群体性特征的庆典活动，如舞会等。校长对监管的组织和安排负责，但监管义务只针对在校生，而不涉及家长和校友。

举行学生代表大会属于学校活动，由学校承担责任。应该根据参加学生的年龄和成熟程度对此种活动的类型和范围进行分级。校长和参与教师负有监管义务。如果上述活动在校外或者上学时间以外举行，学校的监管义务免除。但这不适用于那些与学生代表大会没有关联的各种活动，如某个学生团体的集会。据此，应该在校内免费为学生团体课外活动提供场所，同时应该确保教师的监管责任。

二、德国为中小学生家庭教育提供立法保障

有效地对中小学生开展法治教育，预防其违法犯罪，需要为家庭教育提供更多的支持。事实上，家庭教育的失败是导致青少年成长危机的重要因素。在德国，完善的社会教育制度保障了德国家庭获得有效的教育支持以促进其子女健康成长的基本权利。事实上，德国注重不断加强对家庭和青少年的支持力度，从而在学校之外为青少年健康成长提供一种制度性的保障，这是预防青少年违法犯罪和成长危机的一条根本途径。

在德国，社会教育最主要的实践领域是青少年福利与服务，社会教育的理念与目标通过社会法典第八部《青少年福利法》在制度上得以实现和保障。围绕促进青少年儿童的健康成长，德国社会教育实践的服务对象同时包含了青少年个体和家庭。按照服务于家庭的性质为标准，这些服务可以主要分为两类。[①]

其一，家庭支持性的帮助，旨在加强或重建家庭的教育能力。《青少年福利法》第 16 条规定，父母和其他对教育负有责任的成员和年轻人应该得到家庭中

---

①王亚芳.从留学生弑母案例反思我国社会教育变革的必要性与方向——兼论德国社会教育预防青少年成长危机对我国的启示[J].青少年犯罪问题，2011(4)：21－22.

的一般性教育帮助，以提升他们对教育责任的感知，并且帮助他们了解家庭中的冲突如何通过非暴力方式得以解决。这些家庭中的教育帮助主要包括：(1)根据处于不同生活处境及教育情境的家庭的需要、兴趣以及经历提供家庭教育服务，提高家庭与教育机构合作、自我帮助以及获取邻里支持的能力，并帮助年轻人为婚姻、伴侣关系以及与孩子共同生活做好准备。(2)为年轻人的教育和发展问题提供咨询等。家庭支持性的帮助还包括针对家庭共同生活、分居和离婚等问题提供咨询，以帮助解决家庭中的冲突和危机，并在遇到分居或离婚情况时为父母履行义务以确保青少年的幸福创造条件。(3)针对家庭的“教育咨询”，帮助青少年、家长及其他负有教育责任者澄清个人及与家庭有关的问题和潜在因素，并帮助他们解决教育上的问题。此外，还有一种非常重要的家庭支持性的帮助，主要是通过紧密的照顾与陪伴帮助家庭完成教育任务、解决日常问题、化解冲突和危机，以及建立与有关机构的联系，通过帮助实现对家庭的自助。

其二，家庭补充性的帮助，主要包括通过“促进青少年教育的帮助”，帮助年龄大些的青少年及年轻成人解决问题和实现自立。这些支持涉及“社会性的小组工作”和“教育辅导”，主要帮助年龄较大的青少年克服发展困难和行为问题，以及开展“深入的社会教育性个案照管”，帮助青少年顺利融入社会，实现对自我负责的生活方式。

三、德国的校外教育在预防青少年犯罪中发挥积极作用

青少年校外教育是预防青少年犯罪，促进青少年全面发展的重要教育类型。它历史悠久、宗旨明确、理念先进、目标多元，从教职人员资格限定、非公共性质教育机构准入、教育机构资质管控等多方面引导德国青少年校外教育事务，有效促进了德国青少年校外教育事业的健康有序发展。依据德国法律，青少年校外教育属于青少年工作的一个分支，同时也是青少年援助服务的组成部分。校外教育作为与学校教育、家庭教育等并行的青少年教育类型，其功能定位是培养和提高青少年的文明素养、创新精神和实践能力，预防青少年违法犯罪，促进青少年个人的全面发展。从德国联邦与各州层面考察，青少年校外教育所涉及的领域非常广泛，通常包括政治、法治、文化、国际、职业、生态、健康、体育等各个层面。

德国青少年校外教育汇集广泛的社会力量，促进青少年法治意识的形成和

全面发展。青少年校外教育最主要的法律依据是《德国社会法典》第 8 部法律《儿童与青少年援助法》。该法第 11 条规定,涉及政治、社会、健康、文化、自然历史和技术领域的一般性青少年校外教育构成青少年工作的关键性组成部分。它涵盖青少年校外教育功能定位、基本原则、适用领域、实施主体、准入与退出机制、财政资助、受教育者权利等诸多领域。依据德国《基本法》《儿童与青少年援助法》与各州相关法律,德国青少年校外教育的主要宗旨是:通过法律引导与干预,使青少年能够自主意识到个人与社会的关联与互动,并展开相关的探讨研究,进而主动参与和影响社会发展进程。由此,德国青少年校外教育具有四项基本原则:依法促进教育主体多元化;依法实现校外教育与其他教育类型协同合作;依法确保校外教育的自愿参与;依法保障青少年参与校外教育决策的权利。基于德国的基本法律《儿童与青少年援助法》的规定,德国青少年校外教育的总体目标是促进青少年个人的健康、全面发展,培养青少年的法治意识和生活技能。该教育主要功能是使青少年通过接受校外培养服务,能够更好应对和处理将来的社会生活、职业生涯、同事关系、婚姻家庭等事宜。在这一总体目标指引下,德国各州的青少年校外教育确立了多元化与多层次的教育目标。比如,不来梅州青少年校外教育具有以下多元化目标:促使青少年的自主决策能力的提高;促使青少年意识到自身权利,并能够维护自身利益,为自身行为担责;促使青少年尊重他人权利;促使青少年在社会中实施体现团结意识的行动;促使青少年认识与接受他们对于社会所具有的义务。[①]

德国的青少年校外教育是社会教育体系的有机组成部分。为促进其充分、正确、依法发挥培养青少年法治意识和促进青少年全面发展的功能,德国有关法律对其资质、运行、资助、保障等方面做了明确规定和限制。整体上看,德国的青少年校外教育具有以下基本特点。[②]

一是对教学人员有专门的任职要求。教职人员不仅应具有专业学习背景与职业经验,而且应具备适合青少年校外教育的个人特质。基于德国《儿童与青少年援助法》的要求,德国各州均确立了青少年校外教育的具体任务与质量标准。《图宾根州青少年校外教育的任务与质量标准》规定,组织与实施青少年

①翟巍.论德国青少年校外教育法律规制及对我国借鉴意义[J].青少年犯罪问题,2015(4):101－102.

②翟巍.论德国青少年校外教育法律规制及对我国借鉴意义[J].青少年犯罪问题,2015(4):102－106.

校外教育的教职人员必须是具有相应资质与职业经验的教育专业人员。一方面，为了保证青少年校外教育的专业水准，从事青少年校外教育的教师必须具有综合性大学或职业技术大学的相关专业毕业文凭，或者曾经接受过社会工作专业培训。另一方面，这类教师还必须具有适合从事青少年校外教育的个人特质，通常需要符合以下个人任职条件：具有技术、观念、方法等专业能力；具有通过专业培训拓展与深化个人资质与专业技能的意愿，以及具有反思教育实践的意愿；具有管理能力、团队合作精神与沟通技巧；具有开放与值得信赖的个人品质，并且能够有效联络目标群体，应对目标群体的问题。

二是私立教育机构参与青少年校外教育有严格的准入要求。由于私立教育机构与公共性质的机构相比具有非公益性与逐利性等特点，德国立法者制定了非常严格的私立教育机构在青少年校外教育领域的准入机制。例如，依据德国《不来梅州儿童、青少年与家庭促进法》第 16 条第 1 款规定，如果私立组织机构希望承担青少年校外教育职责，必须在接受青少年援助委员会听证之后，由不来梅州相关行政机构最终确认其是否应该被授予青少年校外教育机构的资格。依据德国各州法律，如果私立组织机构希望成为青少年校外教育机构，必须在业务内容、服务对象、员工素质、运作方式、财务公开、内部章程等领域全面达到法定标准要求。具体而言，私立性质的青少年校外教育机构一般应满足以下法定前提条件：该类机构宗旨是从事法定的青少年教育事务；该类机构应向社会公众开放，该类机构所提供的青少年教育服务也应向社会公众开放；该类机构所提供的青少年教育服务由具有相关教育背景或经历的专职教育人员主持与管理；该类机构在相应区域推动与实施整体教育服务的供给，并预备实现协同合作；该类机构要公开其业务内容、业务绩效与财政状况；该类机构由于所提供服务的内容与范围而具有充足理由获得资助扶持，并且该类机构已经满足提供持续性青少年教育服务的前提条件；该类机构通过内部章程保障教职人员与受教育人员具有共同决策权。

三是校外教育具有明确的保障体系。德国制定了权责清晰、层次分明的青少年校外教育保障机构体系。德国各州法律具体细化了对于青少年校外教育保障机构的人员与物质要求，并规定了相配套的操作细则。德国教育保障机构必须在运营中充分体现青少年校外教育的宗旨与原则，并应在技术、人员与物质层面具有优势服务条件，能够确保校外教育服务质量维持在较高水准。德国《儿童与青少年援助法》第 69 条规定，承担保障青少年校外教育职责的具体机构应由德国各州法律予以明确规定；为了履行保障青少年校外教育职责，各具体负责机构应建立相应的青少年办事处。从各州立法实践来看，承担保障青少年校外教育职责的具体机构通常包括地方性青少年公共援助机构、青少年联合会与青少年理事会等机构。例如，依据德国《不来梅州儿童、青少年与家庭促进法》第 14 条规定，青少年校外教育的负责与保障单位是从事青少年援助事务的公共机构和法定的青少年联合会、青少年联合会联盟以及其他从事青少年援助事务的组织。而基于德国《黑森州儿童与青少年援助法》第 36 条规定，该州具体负责与保障青少年校外教育的机构包括地方性青少年公共援助机构、州青少年联合会、州青少年理事会与其他具有相应教育资质的州级机构。

四是对校外教育进行财政资助上的分类监管。财政资助分类监管是德国青少年校外教育规范的重要内容。依据教育机构性质的不同阶段，德国法律规定了不同的资助监管标准。德国政府对于公共性质的教育机构通常具有股权、人事、运营等领域的影响力与控制力，所以政府一般采取外部法律监管与内部控制监管双管齐下的监管模式，以保证其对公共性质青少年校外教育机构的财政资助获得合理有效的使用。而德国政府对于私立（非公共性质）的青少年校外教育机构通常缺少实质影响力与控制力。为了防止这些机构冒领或滥用青少年校外教育财政资助，德国联邦与各州法律规定了严格、细致的关于私立青少年校外教育机构获得财政资助的具体流程、资格标准与前提条件。例如，依据德国《黑森州儿童与青少年援助法》与其他各州相关规定，在私立教育机构资助监管领域，该类教育机构如想获得校外教育资助，必须首先获得主管青少年援助的行政部门认证；凡是以盈利为目标的教育机构，不得被认证为具有接受资助资格的青少年校外教育机构。除了认证以外，私立教育机构获得资助的前提条件还包括：该机构必须向所有青少年开放；该机构必须保证青少年自愿参与校外教育活动；该机构必须确保青少年能在合理范围内参与校外教育的决策。在地方性青少年公共援助机构资助监管领域，该类援助机构获得校外教育资助的前提条件包括：该机构具有独立的青少年校外教育分支，并且基于自身章程与经济资源运作该机构分支；该机构能够确保青少年在合理范围内参与校外教育的决策进程。

五是青少年对校外教育享有知情权和参与决策权。德国青少年在校外教育领域不应仅作为被动的受教育对象，而应被视为有权主动参与校外教育决策与实施的行动者。为了维护自己的切身利益与需求，青少年有权知晓校外教育的具体实施细节，并有权参与校外教育的决策与规划进程。依据德国《不来梅州儿童、青少年与家庭促进法》，青少年具有捍卫自身利益与需求的自主权利。该法第 3 条第 2 款规定，青少年应具有以合适方式及时知晓和参与所有与他们直接相关的援助计划、决定与措施的权利。在青少年援助计划、决定与措施实行领域，负有职责的不来梅地方公权力主体应创设适合青少年共同参与和分担责任的模式，并推动与确保该模式的组织化。在实施青少年援助计划时，应关注青少年的切身利益和参与权利。

六是多层级的校外教育机构协同合作。在德国政府的管理与引导下，德国具有联邦、州、市、镇等多层级的青少年校外教育机构。德国联邦与地方青少年校外教育法律法规对这些校外教育机构的内部关系（包括治理结构、权力分配等）与外部关系（包括校外教育机构与政府关系、校外教育机构与受教育主体关系）都做出了明确规范。为了实现诸多青少年校外教育机构之间的协同合作，德国联邦与各州均设立了相应的青少年校外教育事务统筹协调机构。例如，德国不来梅州依法设立了专门的青少年教育专家咨询委员会，该委员会成员包括不来梅州公共性质与非公共性质（私立）青少年教育机构的代表。德国不来梅州的青少年教育专家咨询委员会每年至少召开一次现场会议。这些咨询委员会具有下列职责：确保各个青少年校外教育机构之间的协同合作；制订或推荐关于青少年校外教育的专业标准；表达来自实践层面的需求与利益诉求；处理与协调涉及青少年校外教育的具有普遍性的基本矛盾问题。

四、德国注重通过立法和监控保护中小学生的网络活动

经过多年的发展，德国的中小学生网络安全保护已形成政府和机构互相分工、共同协作的局面。当前，防止新纳粹组织和右翼组织通过网络传播极端主义思想，防止任何人和组织借助网络传播儿童色情信息，以及防堵和禁止青少年通过网络接触色情和暴力等不良信息，是德国网络的监管重点。对此，德国不仅制定了严格的法律法规，而且严格执行，并成立专门机构和公司协助监管。

（一）对青少年网络活动的立法保护①

早在 20 世纪末期，德国联邦议院就通过了世界上第一部全面调整并监管

①温静.德国保护青少年的网络媒体法制[D].上海：上海交通大学，2011：4—14.

网络的法律《信息和通信服务规范法》，即《多媒体法》。这部法律由三部联邦法律即《电信服务法》《电信服务数据保护法》《数字签名法》和六个将法律适用于新媒体的附属条款组成，涉及网络服务商的责任、保护个人隐私、数字签名、网络犯罪和未成年人保护等方面。这部法律，作为世界上首部对电子网络空间的行为实施法律规范的专门立法，奠定了人类对网络领域的法治规范的基础。这部法律不以传统的媒体种类来区别管理方式，而是以电信服务类型来制定管制模式，如网络上的"内容提供商"的业务是以节目或广告内容为主，需要对其服务内容的合法性负责；"服务提供商"的业务范围则是提供网络空间，以供应独立第三人传送其内容，如一些入口网站、网络空间从业者；"接取系统提供者"则是提供联结拨接服务的业者，其业务范围与网络内容并无直接关系，无须对网络内容负责。《多媒体法》在涉及网络言论方面主要是对青少年的网络安全进行保护，以避免青少年在网络上遭受暴力、色情等腐蚀和侵害。它采用循序渐进的方法，将青少年网络安全保护的内容分为三个阶段。第一阶段是明确禁止《刑法》《违反治安法》规定的违法产品、服务，这属于绝对性的禁止。第二阶段是由联邦机构危害青少年媒体检查处列举有害但并非完全禁止的产品、服务，发布者必须在技术上预防并确保其不能为青少年获得，这属于相对性的禁止。第三阶段则是规范了服务提供商负有聘请青少年保护人员的义务，如有违者，将承担相应的法律责任。

为保护青少年的网络言论自由和正当权益，《多媒体法》修订了旨在寻求言论自由和保护未成年人权益之间平衡的法律。根据《多媒体法》，信息提供者有义务在德国境内不向青少年传播已被列入名单的、只可向成人开放的出版物。信息提供者应采取必要的技术措施，限制特定出版物的传播，违反者将受到处罚。德国危害儿童出版物检察署负责列出对青少年构成危害的出版物的名单。信息提供者还应当在其机构内部或外界管理机构指定"年轻人保护官"作为监督员，与公众配合，保证儿童接触不到不适宜的出版物。

由此可见，《多媒体法》规范了网络内容的传播，加强了对传播信息的控制，不仅对网络信息提供者的行为做出了规定，为网络媒体的使用者提供了法律保障，而且有效阻止了暴力和色情等有害内容在网络媒体上的传播，因而有利于青少年健康成长。《多媒体法》中对青少年保护等内容在实际操作中具有特别重要的意义，受到德国各界欢迎。

鉴于原先的相关立法存在内容庞杂、标准不一、权责不明等问题，德国修订了《青少年保护法》，规定对公共场合中的活动（餐厅、舞厅、游戏间，以及其他不适于青少年活动的场合向青少年提供酒精饮料、烟品等）进行管制；电脑游戏必须像电影和录像那样，根据其内容标明不同的年龄限制级别；如果电脑没有监控装置，网页商必须有限制性措施的设计，以防止青少年进入色情网页；在联邦政府层面，成立直属于联邦家庭、老年、女性及青年部的"危害青少年媒体检查处"，专门负责识别和检查网络信息内容，监测不良信息网站的发展状况，将有害信息记录在案，并随时运用技术手段确保未成年人无法接触和翻阅这些内容，保证媒体传播信息的安全性。危害青少年媒体检查处的组成人员包括主管机关（联邦主管机关 1 人、各州主管机关 3 人）、协会组织、社会团体（相关代表需分别来自创意及表演艺术界、文学界、书籍出版及交易界、资料媒体及电信媒体供应界、少儿福利非政府组织界、公共少儿福利团体界、教育界，以及具有出版公司地位的宗教团体界）等各界代表。他们通过讨论来确认是否有必要将某类内容进一步记载于危害青少年出版作品名单，包括"全部禁止而不公开名单""全部禁止而公开名单""不公开名单"及"公开名单"。危害青少年媒体检查处还与一些商业机构合作，免费为青少年提供过滤器等技术软件，通过技术手段防范不良信息的影响。

与此同时，德国还对《刑法典》《治安法》《危害青少年传播出版法》《公共场所青少年保护法》《著作权法》和《报价法》等进行修改，加强了对网络传播内容的规制。《危害青少年传播出版法》规定，网络服务提供者在所提供的信息中，如果有可能包含危害青少年身心健康的内容，要"义务接受政府委派的特派员对其进行义务指导和咨询，参与其服务计划的制订以及制订特定服务的条件限制"，或者要"以严格自律机制履行保护青少年的任务"，两者任选一。否则，将被视为"违犯了行政法规，为此承担法律责任"。《刑法典》和《治安法》规定，对提供严重危害青少年的网络信息的人员追究刑事责任。根据德国《刑法典》的规定，色情内容分为两类：第一类是成人内容，如果成人内容不违反基本的道德标准并不违法，但是这些内容必须远离 18 岁以下的未成年人；为 18 岁以下的未成年人提供成人内容属于违法。第二类是非法色情内容，包括有关违反基本道德标准的暴力、动物和儿童色情内容，制作和提供这些内容属于违反刑法的犯罪行为。德国《刑法典》第 184 条规定，向青少年传播色情信息的将被处罚金或者 3 年以下有期徒刑。传播或有组织传播儿童色情信息的，将受到最高 10 年有期徒刑的惩罚。《公共场所青少年保护法》规定，网吧经营者不得向未成年人提供可能危害其身心健康的游戏软件。对传播黄色信息的网吧或个人，德国法律将对其责任人进行处罚，最高可处以十五年监禁。此外，根据反儿童色情法案——《阻碍网页登录法》，联邦刑警局将建立封锁网站列表并进行每日更新，网络服务供应商将根据这一列表封锁相关的儿童色情网页。不仅如此，德国还修订了打击网络儿童色情犯罪法案，将由原来的"封锁"儿童色情网页改为"删除"网页。①

2011 年 1 月，德国出台的《青少年媒体保护州际协议》，用于加强网络内容管理，成为德国保护青少年免受网络不良信息侵害的又一道坚实壁垒。根据该协议，德国实行网络内容分级制度，网络内容提供商有义务对其内容进行年龄分级，并做出标识，然后由家长根据相应的软件决定是否过滤。

在各州层面，德国各州在立法活动中均积极保护青少年的在线活动。德国布兰登堡州制定通过的《布兰登堡法》在规定人人有权以任何形式自由传播信息的同时，强调保护青少年的基本权利——允许通过法律的制约来保护青少年、保护（个人）名誉和其他重要的法律价值，不得从事战争宣传和宣扬伤害人类尊严的公共歧视②。

此外，德国所有网站、移动内容提供商和其他远程电信媒体必须填写一份详细的调查问卷表，回答其内容是否包含"色情和暴力等危害青少年的内容"。根据调查问卷的结果，网站、移动内容提供商以及其他电信媒体将自动按照统一的分级标准获得分级答复，随后自行为其内容设置年龄许可标志。通过这一措施及使用过滤软件等手段，青少年在浏览网络时将只能看到根据其年龄范围所允许接触到的内容。

（二）政府对网络媒体的监控③

为给中小学生和青少年提供良好的网络环境，德国成立了一系列机构执行具体的监管和鉴定。德国联邦内政部是负责网络信息安全的最高国家行政机构，对网络内容的管制主要由其负责，重点防范的内容包括：儿童色情信息、纳粹信息、欺诈信息和不正当广告、销售违禁品，以及诈骗、赌博、侵犯知识产权和黑客、计算机病毒犯罪等。德国联邦信息技术安全局直接隶属于德国联邦内政

①温静.德国保护青少年的网络媒体法制[D].上海：上海交通大学，2011：8.

②卢家银.德国青少年在线活动的法律保护框架[J].青年记者，2012（31）：80.

③温静.德国保护青少年的网络媒体法制[D].上海：上海交通大学，2011：15—20.

部，主要任务是保障信息传递过程中的保密、安全，以保证政府、企业、公民、青少年安全地使用网络。信息技术安全局吸收了300多名物理、数学、信息学等领域的专家，专门应对和解决网络安全问题；同时负责向社会发布安全警告，提供安全技术支持。

德国联邦刑事警察局等部门组建了“网络警察”部队，在网络上巡逻，搜索可疑的网络犯罪活动，监控有害信息的传播；一旦发现登有违法言论和图片的网站，立即查封。德国教育部门和青少年保护机构在青少年活动中心、学校等地设置专供网吧，要求到网吧娱乐的学生在相关管理规定上签名，以此加强青少年上网的信息安全意识。

德国在监控网络信息安全方面特别强调预防，注重政府与社会各界，包括网络供应商、青少年保护部门等的广泛合作，交流预防有害信息内容的方法和技术，促进网络服务商加强自律和技术措施防护。德国全国性的自愿自我检查多媒体服务提供商组织致力于青少年上网保护，与政府监管部门合作，提供有害网站黑名单，协调会员单位设置技术屏蔽措施。德国还与美国联邦调查局、欧洲刑警组织等机构开展国际合作，加强打击网络犯罪力度，共同监管网络信息传播。

除了国家管制，德国各网站也都主动配合青少年保护工作。在德国，含有色情内容的网站都必须使用“成人认证系统”，通过让网络访问者输入个人信用卡信息、身份证等不同方式来确认访问者的年龄，否则将被视为违法。此外，德国政府部门还大力推广“青少年网络行动”，并设立了集信息娱乐与学习于一体的综合性网站，为青少年提供专门服务。德国教育机构和青少年保护机构还推出大量健康游戏软件和学习软件，不断为家长提供指导青少年上网的专家建议。这些机构还发行专门的网络手册，推荐适合青少年登录的网站；与媒体联合，发起健康上网行动，帮助青少年正确使用网络。各州媒体管辖部门共同建立了一个“青少年媒体保护委员会”，作为电子媒体与青少年保护事务的跨州组织。各州媒体主管机关提供其运作所需的经费、人力及物质资源。青少年媒体保护委员会拥有内容监管职能，如果它认为某类广播电视或网络等电信媒体有必要被置于危害青少年出版物名单中并受到严格限制，可向联邦主管机关提出申请，而联邦主管机关只有在理由不足或未能通过审查时才可拒绝申请。青少年媒体保护委员会的旗下还有青少年保护网络有限公司。该公司专门负责网络内容的审查和监管，是德国网络色情信息管制方面的重要机构，德国超过八成的网络色情信息传播事件都由这一机构处理。青少年保护网络有限公司持续要求各网络服务提供商遵守相关青少年保护的规定，敦促网站删除不符合要求的内容。如果要求没有得到回应，将通报国家相关机构。与此同时，青少年保护网络有限公司还进行广泛的国际合作，尽最大可能对提供有害内容的国外服务提供商施加影响。此外，青少年媒体保护委员会还有认证职能。它对相关电子媒体领域的自愿自律团体进行认证，并对其认证进行复核或取消。要取得相关认证，自律组织必须证明：第一，确认自律团体的成员独立超然且有处理能力；第二，相关内容提供者有适当财源而有能力保障该机制的运作；第三，自律团体做出决定的标准应当在执行上有效保护青少年；第四，有检验、处罚或决定更正的规则（负责青少年保护的团体应当有机会要求更正其决定）；第五，必须确保内容提供者在做出决定前知悉其决定，而做出决定的理由应以书面方式向利害关系人提出；第六，需建立能负责处理申诉的组织。相关自愿自律团体一经青少年媒体保护委员会认证，即可有效运作 4 年，其认证可以延续。若自愿自律团体所做出的相关决定不符合《青少年媒体保护州际协议》的规定，青少年媒体保护委员会有权取消其认证资格。但青少年媒体保护委员会无权对相关自愿自律团体采取任何处罚措施。基于“狐狸无法守护鸡窝”的考量，青少年媒体保护委员会虽推动电信从业者自律，但实际上所推动的仍然是基于“共同管制”意义下的自律。只要服务提供者愿意遵照自律团体规范，自律团体又能审慎地进行自律，则不需要青少年媒体保护委员会介入裁罚，而国家仍有最后介入的空间，成为最后的主导者。①

对于手机网络色情信息的传播，德国法务部门也采取了一系列积极应对措施。2006 年 3 月初，德国巴伐利亚州警方查扣了 15 部存有和传播黄色影像的手机，这些手机的主人是年龄在 14 岁至 18 岁之间的中学生。他们因犯有传播色情和传播美化暴力罪，受到刑事指控。几天后，德国巴登符滕堡州有 8 名中学生的手机被发现有同样内容。鉴于他们相互交换手机上的暴力和黄色视频，他们被罚停课 5 天。2009 年 1 月，德国黑森州警方还对通过手机互相交换儿童色情内容的犯罪展开了一场大规模的清剿行动，范围波及德国 16 个州。②

---

①温静.德国保护青少年的网络媒体法制[D].上海：上海交通大学，2011：19－20.

②卢家银.德国青少年在线活动的法律保护框架[J].青年记者，2012（31）：80.

第二节　德国中小学法治教育的案例：对中小学生违法犯罪行为的司法保护

在德国，“国家亲权”思想和教育优先原则是对中小学生违法行为进行司法保护所坚持的理念。罗马法的古典学说认为，“儿童不能预谋犯罪”，因而“少年宜教不宜罚”。一方面，德国的少年司法制度以“国家亲权”为基本理念，即“国家是少年儿童的最高监护人”“国家如同少年的双亲一样，应为缺乏监管和寄托的少年谋福利，并应对他们尽一定的扶助义务”。因此，“国家亲权”思想在德国少年司法制度的许多方面都有体现。另一方面，教育优先原则贯穿于少年司法程序的始终，因为少年非法行为是其成长过程中的过渡现象，不应以行为结果施以刑罚，而应视其失教的程度进行教育惩戒。

德国的《少年福利法》和《少年法院法》是少年司法制度所遵循的两个主要法规。《少年福利法》涉及对少年违法行为事件或保护事件的处理，囊括了有关18岁以下少年儿童救助问题的主要法律依据。而《少年法院法》则是一部集实体法、程序法和组织法为一体的综合性少年法，主要针对犯罪的少年。

一、对少年的早期福利保护[①]

少年的早期福利保护，指的是国家和社会对少年在成长发育的初期所提供的各种保护、救助和教育措施，是国家对处于特殊困境或有特殊需要的少年群体所提供的救助。这一救助的对象未必是犯罪少年、涉嫌犯罪的少年或者被犯罪侵害的少年，更多地可能是流浪儿童、残疾儿童或缺乏亲权保护的孤儿等。对少年的早期福利保护在一定程度上体现了“国家亲权”思想。实际上，国家代理家长或监督人行使其亲权有法律的明文规定。国家通过青年福利局、少年法庭、监护法院等机构负责执行这一任务，而对这些任务的规定具体体现在各有关少年法中，其中最主要的就是《少年福利法》。对于少年逃学、违反宵禁规定、离家出走、酗酒、吸毒等行为，根据《少年福利法》，可以作为“少年福利案件”进行审判干预，因为这些少年正在受到某种危险的威胁，如果任其发展下去，就有

---

①陈冰，李雅华.德国少年司法保护简述[J].青少年犯罪问题，2005(3)：58.

可能导致进一步的犯罪。

一般来说，少年对任何违法行为都不负刑事责任。在司法实践中，作为不适应社会、被遗弃、需要照管或保护的人，少年实施违法行为由青年福利局处理，并交由监护法院进行审理。监护法院根据《少年福利法》的规定采取适当措施，例如采取教育援助措施或不同类型的治疗矫正处理措施等。在一些严重案件中，可以将少年安置在专门的儿童照管机构里或"医疗之家"内。对于涉嫌犯罪的少年，除《少年福利法》外，德国《民法典》《公共场所保护青少年法》等法律还规定，青年福利局等有关机构必须负责检查那些可能给少年带来不良影响的娱乐设施，并加以控制，将少年从可能给他们带来不良影响的地方转移出来。首先考虑将这些少年带到他们的父母或监护人那里，如果他们的父母或监护人不尽职或没有能力担负监护职责，青年福利局可以将他们安置在某些合适的机构里，这些机构通常是私营的或由政府授权建立的机构。

二、对犯罪和涉嫌犯罪少年的司法保护

德国在完善少年早期保护制度的同时，更注重对犯罪和涉嫌犯罪少年的处理、矫治和教育，形成了一套非常完善的少年司法保护体系。

(一)实体保护:《少年福利法》和《少年法院法》并举的静态保护

德国除了有专门的《少年福利法》，还有专门的《少年法院法》，后者可以说是少年刑事法律中的典型代表，规定了少年法院的适用范围、少年犯罪及刑罚、少年法院及少年刑事诉讼程序、少年处分或刑罚的执行、前科消灭等基本内容。德国少年刑事法律对少年的实体保护，主要表现在遵循"教育与保护优先"和"非不得已不适用监禁处罚"等原则，严格界定少年的刑事责任年龄，设定符合少年身心特点的相应处分措施，确立适合少年的特殊诉讼程序，以及确立少年刑罚的缓刑、缓科制度、犯罪前科消灭制度等方面。

德国《少年法院法》针对少年应负的刑事责任规定，少年在实施严重违法行为时心智发育已经成熟，足以认识其行为的违法性，且依该认识而实施严重违法行为的，应负刑事责任。从该规定可以看出，违法犯罪少年是否具有刑事责任能力，取决于两个方面:第一，能否认识到自己行为的严重违法性;第二，是否基于该认识而实施严重违法行为。在司法实践中，只要少年被告人不存在显示精神错乱的言行，就可以认为其心智发育已经成熟，具备刑事责任能力，应当科

处少年刑罚或处分。该法还规定：少年实施犯罪行为的，应科处教育处分；对于少年实施的犯罪行为，教育处分无法奏效的，应处惩戒措施或少年刑罚；如将犯罪少年交付精神病院或戒除瘾癖的机构后，法官认为科处惩戒措施或少年刑罚已无必要，则不得科处。可见，对犯罪少年首先应当适用教育处分，避免对于轻微犯罪做出会使失足少年带上犯罪“标签”的刑事制裁；只有在教育处分无法奏效时，方可考虑适用惩戒措施。教育处分和惩戒措施均无法奏效时，即达不到教育犯罪少年的目的时，法官方可考虑适用少年刑罚。①

在未成年人犯罪的法律后果方面，值得注意的是德国的少年刑罚缓刑制度。德国《少年法院法》对少年刑罚的缓刑条件、缓刑期间及缓刑考验帮助人等问题做出了明文规定。缓刑的条件是：被科处一年以下不定期少年刑罚，如可望判决已对少年起到警告作用，由缓刑期间的教育功能即可实现惩戒目标，而无须执行刑罚的，法官应当宣告缓刑。如果少年的犯罪行为和人格具有特别情况，法官也可对 2 年以下的定期少年刑罚宣告缓刑期。缓刑期的期间由少年法官确定，但有一个原则，即不得高于 3 年、低于 2 年。少年法官应就缓刑期间少年的生活方式进行指示和教育影响，也可以给缓刑少年规定义务。但是，如果该少年对将来的生活予以承诺或对其不法行为提供补偿而履行可望实现的，则少年法官可暂时免于指示和规定义务。少年犯在缓刑期间应当接受缓刑帮助人的监督、帮助和指示。缓刑帮助人由少年法官聘任，其任务是对缓刑少年提供帮助和照顾，在征得少年法官同意后，对指示、规定的义务、承诺的履行等情况进行监督。另外，缓刑帮助人还应当就缓刑少年在少年法院规定的缓刑期间生活情况向法官报告。如果缓刑少年严重或屡次违反指示、规定义务和承诺，或屡次逃避缓刑帮助人员的监督，有重新犯罪之嫌，或者已经重新犯罪，缓刑目的不可能实现，则必须及时告知少年法官，少年法官可撤销缓刑，命令执行宣告的少年刑罚。反之，如果该缓刑少年在缓刑期间表现良好，缓刑期间过后，宣告的刑罚即行消灭。德国少年刑罚的缓刑制度在教育改造失足少年中发挥了十分积极的作用。②

另外，《公共场所保护未成年人法》《禁止传播危害青少年作品法》以及散见于其他法律法令中有关青少年的教育、福利等内容的规定，作为对专门的青少

①陈冰，李雅华.德国少年司法保护简述[J].青少年犯罪问题，2005(3)：58—59.

②林立，严伟青.德国少年刑事诉讼程序、实体处置特点研究与借鉴[J].法制与社会，2010(19)：122.

年法令的重要补充,构成了一个较全面的少年保护实体法体系。

（二）程序保护:对少年犯罪的动态保护

德国少年司法程序的动态保护主要体现在以下几个方面①：

一是专门的少年审判机构和幅度较宽的少年司法管辖权。德国少年犯罪行为一概由少年法院审判。少年法院由一名职业法官担任审判长,由两位专家参与审判事务,并与审判长一起做出裁决。在每一个主审程序中,必须聘任男女参审员各一人。少年法官的职责与初级法院法官职责完全相同,但少年法官还应承担家庭和监护法官对少年的教育任务,主要是以适当措施支持少年的父母、监护人和保护人,并采取措施,防止危害少年的事情发生。而少年参审员是经少年福利委员会推荐,由法院组织规定的委员会选拔,任期 4 年。男女参审员人数应当相当,被推荐的候选人应具有教育能力且具有对少年进行教育的经验。少年犯罪案件刑事追诉程序,基本上与成人案件并无不同,但由警察机关所移送的少年案件,通常由专门参与少年刑事犯罪案件的检察官进行审查,并决定起诉或不起诉。在少年案件中,在少年法庭的审理程序中对于被认定为有罪的少年,可施以教育处分、惩戒处分或少年刑罚等处分。②

德国少年法院帮助机构是另一重要的少年司法组织,隶属于青少年教育局。在德国一般由训练有素的社会工作者担任少年法院帮助的工作,其责任是向少年法院提供有关教育、教养和社会等方面的意见。少年法院在针对少年进行的整个诉讼中,必须通知少年法院帮助机构的代表参加,在最后对少年进行判决之前,对少年法院帮助机构代表提出的处理意见,必须予以适当考虑。另外,由少年福利委员会处理少年刑事案件之外的一般少年案件以及其他少年福利事宜。

在管辖权方面,德国通过《少年法院法》与《少年福利法》的结合,基本上把涉及少年保护的所有案件,如少年犯罪案件、少年福利事件等都纳入少年司法的处理范围之内,这一宽幅的管辖范围有利于充分、全面地保护少年的权益。

二是充分关注少年案件中非法律因素的庭前调查制度。德国在分析少年犯罪原因和处理少年案件时,充分关注犯罪本身以外的非法律因素,如性格爱

---

①陈冰,李雅华.德国少年司法保护简述[J].青少年犯罪问题,2005(3):59－60.

②林立,严伟青.德国少年刑事诉讼程序、实体处置特点研究与借鉴[J].法制与社会,2010(19):113.

好、家庭状况、成长背景、阶层归属、社会交往等影响，从而对少年案件的庭前调查给予极大重视。德国《少年法院法》对少年案件的人格调查给予明确而详尽的规定：诉讼程序开始后，为有助于判断少年心理上和性格上的特点，应尽快调查少年的生活和家庭状况、成长过程、当前的行为及其他有关事项；应当尽可能将调查情况告知监护人、法定代理人、学校及教师或职业培训中的师傅。如将调查情况告知上述人员会对少年造成不利后果，尤其是可能令其失去培训或工作岗位，可不予告知。德国少年法院帮助机构作为具体承担调查工作的少年司法机构，必须对少年的生活环境、生理和心理特征、个性特点、行为的社会背景以及涉嫌犯罪情况等事项进行深入的调查研究，向少年法庭提交书面报告，并提出应采取的措施，供少年法庭参考。

在未成年人刑事案件诉讼中，检察官通常有很大的自由裁量权，可以决定不进行刑事追究，也可以决定不进入刑事法庭审判。《少年法庭法》规定：检察官对少年被告人有可能被判处少年刑罚的，应在起诉前讯问被告人。如果少年的行为或造成的后果显著轻微，而无须追究责任，检察官可不经法官同意决定免予起诉。如果对少年已执行教育处分，检察官认为法官已无须再对该少年判处刑罚，就可以免予追诉。如果少年对其违法行为供认不讳，且检察官认为无提起诉讼的必要，可以建议少年法官给予训诫或其他法定指示，或通过少年法官提出规定义务。少年法官若接受检察官建议，则检察官不再追诉。在审前程序中，检察官为了有助于判断少年精神和性格上的特点，要尽快调查少年的生活和家庭状况、成长过程、现实行为及其他有关事项，并将调查结果记载于起诉书。《少年法院法》规定，检察官在起诉书上不得作不利于少年被告人教育的描写。如果少年法官可能只对违法少年给以指示、命令教育帮助、惩戒措施、禁止驾驶或者 2 年以内吊销驾驶执照，检察官可采取口头或书面形式，申请法官用简易程序进行裁判。①

三是宽松的审前人身控制制度。德国的少年刑事诉讼对少年的审前人身控制的宽松取向十分突出。《少年法院法》第 72 条规定，如教育目的通过临时性的教育处分或其他处分仍不能实现的，才可以科处和执行审前拘留；在审核审前拘留的条件时，可考虑适合少年的其他特别处分；科处审前拘留的，应在拘留令中注明其他措施，尤其是暂时安置于少年教养机构的条件不充分，以及必

①林立，严伟青.德国少年刑事诉讼程序、实体处置特点研究与借鉴[J].法制与社会，2010(19)：113.

须命令审前拘留的理由；涉嫌犯罪的少年被科处审前拘留的，诉讼程序应加快进行。从上述法律规定中可以清晰地看出，对少年审前执行拘留属于“万不得已”的特例，必须符合相应的法律条件才能适用，且必然带来诉讼程序加快的法律后果。①

四是针对无判决必要少年的终止诉讼程序。对于提起诉讼的少年犯罪案件，法官经审查认为少年被告人已经执行教育处分，再无判决必要的可终止刑事诉讼程序。但法官须在征得检察官同意后才可以暂时终止诉讼，并给少年被告人规定 6 个月以下的期间，在此期间内应执行指示、规定义务或教育措施。终止诉讼以裁定的形式做出，对该裁定不得上诉。如果少年遵守指示、规定的义务和教育处分，法官就应终止诉讼程序。少年主审程序开始后，少年法院具有管辖上的优先权，不得因为该案件由同级法院或下级法院管辖，而宣布无管辖权。《少年法院法》规定：对少年案件的审理以及判决的宣布，均不予公开。除诉讼参与人到庭外，被害人应到庭，如被告人受考验帮助人的监督和指导，其帮助人也允许到庭。被聘任的考验帮助人参与主审的，应就少年在考验期间的表现情况听取意见。如果少年被审前拘留，或受其他剥夺自由的处分，判决无必要或监禁目的已达到，法官可在判决中宣布不执行少年监禁；如审前被拘留或受其他剥夺自由处分的，在判处少年刑罚时应予以折算。如果法官不判处少年刑罚，可将案件移送监护法官，由后者选择适当教育处分。从上述具体规定中可以看出，德国《少年法院法》对少年刑事诉讼中检察官和法官的职权做了明确而有针对性的规定，进一步体现了对少年案件的审理和处置重教育挽救的原则，充分彰显了尊重和保障人权，最大限度地减少了进入主审程序的少年犯罪案件，大量适用简易程序，减少和避免了刑罚措施以及监禁刑的适用。②

（三）执行保护：矫正为主的社会保护

对少年的矫正保护是德国少年司法保护的一大亮点，主要体现在以下三个方面。③

一是广泛适用非刑罚与非监禁处分措施。德国《少年法院法》第 13 条规

---

①陈冰，李雅华.德国少年司法保护简述[J].青少年犯罪问题，2005(3)：59.

②林立，严伟青.德国少年刑事诉讼程序、实体处置特点研究与借鉴[J].法制与社会，2010(19)：113.

③陈冰，李雅华.德国少年司法保护简述[J].青少年犯罪问题，2005(3)：60.

定，在没有必要判处少年刑罚，但又必须使少年深刻意识到必须对他所犯的严重违法行为负责的情况下，法官使用矫正为主的惩戒手段处罚其严重违法行为。少年矫正措施包括教育处分、惩戒措施（含警告、规定补救或道歉义务、少年禁闭，以及适用于严重违法但无须判处刑罚的行为）和少年刑罚，而在规定少年刑罚的同时详细规定了缓刑，从而尽可能地为非监禁处分留有余地。由于《少年法院法》规定对于犯罪少年应优先适用教育处分，少年刑罚被界定为“最后手段”。少年法官判处犯罪少年刑罚只属于例外情况，即只有在少年监护措施因犯罪行为的严重性或少年行为人的犯罪倾向，尚不足以使其改邪归正的情况下，少年法官才能对少年判处刑罚。据统计，在德国每年只有4%左右的犯罪少年被判处监禁刑。

二是倡导刑事污点消灭制度。只要犯罪时未成年，其后果不应对其成年以后的生活有任何影响。德国《少年法院法》对少年犯罪前科记录的消除进行了详尽的规定。该法第97条规定，少年法官确信被判刑少年的行为已经证实具备正派品行时，可依其法官职权，或经被判刑少年、其监护人或法定代理人的申请，宣布消除前科记录；还可经检察官申请，或因被判刑人在提出申请时尚未成年，经少年法院帮助机构代表申请，宣布消除前科记录。不过，这项规定只能在服刑期满或者免刑后的两年宣布，除非被判刑的少年表现良好，特别值得提前取消刑事污点。显然，立法者设计少年犯罪前科消灭制度，就是要在犯罪少年已经接受处罚，而且在一定时间内未再犯罪的情况下，给予他重新做人的机会。

三是少年监狱以教育矫正为主要职能。德国设有独立的少年监管机构即少年监狱，彻底实现未成年人和成年人的分押监管，同时少年刑罚执行的主要职能也定位于教育矫正。《少年法院法》第91条规定，通过对被判刑人执行少年刑罚，使其能够养成正派的和具有责任感的品行；秩序、劳动、上课、锻炼身体和业余时间及其他有意义的活动是教育的基础；对被判刑的少年职业上的成绩应予以鼓励；设立实习车间；为实现所追求的教育目的，少年刑罚可予以从宽执行，在适当情况下可进一步以自由方式执行；执行官员必须具备完成执行教育任务的能力，且必须经过培训。可见，德国对少年刑罚的监禁执行更多是考虑如何使他们适应社会，提供多样的技能培训和教育。以柏林少年监狱为例，该监狱为德国第二大少年监狱，监狱内分为新收犯监区、吸毒犯监区（类似于戒毒所）、开放式监区或称家庭式监区（关押被处刑罚较轻的少年）等区域。该监狱的监狱长是一位心理学家、教育学家和社会关系学家，其他工作人员除看守警外，也全都是教育工作者，精通教育学和心理学，他们与在押少年建立一对一的关系，对其进行咨询矫正、心理辅导治疗，帮助在押少年建立正确的人生观、价值观，学习在与人发生冲突时如何克制自己，如何与人、与社会打交道。同时监狱内还设置了木工、油漆工、机修工、农业园艺工等多个技能培训车间，为即将释放的少年提供学习、就业的准备机会，帮助青少年重新融入社会。

第三节　对德国中小学法治教育的反思与启示

一、中小学生法治教育应明确教师的监管责任

德国在开展中小学法治教育、提升青少年的法治意识的过程中，有关立法较为明确、细致地界定了教师对学生的监管义务。从教师在课堂教学中对学生的监管义务，到教师在学生的上学、放学路上以及学生在校内上课和校内休息时间对学生的监管义务，再到教师在组织学生参与体育和郊游等活动过程中对学生的监管义务，再到教师在学校庆典活动及学生代表大会过程中对学生的监管义务，都有较为详尽的立法规定。这样的规定有助于教师增强对监管学生的责任意识，加强对学生的监管，同时也让教师明确承担监管责任的范围，从而保障了教师在监管学生过程中的合法权益。

在中国，当前有关教师和学生的法律纠纷日益增多，人们普遍关心教师监管学生的免责问题。而免责的前提则是明确教师相对于学生的监管责任。然而，中国在开展中小学法治教育过程中，有关立法对教师对学生的监管责任规定相对原则、笼统、模糊，缺乏可操作性。这样，导致教师对学生的监管出现诸多问题。有些教师对学生监管过细过多，致使教师工作过细、责任过多、负担过重，同时承担过多的监管学生后果；而有些教师对学生监管过粗过少，致使因教师监管不到位而出现学生由于疏于监管发生逃学乃至违法犯罪等问题，而教师为此也承担了相应责任或受到相应处罚。

德国通过细致的立法界定和明确教师对学生监管责任的做法，无疑为中国提供了有益的借鉴和启示。中国可以吸收德国立法的有关做法，在开展中小学法治教育过程中，对教师监管学生的时间、区域、场合等情形做出可操作性的立法规定。如规定教师在课堂教学中对学生的监管义务，在学生上学、放学路上

及在校内上课和校内休息时间对学生的监管义务，在组织学生参与体育和郊游等活动过程中对学生的监管义务，在学校庆典活动等校内大型活动过程中对学生的监管义务等。这样，可以增强教师监管学生的责任感，明确教师对学生的监管责任和非监管责任，减少教师对学生的监管纠纷和有关法律难题，保障教师在监管学生过程中的合法权益。

二、中小学生法治教育应为家庭教育提供必要的支持

家庭教育深刻地影响孩子的人生观和价值观。良好的家庭教育是孩子健康成长的基础，对培养孩子的法治意识和教育孩子做守法公民，起着积极作用。在德国，大部分家长都能自觉履行家教职责，注重言传身教和规则意识的培养，这为孩子法治意识的形成奠定了良好基础。更重要的是，德国在开展中小学法治教育过程中，其完善的社会教育制度和有关立法规定保障了对家庭教育的有效支持。根据《青少年福利法》，家长应得到家庭中的一般性教育帮助，如对处于不同生活处境及教育情境的家庭，根据这些家庭的需求、兴趣及经历提供家庭教育服务，提升家庭与教育机构协作、自我帮助及获取邻里支持的能力；以咨询方式帮助解决家庭冲突，为孩子的幸福和健康成长创造条件；帮助家庭解决教育上遇到的问题等。另外，立法对家庭补充性的帮助做了规定，助力高年级的青少年解决自身成长中遇到的问题和实现自立，为其顺利融入社会创造良好条件和打下基础。

中国的中小学法治教育也很重视家庭教育的作用。但目前中国的家庭教育多注重孩子学业成绩的提升，对孩子法治意识、创新与实践能力等的培养有所忽视。更重要的是，中国还缺乏健全的社会教育制度来保障对家庭教育的有力支持，还没有像德国那样通过立法向家庭提供一般性的教育帮助，如还难以对弱势家庭和教育方面有困难的家庭，根据其需求、特点、兴趣等提供相应的细致家庭教育服务，难以通过咨询、指导等方式帮助解决家庭矛盾与冲突；也不能像德国那样通过立法向家庭提供补充性的帮助，以帮助青少年解决学业和融入社会过程中遇到的问题。

德国比较完善的社会教育制度，特别是通过《青少年福利法》而确定的社会教育实践内容，为我国社会教育改革提供了一些有益的启示。首先，社会教育的基本功能需要回归，要促进青少年的全面发展，培养和提升青少年的法治意识和创新实践等素质和能力；其次，社会教育的服务对象有待扩大，除了关注中

小学生，还要更多关注对家庭教育的支持，为家庭教育提供必需的帮助；第三，社会教育的功利主义取向亟待改变，应确保其公益性；第四，作为一种制度性安排，具体的支持家庭的服务需要通过立法予以保障。当前中国家庭教育存在的问题还不少，说明深层次上中国社会教育功能的缺失。如何为家庭教育提供必要的支持，同时弥补学校教育的不足，并帮助青少年克服成长过程中遇到的问题，提升其法治意识和创新思维等，是我国社会教育需要致力解决的主要问题。[①]

三、中小学法治教育应注重完善校外教育制度

在德国，除了重视学校教育、家庭教育外，还关注校外教育。青少年校外教育涉及的领域广泛，集中了广泛的社会力量。德国各州的青少年校外教育具有多方面的教育目标。比如，促进青少年的权利意识和责任意识的发展，要求青少年不仅要维护自身权利，还要尊重他人的权利；不仅要关注社会对自身的义务，还要认识自身的社会义务等。为了促进校外教育充分发挥其应有作用，德国有关立法对其资质、运行、资助、保障等方面作了明确规定。如对教学人员有专门的任职要求，对私立教育机构参与青少年校外教育的准入要求，对校外教育保障体系的要求，对校外教育获财政资助的分类监管，对校外教育赋予青少年的知情权与参与决策权，等等。

中国多年来仿照苏联模式，组织创建了少年宫、少科站等青少年校外教育机构。这些机构为推进开展我国青少年校外教育工作发挥了不可替代的作用。随着社会整体教育事业的发展进步，中国由企业、事业单位、其他社会组织创建的青少年校外教育机构数量急剧增多。这类校外教育机构成为政府教育机构的有益补充，有助于整合全社会力量推进青少年校外教育事业的发展；但这些机构教学宗旨多元、教学质量良莠不齐，部分机构还缺少合格教职人员，难以实现可持续发展，不利于充分和正确发挥其在培养青少年法治意识和创新精神等方面的作用。另外，从中国的教育体系来看，它包括基础教育、职业教育、高等教育、校外教育等基本类型。在基础教育、职业教育、高等教育领域，中国已有多部独立调整与系统规制的法律文件，但有关青少年校外教育及其保障促进的

---

①王亚芳.从留学生弑母案例反思我国社会教育变革的必要性与方向——兼论德国社会教育预防青少年成长危机对我国的启示[J].青少年犯罪问题，2011(4)：22.

法律，在我国教育领域中尚属法律空白，校外教育的发展存在一定的随意性与无序性。在部门规章层面，中国只有以《少年儿童校外教育机构工作规程》（教基〔1995〕14 号）为代表的几部规制青少年校外教育的规范性文件。

为此，中国应借鉴德国青少年校外教育立法设计理念与实践经验，构建以青少年校外教育保障法为核心的青少年校外教育法律制度，推进该教育事业规范有序、可持续性发展。通过构建完善这一制度，不仅可以经由法治化途径解决我国青少年校外教育的现有问题，而且可以通过法律引导的方式实现我国青少年校外教育事业的健康发展。因此，未来有关青少年校外教育的保障法律，应对青少年校外教育的界定、功能、机构准入与退出、教师资格、财政监管、协调机构等做出系统与明晰的规定。首先，有关青少年校外教育保障的法律，应明确青少年校外教育的原则与目标，以促进青少年在思想道德、法治意识、社会实践等领域的全面发展作为青少年校外教育的宗旨，将“自愿参与、社会共建、形式多元、可持续发展”确立为青少年校外教育的基本原则，在政治、道德、法治等领域确立富有针对性与可操作性的具体教育目标。其次，应创设青少年校外教育机构的准入、退出、资质管控与财政监管等机制。私立的教育机构若希望从事青少年校外教育，必须在机构宗旨、业务内容、服务对象、教职人员素质、受教育主体参与权利、运作方式、财务公开、内部章程等领域全面达到法定标准要求，同时还应在授课区域、授课人数与授课时数方面满足法定的量化指标。所有青少年校外教育机构必须定期接受关于教育资质与水准的审查评估。另外，青少年校外教育属于社会公共事业的组成部分，应受政府的财政支持与监管。为了确保政府对于各个青少年校外教育机构的财政资助内容与额度具有必要性与合理性，我们应借鉴德国经验，从法律上规定财政资助监管的执行主体、监管流程、被监管对象的义务与责任等事项。同时，应明确规定，凡以盈利为目标的教育机构或教育事务不具有享受财政资助资格。再次，构建权责明确的青少年校外教育统筹协调机制。为了合理引导与协调我国性质多元、数量众多的青少年校外教育机构的管理与教学活动，中国应将既有的“全国青少年校外教育工作联席会议”制度系统化与常态化，将该联席会议的职责范围从“统筹协调青少年校外场所管理事宜”拓展为“统筹规划与全面协调全国青少年校外教育相关事宜”。在借鉴德国经验基础上，中国应通过立法方式将“全国青少年校外教育工作联席会议”全面机构化，该联席会议可下设办公室、专家咨询委员会、管理委员会等分支机构。联席会议的成员不仅应包括教育部、团中央、全国妇联等管理单位委派的管理成员，而且应包括各级青少年校外教育机构的代表成员。各地立法机关、政府与各相关部门还应拟定与国家校外教育保障立法相衔接的地方性法律、法规与部门规章，从而构建起全面系统的青少年校外教育法律制度。[①]

四、中小学法治教育应注重加强中小学生网络活动的监管和保护

德国重视净化中小学生网络安全环境。为防止中小学生在网络活动中接触暴力、色情、民族歧视等不良思想，德国制定了一系列法律法规，并严格执法，同时成立了专门机构协助监控。在网络监控管理方面，实行对网络和网络内容分别管理的模式，即网络和网络内容依据不同的法律，由各自独立的机构实施管理，网络管理机构和内容管制机构之间分工配合，联邦与各州之间互相协作。在网络内容监管方面，根据《多媒体法》，信息提供者在德国境内不得向青少年传播成人出版物，并须采取必要技术措施限制特定出版物的传播。有关法律还对舞厅和游戏间等公共场合活动做出规定，并要求电脑游戏标明年龄限制级别，以防青少年进入色情网页。对那些提供严重危害青少年的网络信息的人员，立法规定要追究其刑事责任。德国政府通过“青少年网络行动”向青少年提供安全的网络服务。德国教育机构和青少年保护机构还推出健康的游戏和学习软件，并为家长提供指导青少年上网的专家建议。在网络管理监控方面，德国成立了危害青少年媒体检查处，以及执行网络活动监管和鉴定的一系列机构。德国联邦信息技术安全局汇集了有关领域专家队伍，专门应对网络安全问题；同时向社会提供安全技术支持。德国联邦刑事警察局等部门组建“网络警察”部队，监控有害信息的传播。另外，德国政府注重与社会各界广泛协作，推动网络服务商加强自律和技术措施防护。

中国同样高度重视保护青少年的网络安全，关注网络活动与现行法律的冲突和网络技术的发展对青少年带来的威胁，并始终把保护青少年放在网络活动安全的重要位置。但是，中国没有制定专门的针对青少年网络活动安全管理的法律规范，而是将涉及网络信息内容安全管理的立法内容渗透和融入相关法律、行政法规和部门规章中，无疑仍存在立法层级较低、质量不高的缺点。同

---

①翟巍.论德国青少年校外教育法律规制及对我国借鉴意义[J].青少年犯罪问题，2015(5)：105－106.

时，中国网络内容安全管理主要采取分行业的纵向监管模式，由国务院统筹协调，结合各部门权限与职能特点，在各自领域内设立专门机构进行监管，承担网络信息内容安全管理的职责。各部门制订的规章往往从本位利益出发，同时法规、规章之间在出台时间和内容规制等方面存在差异、重叠、矛盾和抵触现象。而且，伴随网络经济的迅速发展，新的社会现象和社会关系不断产生，以往的法规和规章也无法适应新时代的需要。

为此，中国应注重建立健全网络立法体系。可以借鉴德国的经验，将网络和内容安全独立开来，设立各自独立的法律规范，由不同的部门针对网络和内容分别实施管理，分工配合，理顺管理职能，实现对网络和内容的有效管理。在法律层面，须对现有的法律法规进行评估、清理和整顿，解决和消除它们之间的矛盾和不适应时代的问题；尽快制定《青少年网络保护法》，确立青少年网络安全保护的法律原则；确立信息分级制度和过滤技术在青少年网络安全保护中的作用；对限制或禁止青少年浏览的有害信息、不良信息和成人信息的范围，做出明确的法律界定；确立网络服务提供商、信息内容提供者、网络接入提供者、运营商在保护青少年免受网络有害信息侵害方面的义务和法律责任。同时，政府、网络自律组织和社会各界监督机构要进行交流互动和协调合作，因为青少年的健康成长和法治意识的提高，除需完美的法律和政策环境，还需政府正确的引导、有效的管理和到位的服务，以及家长、社区、专家和其他社会各界的关爱和支持。在这方面，德国制定了一系列有关青少年网络活动安全的法律法规，并通过社会各方力量，以政府监控、行业自律、技术过滤、家长教育、民间监督、专项行动等多种方式落实对青少年网络活动的安全保护，给我们提供了很有价值的参考。

从当前的青少年网络活动安全形势来看，中国还应重点关注和解决以下几个问题。[①]

一是家长要加强对孩子上网的引导和监督。家庭已成为当前青少年网络活动的主要场所。然而在现实生活中，许多家长的网络知识和技能都远远落后于其子女，有些家长甚至不了解或不关心未成年子女经常访问的网站或者进行的其他网络行为，致使部分未成年人的网络行为失去了应有的监督和保护。因此，家长必须通过网络知识和网络技能的学习，提高保护未成年人安全上网的

---

①温静.德国保护青少年的网络媒体法制[D].上海：上海交通大学，2011：23－25.

能力，从而更有效地履行家庭保护和监管的义务。

二是学校应加强对青少年网络活动的教育和管理。中小学要在加强青少年网络思想教育和法治意识的同时，对青少年进行网络知识和网络技术方面的培训，使他们熟悉网络，学会辨别健康的和不良的网络信息，增强自制能力和鉴别能力。

三是网络从业人员要提升网络素质能力和职业道德。目前我国的网络安全防范技术还处于初级阶段，这要求网络从业人员提高自身素质，遵守法律法规，形成网络从业人员职业道德，构建和规范网络伦理。

四是政府要加强网络技术安全监控。网络是技术性很强的行业，政府监管往往会受到技术能力的限制。德国有专门的“危害青少年媒体检查处”，利用技术手段随时监测不良信息网站的动向，并确保未成年人无法接触网络危险信息；联邦内政部的信息技术安全局还吸收大批有关专家专门应对网络安全问题，提供安全技术支持，这值得中国借鉴。为此，中国政府电信运营主管部门应加强网络信息安全管理。信息产业部作为电信运营的政府主管部门，在管制网络有害信息过程中具有最直接的作用。它应当要求基础电信运营商对所从事的网络信息服务、接入服务、服务器托管服务进行自查，完善信息安全责任制度。另外，还应整合网络信息资源和净化网络环境，开发适合青少年教育的健康网络内容和网络非法内容自动过滤软件等，为青少年的身心健康发展提供良好的网络环境。

五是各国要加强国际交流和合作。由于网络媒体具有国际性的特点，加强国际合作、共同打击网络犯罪、协作监管网络信息传播已成为各国维护青少年网络安全的共识。各国政府可建立一套国际间的协商与监督机制，共同打击网络违法犯罪。各国间的合作核心是司法上的合作，一般可以采取签订全球性质的国际公约或条约的形式。此外，各个国家也可以相互间签订友好条约，就具体的司法管辖等问题达成共识。

第七章　日本的中小学法治教育

日本是当今世界最发达的资本主义国家之一，与我国同处东亚地区，同属儒家文化圈，有相近的文化传统。

日本中小学法治教育的主要目标是培养具有公正公平理念、相互尊重、遵守规则，具有参与意识和能力的公民。日本中小学生通过学习法律知识和参与法治教育实践，懂得在维护自身权利的同时，充分认识权利和义务的密切关系，领会法律和规则的内容和制定过程，了解利用法律和规则解决纠纷的合理性，逐步培养充分的法律意识，提高解决纠纷所必要的基本素质和能力，为积极参与自由而公正的社会运营做好充分准备。

日本根据中小学生在不同发展阶段和不同学段的不同特点，建立了社会课、公民课等一系列法治教育课程体系。中小学生在相关课程、特别活动等一系列的教育活动中，理解法律与规则的意义以及国家的司法结构等，并将这些所学内容运用到实际生活中去。中小学生在日常生活和游戏活动中，通过设计和参与规则、礼节等具体活动，增加体验并养成生活中必要的守法守规习惯和技能；通过积极开展班级和学生会等活动，学会解决学校生活中的各种问题，通过讨论和对话等，培养创造美好生活的态度。

日本中小学法治教育的一大特点是动员全社会的力量共同参与中小学法治教育。尤其是日本的法律职业群体在中小学法治教育中发挥着积极作用。

第一节　日本中小学法治教育的特点

一、日本中小学法治教育的目标是培养参与自由公正社会运作的必备素质能力

所谓自由公正的社会，是承认对方的存在并尊重人们的多种多样的想法和丰富多彩的生活方式，能够协调共生的社会。公正的司法赋予所有当事人平等、对等的地位和合法的权利，通过法律的正当程序，让公民充分享受和依法行

使和维护权利；同时，通过依法公正处理违反法律和规则的事件维持和形成法律秩序；法律在规范公民行为的同时，也明确公民的责任和义务，维护公民的权利不受侵犯，使公民能够自律自由地生活。

日本中小学生在学校期间接受法治教育，通过学习法律知识和参与法治教育实践，懂得在维护自身权利的同时，必须学会尊重别人的权利，充分认识权利和义务之间的密切关系，领会与自己有密切关系的法律、规则的内容和制定过程，了解利用法律和规则解决纠纷的合理性。通过接受法治教育，他们在日常学习和生活中逐步培养充分的法律意识，在遵守法律和自由行动的基础上，加深对法律的理解，尽量做到事先预防纠纷，提高解决纠纷所必要的基本素质和能力，为积极参与自由而公正的社会运营做好充分准备。因此，日本的中小学法治教育是为了让每个学生理解宪法及法律的基本原理，懂得相互尊重和遵守规则，培养自由参与公正社会运作的必备素质和能力。①

日本在中小学法治教育课程中，提及最多的是“规则”，这是法治教育的核心价值。日本的中小学生通过接受法治教育，了解和领会法是大家共同生活中相互尊重的规则，并对此有真实的感受和认识；同时，了解规则的建立过程，以及基于规则解决纷争的途径和方式。日本修订后的《学校教育法》加入了培养学生的“规范意识”和“公共精神”的内容。从小学发展的阶段来看，对小学生适度强调“遵守约束和规则”，并不是简单强调遵守法和规则，而是让小学生理解法和规则的必要性。小学生从游戏中学习和适应规则，主要是在遵守游戏规则过程中保障游戏的顺利进行。所以，在日本，遵守游戏规则也成为法治教育的组成部分。②

总之，日本中小学法治教育的主要价值取向是为自由公正社会培养具有公正公平理念、相互尊重、遵守规则，具有参与意识和能力的公民。学会相互尊重是一个公民社会正常运作的前提。所以日本的中小学法治教育，首先让孩子理解在一个共同体中公民的权利和义务的关系，包括在家庭共同体、学校共同体、班级共同体中，与家庭成员、同学之间相互尊重的重要性。公民解决矛盾和纠纷时，要学会运用法律来维护自己的权利，同时也要尊重别人的权利。因此，日本的中小学法治教育强调，要学会相互尊重，让每个人充分理解个人的尊严。

---

①史景轩，李文英.日本中小学法律教育体系的构建与实施策略[J].河北大学学报(哲学社会科学版)，2013 (4)：23.

②廖建翔.中日青少年法制教育比较[D].天津：天津师范大学，2014：18.

要做到尊重别人，就要按规则办事，并学会为自己的言行承担责任。因此，必须理解规则的含义，积极参与有关学校及生活规则的制订，理解如何利用规则预防纠纷的发生，利用法律解决纠纷。同时，日本的中小学法治教育强调，培养学生自由参与公正社会的意识和能力，教育学生积极地参与社会事务，维护公正社会存在的基础。中小学生通过学习在学校生活、游戏中自己制订并遵守规则，以及参观和模拟法庭等活动，可充分理解社会生活的复杂性，体会到公民自由积极地参与公正社会事务的意义和价值。①

二、日本中小学法治教育的内容因学段不同而有所不同

日本根据中小学生发展阶段各个时期特点的不同，建立了以社会课与公民课为首的法治教育课程体系。中小学在相关课程、道德、特别活动等一系列的教育活动中，根据学习指导纲要，使用教科书及其他教材，让学生理解法律与规则的意义以及国家的司法结构等，并将这些所学内容运用到实际生活中去，从而使学生作为社会的一员能够根据法律与规则灵活使用法律知识形成更为积极参与社会活动的态度。②

日本司法制度改革赋予了中小学法治教育新的内涵：以法律意识为基础，通过身边的具体事例学习法律在社会中的运用；根据现代社会中学习私法的必要性而导入具体内容，不仅在社会课和公民课中，在家庭课中也要进行消费者教育，将身边日常生活中的问题当作课程素材；学习者自身要自觉重视对“法治社会”的认识，法治教育因导入陪审员制度而具有强烈的司法参与的特点。

因此，日本的中小学法治教育是引导学生通过了解和把握一定的法治知识，养成法治意识和形成法律思维方式，自由积极地参与公正社会事务。中小学法治教育的内容被逐渐深化和细化，将规则的制订、社会生活秩序的遵守、家庭和社会的管理，以及民主政治等都涵盖于法治教育之下。

日本的小学生要在日常生活和游戏活动中学习自己制订规则，增加操作性和体验性的活动；广泛学习有关规则在社会生活中的意义、日本宪法的基本原则、法律的影响、权利与义务的关系、有关公正审判制度的法律和司法内容等；通过设计和参与有关遵守规则和礼节的具体活动，增加体验并养成生活中必要

---

①王印华，张晓明．日本学习指导要领中法律教育内容的修改及其价值取向[J]．现代中小学教育，2014 (3)：119－123．

②骆胖．中日青少年法制教育比较研究[D]．南昌：南昌大学，2013：20．

的习惯和技能;理解规章制度、社会规则和法律的意义及遵纪守法的重要性;积极开展班级、学生会活动,解决学校生活中出现的各种问题,通过讨论和对话培养共同创造美好生活的态度。日本初中阶段的法治教育,主要是帮助学生理解法律的普遍性原理,比如理解法律是让国民生活更加丰富多彩的规则,法律为不同的人们提供了共同生活中相互尊重的准则;在公民社会中要建立契约自由和权利与义务等基本原则;理解司法是以对受害者的救济和对违法者的处分为基础维护和形成法律秩序的。作为理解普遍性原理的前提,初中生应拥有辨别事物的能力,要体验遵守法律法规和履行法律义务的感受,而不仅仅只搞清某些具体法律问题的答案;在不能脱离某种立场进行判断的时候,要认识到多样化立场的存在。高中阶段教师在指导学生考察法律问题的同时,要让他们学会以明确的证据为基础进行公正判断,并学习他人的判断及理由,为进一步形成自己的判断打下良好的基础。①

(一)规则意识形成方面的内容

日本中小学法治教育的基础就是学会站在别人的立场上思考问题,培养公德心和规则意识。因此,中小学生应加强"遵守纪律和规则"意识的培养。

在生活课和家庭课中,指导小学生通过参与具体的活动和体验遵守规则、礼仪等生活上和家庭中必要的习惯,使小学生能主动地解决生活上的问题,并使其家庭生活更充实。小学中低年级(1～4 年级)的学生要明白学校设施的情况以及教师等支持和管理学校生活的事情,能够快乐安心地游戏和生活,同时记住上学路上的情形,能够安全地上下学;思考支撑家庭生活的事情和自己能做的事情,积极地发挥自己的作用,同时能够注意到有规律、守规则、健康地生活;明白公共物品和设施是为大家准备的,有具体的管理者,能够理解它们的重要性,并能注意安全使用规则,正确地使用它们。小学高年级在家庭课中要学习关心家庭生活,能够做家务并能够与家庭成员相互交流;能够思考邻居们的生活,关注和思考自己的家庭生活环境。

体育和保健课,着重培养小学生遵守体育与游戏规则的意识,防止小学生受到不当侵害等。在这门课上,小学 1～2 年级的学生要学习遵守秩序和规则,以及为了快乐游戏探索和制订简单的规则;小学 3～4 年级的学生要学习遵守

①史景轩,李文英.日本中小学法律教育体系的构建与实施策略[J].河北大学学报(哲学社会科学版),2013 (4):24－25.

秩序和规则，参加团队进行简单比赛；小学5～6年级的学生则要学习根据自己的团队特征参赛，能够在规则上下功夫。

在道德课上，小学1～2年级的学生学习正确地使用物品，遵守纪律和规则；小学3～4年级的学生学习遵守纪律和社会规则，有公德心。至于小学5～6年级的学生，则要学习拥有公德心，遵守法律和规则，重视自己和他人的权利，主动履行自己的义务；无论对任何人都不体现差别和持有偏见，努力追求公正、公平和正义。

在特别活动课上，小学生以班级为单位组织活动，培养安全的行为规范和有规律的、得体的集体行动和责任感；开展远足和集体外宿活动，体验集体生活、公共道德和遵守法纪。

初中生在家庭课中要思考处理家庭关系的方法、自身生活对环境的影响。在体育课上根据规则制订训练计划和设计比赛方法。在道德课上学习理解法律和规则的意义，尊重他人的权利，切实履行自己的义务，努力维护社会秩序和纪律；自觉提高公德心和社会责任感，努力追求实现更美好的社会；追求正义，无论对谁都保持公正、公平的态度，为实现没有差别和偏见的社会而努力。

初中生在特别活动中，要学习适应班级和学校生活，教师要针对学生面对的问题开展培养健康生活态度的活动。其他要求基本与小学特别活动内容相同。

(二)私法和消费者保护方面的内容

小学1～2年级的学生在生活课上，要明白自己的生活与本地区的人以及各种场所的关系，并对其持亲切的态度，能够与人恰当地交往，能够安全地生活。小学3～4年级的学生在社会课中，实地参观和调查本地区人们的生产、经营活动，思考与他们的工作相关的人的活动。小学5～6年级的学生在家庭课上，思考有计划地使用自己身边的物品和金钱的方法，能够恰当地购买物品。

初中学生在公民领域，要理解身边以消费生活为中心的经济活动的意义，同时着眼于价格波动理解有关市场经济的基本问题；理解为了提高国民生活质量和福利，国家和地方公共团体在经济活动中所发挥的作用；理解社会资本的储备、预防公害等环境保护、社会保障、消费者保护的意义和作用以及国民的纳税义务，从有限的财源分配视点理解财政。在家庭课中了解物品买卖的特点和消费者保护方面的内容，能够恰当地选择、购买和灵活使用生活必需品和服务。

(三)有关宪法方面的内容

小学5～6年级的学生在社会课中，要学习日本宪法对国家的理想、天皇的地位、国民的权利和义务等国家和国民生活的基本规定。

初中学生在历史领域要学习日本宪法的制定以及日本民主化和重建的过程。在公民领域，以基本的人权为中心，加深对人类相互尊重的理解，着眼于法律的意义，营造民主的社会生活，理解以法律为基础的政治的重要性，思考国家政治以日本宪法为基础运行的意义。深入理解日本宪法以尊重基本人权、国民主权以及和平主义为基本原则，理解作为日本和日本国民的综合象征的天皇及其国事行为。[①]

三、日本的中小学法治教育注重充分调动社会多方力量

中小学法治教育是一个系统工程。在日本开放的学校教育模式下，社会各界尤其是法律实务界专家的参与，在日本的中小学法治教育中起着十分重要的作用。日本中小学法治教育以文部省和法务省为主导，以学校和教师为实施主体，以各级法院及司法工作者为助力，动员全社会的力量，在推动中小学法治教育的实践上共同做出努力。

日本文部省设置了“培养丰富情感施策推进会”，动员社会力量开展青少年法治教育工作。该推进会不仅针对当今青少年违法犯罪行为的增加而采取相关措施，更着眼于将来采取根本对策，其任务是研究审视以往分散施行的学生指导、青少年教育、家庭教育等各项政策，使之能统一施行。日本社会法治教育机构积极参与这项活动。日本各都道府县作为预防违法犯罪行为的据点，由有关预防青少年违法犯罪的行政机关、团体和民间志愿者等，如成年人辅导员、未成年人警察协助员、未成年人指导委员等，组成少年辅导中心，开展预防青少年违法犯罪工作。另外，各类志愿组织也不计其数，且各类组织或个人互相联系、互助协作，构成一个强有力的预防未成年人犯罪防护网，共同协助警察厅开展街头辅导、少年商谈、未成年人规劝、心理判定等一系列卓有成效的活动，为减少未成年人犯罪发挥了巨大作用。街头辅导是指在热闹场所、车站、公园等容

---

①王印华，张晓明.日本学习指导要领中法律教育内容的修改及其价值取向[J].现代中小学教育，2014 (3)：119－123.

易进行违法犯罪活动和不良行为的场所，开展街头辅导活动。这种活动不仅由警察进行，也由少年辅导中心的少年辅导委员及其他志愿者进行。警察在街头辅导活动中发现有违法犯罪嫌疑的青少年时，不仅要弄清违法犯罪嫌疑的内容，而且要调查青少年违法犯罪的原因、动机、交友关系，以及监护人等情况，借以查明是否存在重新进行违法犯罪活动的危险性；判断是否有必要采取措施以防其重新进行违法犯罪活动。同时，还必须将涉嫌违法犯罪的青少年通知或解送有关机关，根据不同情况处理，如认为没有必要通知或解送时，则必须对该青少年提出告诫事项，并与该青少年的监护人取得联系，对其提出建议或进行指导。总之，街头辅导活动是以涉嫌违法犯罪或有不良行为的少年作为主要对象，进行法治宣传教育，以便帮助他们，使之不致进一步陷入违法犯罪与不良行为的泥潭而不能自拔。少年商谈，在日本也称“少年相谈”。在日文中“相谈”的含义是互相谈话或者交换意见。就“少年商谈”的内容来看，它不仅限于相互谈话或交换意见，还要采取具体的实际措施。目前，日本的少年商谈有以警察为主的少年商谈（包括电话商谈）、由儿童商谈所进行的儿童商谈，以及由教育委员会进行的教育商谈等。在这些机构，由青少年心理专家和具有丰富商谈经验的人员负责接待有关教师和父母，以及因少年违法犯罪、不良行为和其他问题而苦恼的监护人员等，并对他们进行耐心细致的指导，提出切实可行的解决办法等。[①] 此外，防止犯罪协会与母亲会是帮助警察开展预防犯罪活动的地区性民间团体。日本全国各地共有防止犯罪协会一千多个，其活动地点为遍布各地的防止犯罪联络所。母亲会是地区性妇女组织，利用妇女的特点，广泛地开展宣传教育、街头辅导等活动。少年辅导站是由与防止少年违法犯罪有关的行政机关、团体和志愿人员联合而成的组织，它吸收这些组织和人员的共同工作特点，全面、有计划地推行各种辅导少年的工作。

文部省在中学每年举办“药物乱用防止教室”活动。近年来，因兴奋剂等药物的乱用而受教育的青少年尤其是小学生的事例有增加的倾向，同时低龄化的倾向也在凸显，令日本政府极其担忧。青少年药物乱用事例的增加，既有药物容易得手的社会状况以及青少年的自制力欠缺等原因，同时也有觉得好玩且时髦而错误使用的原因等，各种原因非常复杂地交织在一起。因此，基于对“关于麻药、兴奋剂等实态调查的结果”，日本决定针对学生药物乱用开展强化教育。

---

①廖建翔.中日青少年法制教育比较[D].天津：天津师范大学，2014：28—29.

日本文部省在得到相关省厅的协助下，在所有中学每年举办“药物乱用防止教室”活动，即使在小学，也将其作为教育课程的指导事项，赋予明确的地位。日本从2011年就开始准备中学生所用视频资料的制作和学校药物乱用防止教育的支持体制建设。除此之外，还基于连续性教育开办研修会，散发普及小册子，并积极发挥“家长教师协会”（Parent-Teacher Association, PTA）等相关团体的作用。不仅仅是学校，家庭和社区等也连成一体，尽量学习有关药物的知识；在社会教育机构中，也开设以地域住民为对象的防止药物乱用的讲座，设置相谈窗口，努力提供该方面的机会及场所。“父母和教师协议会”与青少年相关团体密切合作，并与社区等连成一体，共同致力于问题的解决。①

日本法务省非常重视中小学校法治教育，积极制订法治教育计划。在法务省的推动下，日本最高法院、法务省、日本律师联合会以及司法书士联合会等诸多机构从各自的角度出发，协调合作，采取积极的措施推进中小学法治教育的开展。法务省在推进实施法官制度等司法制度改革的过程中，充分认识到中小学法治教育的重要性，努力加强法治教育普及工作。法务省为了让中小学生和其他国民很好地理解法律及司法，构建公平正义的社会，对刑事司法有充分的理解和信任，采取了很多措施。法务省根据中小学的需求，采取通俗易懂的方式，积极推进中小学生对检察官工作以及刑事程序的认识；对法官制度进行宣传，并派检察官担任教员到学校讲解，积极支援教育委员会举办的教师研修。检察厅和刑事局主要针对中小学生开展移动教室计划、上门服务计划、刑事审判旁听计划等。日本保护局积极开展中学生支援行动计划。保护局在处理青少年不良行为问题方面有丰富的知识和经验，他们直接进驻中学，以不良行为问题和药物滥用为主题开设“防止不良行为教室”；与教师共同探讨有关问题学生的指导方法；和学生的指导教师组成联合事例研究会。人权拥护局开展中学生人权作文比赛，由人权拥护局、法务局的职员组织人权教室。日本司法援助中心积极参与中小学法治教育工作，其业务范围包括对中小学教师的法律教育开展授课活动，协助中小学生开展自主调查研究，提供有关法律制度及当地法律专家的信息资料和活动内容，等等。②

日本的法学研究者致力于针对高中生的上门授课和体验授课。上门授课

---

①廖建翔.中日青少年法制教育比较[D].天津：天津师范大学，2014：20－21.

②史景轩，李文英.日本中小学法律教育体系的构建与实施策略[J].河北大学学报（哲学社会科学版），2013（4）：25－26.

的开展方式是：由某些工商业者担任媒介，负责安排某些大学和专科学校的教师前往各高中授课，然后学生从中选择自己感兴趣的授课内容听讲；或者高中事先和大学签订协议，大学再派教师前往高中授课。体验授课的开展方式是：高中事先和大学签订协议，大学招收高中的学生，由大学教师进行授课。在法治教育的授课中，教师列举大量中小学生在学校生活中有可能亲身遇到的各种各样的法律问题，通过介绍各种鲜活的法律案例和事例，让学生想象、探寻和体验解决问题的方法，从而不断积累成功解决各种法律问题的经验，也有利于学生增强自信。[①]

日本的法律教育研究会在法治教育实践中，以中学学习指导要领为依据，为初中社会课公民领域编制了四种教材。《制定规则》指导学生学习作为法律和规则基础的思维方式。《私法和消费者保护》是现代经济社会中公民应该重点学习的内容，指导学生通过合同学习进行自我管理的思维方式。《司法》指导学生学习认定法律事实，进行法律事实的综合判断，发挥裁决的作用。《宪法的意义》指向公共权力甚至社会经济权力与国民的关系问题，指导学生学习宪法及立宪的意义，并与学生的实际生活相联系。该教材尽量采用通俗的语言帮助学生理解民主主义和立宪主义。民主主义是说大家的事情由大家来决定，而立宪主义则明确应该由大家决定的事情和不由大家决定的事情。将这些概念与学生的实际生活相联系，以加深他们对宪法的理解；要让学生明白，权利不是像物质一样的“拥有”，而是从人们的社会生活中产生并成长起来的。[②]

日本的法院积极协助中小学开展法治教育。为了使中小学生和其他国民理解司法制度、审判制度、法院的业务工作和作用，法院在法治教育方面付出了较多努力。比如，法院有时派遣法官作为讲师去学校，谈体验、讲演、回答学生的疑问，或者对法院的工作、作用、法官的工作，以及其他有关审判制度的问题进行介绍和说明。东京地方法院到中学讲解审判制度及法院的结构、民事裁决的方法、法院的工作、司法的作用和意义等。对初中生主要说明刑事与民事的不同等基本问题，让初中生对法院和法官产生好感。对高中生主要介绍具体的事例和经验、民事裁决以及法官的职业。在活动中，法官将法袍、法庭记录格式等实际审判中使用的物品带到学校，让学生亲眼看到、摸到这些东西。有时，法

①骆胖.中日青少年法制教育比较研究[D].南昌：南昌大学，2013：22－23.

②王印华，张晓明.日本学习指导要领中法律教育内容的修改及其价值取向[J].现代中小学教育，2014（3）：119－123.

官会对著名案件的有关问题进行解说，引用竞猜等方式，创造参与型的课堂。各法院在主页上宣传法治教育，并根据学校的要求和当地的实际情况，编写针对学生的法治教育讲义，或者安排学生到法庭旁听。①

日本的检察厅和刑事局通过设立各种“计划、教室”等开展中小学法治教育。“移动教室计划”主要以中小学为对象，在检察厅进行，除了安排学生参观厅内摆设并放映视频对学生开展宣传教育外，还由检察官、检察厅进行说明和答疑。“出前教室计划”同样主要以中小学生为对象，不过它的活动形式有所不同：它派出检察人员进入学校，向学生进行检察官、检察厅的说明和答疑。“刑事判决旁听计划”是附带法官指导的法庭旁听活动，有助于学生通过旁听审判活动领略审判程序和过程，思考有关法律问题，并从中受到法治教育。此外还有“宣传启发活动”，即在学校开办“犯罪预防教室”、“预防毒品乱用教室”等活动的同时，召开由当地居民或监护人参加的预防未成年人犯罪座谈会，定期通报当地未成年人犯罪情况、原因及对策等最新信息。②

日本律师联合会和律师协会在中小学法治教育方面付出不少努力。日本律师联合会采取多种形式，派出律师开展中小学法治教育。在消费者教育领域，日本律师联合会消费者问题对策委员会设立了教育分会，向中小学生宣传介绍有关消费的法律问题。律师协会以初高中生及广大市民为对象进行司法教育实践，其内容涉及消费者问题、家庭问题、一般民事问题、司法制度等多个方面，采用的方法不仅有讲义的形式，还有模拟审判的学习、指导、旁听等，涉及很多富有创意的工作；实施的场所有学校、公民馆、会馆、文化中心等多种场合。

日本司法书士协会联合会、司法书士协会面向中小学生积极开展法律咨询和宣传等活动。司法书士协会近年来积极开展法治教育实践活动，强调中小学生最基础的法治教育是自我负责教育，学会在社会生活中做出正确的判断和决定，特别是培养法律上的判断能力和人权意识，创造和维护公平公正的国民生活。多年来，司法书士协会在全国各地开展以“身边的法律问题”为主题的法律教室活动，在公民馆活动、家长教师协会活动中举行演讲会。伴随着面向消费者的高利贷成为社会问题，司法书士在日本各地开展针对陷入多重债务问题者的事后救济活动中，强烈意识到消费者教育的必要性，于是以此作为司法书士

---

①史景轩，李文英.日本中小学法律教育体系的构建与实施策略[J].河北大学学报(哲学社会科学版)，2013 (4)：26.

②廖建翔.中日青少年法制教育比较[D].天津：天津师范大学，2014：22.

协会的事业，从预防性司法的立场出发，逐渐对中小学生和其他国民开展法律教室活动。近年来，青少年因消费合同引起的纠纷增加，他们走出校门后在社会上立足之前，希望能够学习到社会生活必要的基本法律知识和守法的思维方式。为此，司法书士协会从日常咨询业务的经验出发，开展有活力的法治教育，尤其在中小学生的公民课和家庭课中，以信用、合同为主题制作短剧，使授课更加易于理解。日本司法书士联合会还对各地的活动进行支援，成立了法治教育推进委员会，进一步充实法治教育（消费者教育）事业。[①]

日本的国民常态化地参与预防青少年犯罪宣传活动。在日本，早在60多年前就开展的“银座活动”和“矫正保护宣传运动”，在犯罪预防和犯罪后的弃恶从善方面，发挥了积极的宣传作用。这种活动被赋予“明亮社会运动”之名，作为国民运动向全国推广。由于开展法治宣传教育的这两项活动是专门以青少年为法治宣传教育对象的，因此开展这两项活动的月份又被称为“预防青少年犯罪运动月”。这些活动在通过宣传教育防止青少年违法犯罪，强化社区力量，加深全体国民对防止违法犯罪及犯罪后重新做人的理解等方面，发挥了积极作用。这些活动的具体开展形式灵活多样，如街头宣传、广告画展出、报纸和电视台宣传等，任何人都能参加，由此在日本国民的热情参与下形成合力，力求构筑没有犯罪的全国性法治教育宣传运动。这些活动的重点是提高国民对防止青少年违法犯罪的认识，有效地进行青少年犯罪预防，净化青少年成长的社会环境。文部省甚至还指定全国一些犯罪多发和易发地区为“防止违法犯罪的地区”。[②]

日本学校的中小学法治教育与家庭教育的合作方式主要是传统的“家长教师协会”。其宗旨是通过在中小学开展活动，促进社会教育、家庭教育和学校教育的协作，促进青少年健康成长，推动社会发展。日本的每所学校都有“家长教师协会”组织，它不需申请，每位家长都是会员。它除了会员外，还有职员（会长、副会长、委员等）和专门委员会等。其主要任务是推动良好的教育环境和社会环境的形成，防止欺侮、不良行为、拒绝到校等问题。[③]

---

①史景轩，李文英.日本中小学法律教育体系的构建与实施策略[J].河北大学学报（哲学社会科学版），2013（4）：26.

②廖建翔.中日青少年法制教育比较[D].天津：天津师范大学，2014：26.

③廖建翔.中日青少年法制教育比较[D].天津：天津师范大学，2014：21.

第二节 日本中小学法治教育的案例:保护中小学生不受犯罪侵害的对策

日本在保护中小学生不受犯罪侵害方面,拥有相对完善的对策设计。不仅针对中小学的上学、放学途中设计了一系列安全保障对策,还专门针对中小学生免受犯罪侵害设计了综合对策。

一、日本中小学生上学和放学途中安全保障的紧急对策①

1.对全部上学、放学道路进行紧急检查

要求学校、家长、儿童、警察、自治团体等相关人员对全校区以及上学、放学的全部道路进行安全检查。警察和志愿者通过巡逻对检查结果进行核查。除此之外,为了让学生能够真正识别危险场所,要灵活使用安全手册和采取其他防范教育措施及区域性防范措施。

2.在全体学校紧急开展防范训练教室活动

要求学校和警察等开展合作,为所有学校的学生举行实践性的防范训练教室活动。

为配合防范训练教室活动的进行,制作并分发小学低年级学生使用手册和教师能够灵活使用的防范训练教室活动的事例集等资料。

3.紧急建立区域情报共享体制

以警察为中心,学校、教育委员会、家长、学生以及地方居民等构建情报共享网络,包括与搭讪学生事件以及有可疑人员出没等有关情报的网络。

4.增加学校安全志愿者人数

为完善学校安全体制,广泛呼吁地方社会人士参加保护学校内外安全等志愿者活动。此外,要争取在全国范围内开展相关活动,如对学校进行巡逻,对学校安全志愿者进行指导,由学校警卫和领导对巡逻的重点事项等进行指导。

---

①向铭铭,顾林生.日本学校安全教育与管理[M].上海:同济大学出版社,2014:103—111.

5.乘坐公交车上学、放学时的安全保障

针对学生上学、放学的乘车问题，尽快讨论灵活的方案，如上学时乘坐公交车以及放学时乘坐校车。为了能够使方案在区域实施，要采取必要的支援措施，并对环境进行整顿。

6.呼吁国民提供帮助

为提高家庭和学校及民间团体等相关人员的防范意识，促进他们积极参加确保学生安全的活动，政府可以通过电视和新闻等各种媒介进行宣传。此外，请与青少年有关的各种团体和相关人士等积极参加区域性的青少年违法犯罪防范和学生安全保障活动。

二、保护学生不受犯罪侵害的综合对策①

(一)学校的对策

1.完善学校安全对策

灵活使用危机管理手册。给各学校分发的危机管理手册的内容包括：与区域开展日常合作，努力构建保护学生的安全体制，让学生了解“儿童110的家”的位置和标识以及作用等；让学生通过制作安全手册等活动，认识区域安全的重要性；对防止受犯罪侵害的行动方法以及遇到犯罪或恐慌时的行为方法进行指导，同时把注意事项标示出来；对制作区域安全手册的注意事项进行详细解说，并灵活运用手册以及把手册的内容通知相关人员。

掌握学校安全管理措施的实施情况并通知大家。学校采取安全管理措施，制作危机管理手册；实施防范训练；分发报警器；配备监视器等防范监视系统；准备确保安全的器具等。采取措施时，要根据学校和区域的实际情况进行，从而进一步推进措施的落实，然后对措施的落实结果进行调查，并把实际情况通知大家。

2.充实防范教育活动

为使学生具有预测危险和回避危险的能力以及促进实践性安全教育的进

①向铭铭，顾林生.日本学校安全教育与管理[M].上海：同济大学出版社，2014：111—119.

行，把学校安全教育材料作为教师使用的安全教育参考材料，将其总结为“挖掘生存能力的学校安全教育”的内容，并把此材料分发给学校。此材料的内容包括：制作学校上学、放学道路的危险场所的地图，并将危险场所的情况通知相关人员；与区域的相关机构等合作；把上学、放学时的紧急避难场所位置通知相关人员；关于上学、放学时的紧急处理方法的指导等；上学、放学道路上采取的具体措施，以及掌握上学、放学道路的危险场所的情况。然后在教职员工学习和研究协议会等场合灵活利用这些信息，并把实际情况通知大家。

3.学校设施的安全

对学校设施完善方针进行修改。在学校设施安全管理调查研究合作者会议上，讨论与学校设施的防范对策相关的基本观点，设置者在计划和设计具体的防范对策时的注意事项，今后的推进方案，以及学校防范对策的情况。对学校设施完善方针中的防范对策进行修改，制作说明手册，说明学校设施完善方针中的防范对策的相关规定。然后，地方的公共团体等要灵活运用这些措施，并把相关内容通知相关人员。

与完善学校设施有关的经费补助。为了完善公立学校的安全对策，会继续补助公立学校的设置、维修校门和围墙等安全保障相关施工费用，以及与私立学校安全对策相关的设施完善费用。另外，国立大学附属学校在校门等处安装监视器等防范装置，同时总结与国立大学附属学校的安全管理情况相关的调查研究报告，把总结报告分发给各国立大学及附属学校等，以进一步完善与安全保障相关的经费补助。

学校设施的防范对策。把与学校设施防范对策有关的活动制作成事例集，并把内容介绍给地方的公共团体等。此外，把与制作手册相关的活动事例（便于对学校设施的防范对策进行有效检查和改善）进行整理，并把内容介绍给地方的公共团体等。

（二）区域的对策

1.创建不容易发生犯罪的环境

配备学生使用的紧急通报装置等。在上学、放学道路以及儿童公园等，配备紧急时刻用的红灯，紧急时刻用的电铃，报警人员用的摄像机和内部对讲机等，同时建立紧急时刻向警察通报的街头紧急报警系统以及配备学生使用的紧急通报装置。

推进防范城市的构建。为提高上学、放学道路等区域的防范性，在对公共设施等进行维修和管理时，在公共设施旁种植不影响视线的植物，设置栅栏，安装照明设备，以及在可能出现危险的场所安装监视器等。这些都是整顿区域环境的措施，因此要促进此类措施的实施，进而构建与区域特性相符的防范城市。

在农村和渔村安装照明设施等进而推进具有防范性的村庄的构建。为提高地方居民的安全性，要在村庄的道路上安装照明设施、防护栏等。

根据低出生率以及高龄化等情况完善商业设施。为了应对低出生率和老龄化、环境保护、防范犯罪等情况，不能仅安装个别的基础设施，而要以构建安全的街道为目标，设置街头路灯以及监视器等。另外，要使商业街担负起应有的社会性和公共性责任等。

2.充实与保护学生安全有关的活动内容

推进学校安全体制的完善。为了培养在学校内外进行保护活动的学校安全志愿者，要推进学校警卫培养讲习会的工作，让志愿者掌握在发现最新情报和可疑人员时的具体应对方法，以及了解实践性的事例等。同时，争取在全国范围内展开相关活动，如对学校进行巡逻，对学校安全志愿者进行指导，由学校的警卫和领导对巡逻的重点事项等进行指导。

此外，各地要指定能够确保学生安全活动的示范区域，并对活动进行支援。

对在公民馆等场所进行的志愿者活动进行支援。志愿者对在公民馆等处举行的自主防范活动进行支援等示范活动，扩展实施这种示范活动的区域，同时无偿提供对上学、放学道路警戒活动有帮助的物品。

取得以自主防灾组织等地方各种社区为主的相关团体的帮助，把地方的公民馆作为防灾和防范活动的地点；消防厅和警察厅开展合作，在区域举行防范巡逻和防范训练等活动，保障地方的安全环境。

对“儿童110的家”活动进行支援。学生在上学、放学道路等遇到危险或者有可能遇到危险的时候，立即进行自我保护和报警。地方制定和分发与保护技巧和报警相关的手册以及举行讲习会等，对“儿童110的家”的活动进行支援。

灵活利用学校警察联络协议会等。学校和警察要积极交换与学生安全和防止非法行为相关的具体情报。灵活利用学校警察联络协议会等，商讨应该协同解决的具体事项的应对措施。

灵活运用学校支援者制度。学校支援者（紧急时刻的工作人员）主要负责防止青少年进行不良行为和犯罪行为以及帮助有问题的青少年改过自新；确保学生在学校等处的安全以及对防止犯罪的教育进行支援；掌握和提供区域的安全情报等。把退休警察以及有专业知识的人员分配到警察局，作为学校的支援者。

为提高区域的防范意识推进教育性和启发性活动的进行。文部省和警察厅进行合作，根据构建安全和安心城市的全国开展计划，积极推进防范教育和启发活动、防范教育志愿者活动的进行，争取在广泛的区域范围创建安全和安心的环境。与警察厅合作的项目包括：积极推进在公民馆和终身学习中心等进行的防范教育和启发活动、防范训练教室和训练、防范活动；在进行志愿者活动时，灵活利用区域志愿者活动推进措施等，完善与派遣讲师和进行各种指导和建议有关的体制，进而促进区域居民参加防范志愿者活动。

要保证学生有安全和安心活动的场所。在学校的操场和多余教室等场所设置学生安全和安心活动的场所，开展区域学生教室推进活动。在当地成人的协助下，在放学后和周末进行各种各样的体验活动以及与当地居民进行交流活动等。在进行安全活动时，要把安全管理手册(关于活动的基本注意事项)的内容进行彻底地通知，同时也要考虑学生在等待放学时的情况，并采取相应的措施。

在放学之前为学生提供安全安心的活动场所。为了不让学生单独放学，要让小学放学早的低年级学生和高年级学生一起集体上学、放学，并让当地居民对低年级学生进行保护，同时在多余教室内为学生提供安全安心的活动场所。

构建保护学生安全的全国网络系统。收集关于在全国各地进行的保护学生活动的案例情况和实施方法及实施效果等信息的情报，构建全国网络系统，为各都道府县和各方案提供相关信息。通过这样的网络系统，可以为没有采取过相关措施的区域提供相关技巧，同时可以进一步开展支援活动。

确保学生在儿童馆和放学后儿童俱乐部的安全。争取推动建立有关学生安全和安心活动的儿童馆和放学后儿童俱乐部。此外，为确保学生的安全，发出对市町村和儿童馆以及放学后儿童俱乐部的必要检查事项，并通知有关人员。

确保学生在补习班时的安全。向全国补习班协会发布指导文件：重视安全，完善学习环境；提高教职员工的素质；确保学生在补习班时的安全等方面制定具体方针，以及对会员进行指导，同时在制订安全措施方面进行指导。

使便利店成为安全站。指定便利店成为“儿童 110 的家”，协助警察和防范教育志愿者，以及提供区域的安全情报。

积极支援日本连锁店协会在全国开展的便利店安全站活动。

充实家庭的防范教育。制作家庭教育手册，并分发给全国家长。对其内容进行修改和完善，增加关于了解危险和保护安全的联系，教给孩子关于防止危险和事故发生的方法以及处理方法等方面的内容，从而进一步提高各家长在确保孩子安全方面的意识。此外，请家长教师协会（PTA）提供帮助，努力加强学校与家长教师协会的合作关系。

完善青少年健全成长的环境。国家和地方的公共团体、相关的业内团体以及国民进行密切合作，应对完善青少年成长环境的问题。制定有关完善青少年成长环境的方针，包括国家应该处理的事项、国家请地方团体处理的事项、国家请相关业内团体处理的事项，进而继续推进有关完善青少年成长环境的活动的进行。

网络服务商等对防止网络出现违法和有害情报的措施进行自主研究。举办关于防止网络上出现违法和有害情报的措施的研讨会，对相关内容进行研究和总结。

制定与网络自杀预告事件的应急措施相关的方针。在文部省和警察厅的帮助下制定相关方针，方针内容包括电信等相关团体公开在网络上的自杀预告事件和相关发信人情报，以及网络服务商等在公开情报时的判断标准等。

根据保护女性和儿童的对策实施纲要推进对策的实施。警察在遇到儿童成为受害者的犯罪案件时，根据保护女性和儿童的对策实施纲要，与志愿者和自治团体等进行合作，推进保护学生措施的实施，加强对虐待儿童事件的处理力度，同时对受害儿童进行保护。

3.灵活运用情报通信技术

构建区域安全的情报网络。地方居民和地方公共团体等通过电子公告栏、电子地图、电子邮件等提供和发布关于区域的安全情报，并无偿地把情报发布到区域情报共享网络上，进而支援区域安全活动的进行。

对便利通信设施的技术进行研究开发。以保护学生不受不良网站的侵害为目的，研究把电脑过滤技能引入便利通信设施等技术，总结最终的研究成果。

(三)犯罪对策

1.加强打击犯罪的力度

逮捕以学生为目标的犯罪嫌疑人员。要迅速逮捕对学生实施犯罪的嫌疑人员,同时在发现涉嫌与学生搭讪事件以及诱拐和性侵等重大犯罪的前兆时,要对相关人员给予警告。

增加地方的警察人员。为应对严重的治安状况和恢复有危情地方的治安,争取增加一万人左右的警察人员。

防止利用所谓约会系列的网站对学生进行性骚扰等事件的发生。为了防止利用所谓约会系列的网站对学生进行性骚扰等事件的发生,加强对此类事件的打击力度,坚决取缔这种网站,同时加强对约会系列网站的业内人士的指导。

处理网络的违法和有害情报的对策。防止网络的违法和有害情报对学生造成不良影响,要切实开展网络巡逻,坚决取缔网络违法情报。此外,为加强与网络违法和有害情报相关的国民使用窗口机能,要设置专门窗口对违法和有害情报进行通报。要继续对这方面的相关技术进行研究。

加强对外国人入境日本的管理。为了从根本上阻止恐怖人员、犯罪嫌疑人员或以非法目的滞留日本的外国人等进入日本,要继续严格实施入境审查,同时与相关机构开展合作,完善出入境审查体制,并推进防止伪造文书对策的实施。

2.防止再次犯罪

防止再次犯罪的对策。针对服刑人员以及处于观察中的人员,制订"处理性犯罪人员计划表",并迅速实施。同时,为了防止犯罪再次发生,还要充实保释审理和观察的内容。

共享出狱后情况。法务省以及警察厅之间共享关于对学生实施暴力性的性犯罪人员的情报,针对这些人员采取措施,防止其出狱后再实施犯罪行为。相关省厅共同合作,持续推进措施的落实,检查其效果,对抑制性犯罪的对策进行研究。

对不正当利用电信服务的案例进行调查和研究。对利用网络的非法和有害情报、匿名性强的移动电话进行犯罪,利用新手法以及不正当利用电信服务等情况,进行调查分析。

第三节 对日本中小学法治教育的反思与启示

一、中小学法治教育应丰富和创新课程教学内容

日本的中小学法治教育内容涵盖规则的制订、社会秩序的遵守、家庭和社会的管理，以及民主政治等，并根据中小学生的不同学段特点，形成社会课、公民课、家庭课、生活课等一系列独特的法治教育课程体系，力求将中小学生身边的日常生活问题当作素材，让学生将所学法治教育有关知识和思维方式运用到实际生活中，引导学生养成法治思维，做遵守法律和规则、参与公正社会事务的公民。因此，日本中小学法治教育内容的一大特色是，结合中小学生的日常生活实际，将法治教育内容与家庭责任、体育游戏、日常礼仪、道德实践、社团活动、消费事项、生活保健等主题紧密联系起来，使这些主题内容与法治教育实现关联和贯通，彼此互为媒介或素材，从而让学生在开阔的视野下和真实的生活中真切地感受、领悟所学知识，思考法治教育知识在生活中的体现和运用，由此培养法治意识和法治思维，为未来成为守法公民和参与公正社会事务打下坚实的基础。比如，在中小学法治教育课程框架下，小学生的生活课和家庭课指导小学生通过具体的活动和体验培养遵守规则和礼节等生活上和家庭中必要的习惯；小学生的体育和保健课培养小学生遵守体育与游戏规则的意识等；小学生的特别活动课通过组织社团活动、发展共同兴趣和爱好，培养小学生养成遵守安全行为规范、集体行动规则、公共道德和法律法规的习惯；初中生的社会课指导学生思考个人与社会的相互关系，关注家庭关系中个人的尊严、两性的平等本质和个人的责任等。

中国的中小学法治教育主要通过思想品德课或思想政治课或道德与法治课来进行，法治教育的内容较为单一，不像日本的法治教育内容那样发散：除了涉及规则的制订和社会秩序的遵守等“直接”法治知识，还涉及家庭和社会的管理等“间接”法治知识；法治教育的具体课程设计不像日本的法治教育课程那样紧密联系不同年级和学段的中小学生的家庭、体育、消费、团体活动等日常生活；法治教育的具体教学通常是让学生学习有关的简要法律概念和条文，不太关注和强调让学生思考法治教育知识在生活中的具体表现和运用以及培养学

生的法治意识和法治思维。

为此，中国的中小学法治教育应该注重吸收和借鉴日本中小学法治教育的合理内容。即使中国的中小学法治教育继续纳入思想品德课或思想政治课，法治教育板块本身的内容也要完善、丰富、创新。设计中小学法治教育的内容框架时，可以参考日本中小学法治教育课程内容，强化法治教育内容中的“规则”和“权利”，使中小学法治教育的内容涵盖法律规则的制定，社会秩序的遵守，正确的权利观和义务观，家庭和社会的管理，等等；同时，法治教育的具体内容要学习日本的法治教育课程内容设计，紧密联系不同年级和学段的中小学生的家庭、消费、体育、团体活动等日常生活，将法治教育内容与家庭责任、体育游戏、日常礼仪、道德实践、社团活动、消费事项、生活保健等主题紧密联系起来，以此提高学生提高学习法律知识的趣味性和主动性，并让学生在学习有关法律概念和条文的同时，思考法治教育知识在生活中的体现和运用过程，并培养学生的法治意识和守法习惯。

二、中小学法治教育应充分调动包括法律职业群体在内的广大社会力量

法律职业群体是通过专门法律教育和职业训练，形成具有一定的法律知识背景、相通的法律思维方式、统一的法律语言的职业共同体，具体是指各种专门从事法律工作的人员，即法律职业者，包括法官、检察官、警察、律师、公证人员、法律顾问和法学教研人员等。在日本，社会各界尤其是法律职业群体，积极参与中小学法治教育。日本法务省推动最高法院、法务省、日本律师联合会及司法书士联合会等诸多机构协调合作，积极推进中小学法治教育。法院派遣法官作为讲师去学校，谈体验、讲演、回答学生的疑问。检察厅和刑事局主要针对中小学生开展移动教室计划、上门服务计划、刑事审判旁听计划等。保护局积极开展中学生支援行动计划。人权拥护局开展中学生人权作文比赛，由人权拥护局、法务局的职员组织人权教室。司法援助中心对中小学教师的法律教育开展授课活动，协助中小学生开展自主调查研究，提供法律信息资料等。法学研究者积极开展针对高中生的上门授课和体验授课。律师联合会消费者问题对策委员会向中小学生宣传介绍有关消费的法律问题。司法书士协会在全国各地开展以“身边的法律问题”为主题的法律教室活动，在公民馆活动、家长教师协会活动中举行演讲会。司法书士在中小学生的公民课和家庭课中，以信用、合同为主题制作短剧，使授课更加易于理解。文部省动员社会力量开展青少年法

治教育工作。有关预防青少年违法犯罪的行政机关、团体和民间志愿者等，如成年人辅导员、未成年人警察协助员、未成年人指导委员，组成少年辅导中心，开展街头辅导、少年商谈、未成年人规劝、心理判定等一系列卓有成效的预防青少年违法犯罪工作。“家长教师协会”通过在中小学开展活动，促进社会教育、家庭教育和学校教育的协作，推动净化教育环境和社会环境，防止欺侮、不良行为等问题。

当前，与中国的中小学法治教育有关的政党机关及有关社会团体组织都意识到中小学生法治教育的重要性，也都根据各自特点开展了一些中小学法治教育活动，但因受各种主观客观条件的限制，各有关机构或团体缺少有效的协调与配合制度机制，尤其是学校、社区、家庭之间的衔接配合存在空白和断档，目前的中小学法治教育工作还没有真正形成一股有效的合力，社会各方组成的一体化法治教育网络还不够健全完善。比如，中国的家校合作在开展法治教育过程中不够深入。中国一般以家长会或家访的形式维系家长与学校的联系。学校与家庭在中小学生法治教育方面的交往多以家长会形式出现，但家长会在一个学期内举行的次数有限，而且教师短时间面临众多学生家长，并多以学业成绩为主要交流内容，因此学校与家庭合作的效果并不理想。只有当学生出现违反校纪或违法问题时，学校才与家长取得联系并对学生进行补救式的法治教育。另外，很多中学设立了家长委员会，但它大多针对学校硬件设施建设等方面进行完善，对学生道德教育和法治教育所起的作用甚微。[①] 再比如，各级普法机构每年都把中小学生列入年度普法重点对象，但往往是普法机构唱独角戏，学校教育、家庭教育、社区教育未能有机配合，这也制约着中小学法治教育工作向纵深发展。

为此，中国的中小学法治教育应借鉴日本中小学法治教育实践的有关做法，结合自身国情和各地的区情和校情，充分发挥法律职业群体和其他社会力量在中小学法治教育中的不同作用，形成开展中小学法治教育的有效合力，推动中国中小学法治教育向纵深发展。

各级普法机构要充分发挥其职能作用，采取多种途径和方式，多视角、全方位开展法治宣传教育。要建立家庭教育咨询机构，开展各种家庭教育讲座、展览、咨询等活动，开办家庭教育广播电视节目，提高家长的法治观念和家教水

①廖建翔.中日青少年法制教育比较[D].天津：天津师范大学，2014：21.

平。广泛开展“学法守法”教育活动和传统教育，以老党员、老干部、老模范等群体为主要力量，强化中小学生对孝敬父母等基本社会规范和遵纪守法的理解和认同。

法律职业群体，如法官、检察官、警察、司法所、调委会的司法员、调解员等，要结合具体情况，制订切实可行的中小学法治教育计划，通过专题讲座、以案释法、现身说法等形式进行生动的法治教育，对中小学生遇到的涉法问题，适时提供法律服务，帮助他们处理纠纷，解决在学习和生活中遇到的实际问题。政法机关和教育部门要大力支持和协助各中小学积极开展法治教育活动，为中小学生学习创造安定的环境。司法机关工作人员，如法官、检察官和警察，要在有关机构的协调下，与中小学建立常态化的法治教育协作机制，定期担任中小学校法治教育辅导员，开展“送法进校”活动，举办法治讲座和案例讨论，增强中小学生的法律意识。

中小学应将法治教育贯穿于各学科的教学和校园活动中。如在体育卫生课中学习“规则”和“防止犯罪被害”等，并以戏剧表演等各种形式形象地反映出来。有条件的中小学可结合近年来未成年人刑事犯罪现状，在校内开设模拟法庭，通过法官和检察官鲜活的案例，提醒中小学生遵纪守法，提高维权和自我保护能力。同时，中小学要建立健全家长委员会、开办家长学校等，提高家长的法治观念，与学生家长建立常态化的联系，协力做好中小学生的法治教育工作。

高校法学院可组织法学专业的大学生到中小学讲解、宣传基础法律知识。这既有利于锻炼法学院学生的口头表达能力和实践能力，又有助于加强中小学生的法治意识，引导中小学生规范自身行为，成为遵纪守法的公民。

居委会、村委会要协同家长，提高家庭文明程度，杜绝家庭暴力，维护未成年人的合法权益，并教育中小学生养成依法行事的观念和习惯。

各地的共青团应广泛发动社会力量，加强中小学法治教育宣传活动。各地团委应协调司法力量进行法治宣传，发挥法治教育和道德教育的双重作用。

新兴媒介要立足中小学生的特点和普法工作重点，深入开展守法短信评选、网微访谈、微电影大赛等活动，帮助中小学生自觉接受法治教育。青少年法治服务平台要不断健全完善，充分发挥模范守法的优秀青少年的作用，深化零犯罪社区创建工作，把法律宣传与法律援助、法律服务、安置帮教、矛盾纠纷排查化解等有机结合起来，为广大青少年提供全方位的法治教育服务。

同时，进一步推动社会治安综合治理。有关部门及社会团体要齐抓共管，营造中小学生法治教育的良好社会氛围。要强化社区依法治理，帮教社会闲散青少年，采取行之有效的措施帮教有不良行为的青少年，尽快形成严密有效的安置帮教网络，防止有不良行为的青少年对在校的中小学生造成不良影响。要充分发挥学校和社区共青团、少先队组织以及其他群众组织的作用，开展普法教育和各种有益于中小学生身心健康的文化娱乐活动。同时，要加强文化娱乐场所管理，开展有益于中小学生身心健康的文化娱乐活动。有关部门要彻底整治学校周边环境，规范、整顿非法营业的各种网吧，加大“扫黄打非”的力度，防止其对中小学生产生不良影响。

第八章　中国的中小学法治教育展望

第一节　中国中小学法治教育现状

一、中国中小学法治教育的历史回顾

1986 年 6 月，邓小平同志在中央政治局常委会上，专门针对加强青少年法制教育问题指出：加强法制教育重要的是进行教育，根本问题是教育人，法制教育要从娃娃抓起，小学、中学都要进行这个教育。此后，全国范围内开始开展全民普法教育，贯彻提高全民法制观念和法制教育要“从娃娃抓起”的战略思想，并始终把青少年作为法制教育的重点。

自从 1986 年“一五普法”以来，我国中小学法制教育发生了巨大的变化。法制教育课程被纳入了中小学课程计划及教学大纲中。1995 年 12 月，国家教委、中央社会治安综合治理委员会办公室、司法部印发的《关于加强学校法制教育的意见》提出：学校法制教育是培养学生社会主义法律意识、增强法制观念的重要途径，是实现依法治国的百年大计；学校法制教育的任务，是通过向学生传授必要的法律基本常识和基础理论知识，使学生对社会主义法律制度有初步的了解和认识，增强法律意识，自觉地遵纪守法。小学法制教育主要是使小学生初步了解一些与日常社会生活密切相关的法律常识，进行法制观念的启蒙教育，逐步培养学生分辨是非的能力，从小养成遵纪守法的好品德；中学法制教育主要是对学生进行社会主义民主与法制观念教育，使他们知道法律的作用，了解我国法制的原则，帮助学生树立宪法权威的观念和依法享有公民权利、依法履行公民义务的观念，知道公民应依法办事，违法必受制裁，提高遵纪守法的自觉性，树立社会责任感，同时要注意从公民与法律、道德与法制、民主与法制、国家政权制度与法制关系等方面，对学生进行依法治国、依法办事的教育；充分利用校园这一特定的文化传递空间，发挥各有关课程在进行法制教育方面的作用

和功能，同时要以课程教学为主要渠道，形成课内课外、校内校外紧密结合的学校法制教育的网络和体系；中小学要采取校内外相结合的方式开展法制教育，在校内主要通过课堂教学、课外活动和日常的思想教育进行，在校外通过家庭和社会教育进行；进一步完善学校法制教育制度，使学校法制教育工作逐步走向制度化、规范化、科学化。

1996 年 5 月，第八届人大第 19 次常务会议通过的《关于继续开展法制宣传教育的决议》指出：通过继续深入进行以宪法、基本法律和社会主义市场经济法律知识为主要内容的法制宣传教育，进一步增强全体公民的法制观念和法律意识；一切有接受教育能力的公民都应当接受法制宣传教育，努力学习宪法和有关的法律知识，做到知法、守法，依法维护国家、集体和个人的合法权益。青少年应当具备必要的法律知识，中小学应当开设法制教育课，基层组织应当抓好社会青少年的法律常识教育。

全国“二五”“三五”和“四五”普法期间，中小学积极贯彻全国人大的上述决议，在中小学相继开设了法制教育课。同时，按规定，每所学校都要聘请学校辖区派出所的民警担任学校法制副校长，定期进行法律宣传。

1999 年 12 月，教育部印发的《关于加强教育法制建设的意见》指出：社会主义民主与法制建设的不断深入，要求完善教育法律制度，保障公民的受教育权和人民群众参与教育事业管理的权利；切实保障适龄儿童和青少年受教育的基本权利，坚决制止侵犯学生合法权益、特别是损害未成年人身心健康发展的违法行为，保障学生的健康成长；加强对各级各类学校教育普法工作的指导，在广大教师、学生中开展法律、法规学习和法制教育，并面向社会，采取多种形式宣传教育法律，促进形成知法、守法、依法履行职责和规范行为的社会氛围，为全面实施依法治教奠定基础。

2002 年 10 月，教育部、司法部联合下发《关于加强青少年学生法制教育工作的若干意见》，提出要进一步加强对青少年学生的法制教育，不断提高广大青少年学生的法律素质；完善在校学生知识结构，使法律知识成为各级各类学校的必修课内容；根据不同学龄阶段学生的生理、心理特点和接受能力，有针对性地开展法制教育；小学法制教育要对学生进行法律启蒙教育，运用生动、形象的教学方式，向学生普及有关法律的基本常识，培养他们的爱国意识、交通安全意识、环境保护意识、自护意识，以及分辨是非的能力，从小养成遵纪守法的好品德；中学法制教育要着重进行社会主义民主与法治观念教育，增强学生的国家意识、权利义务意识、守法用法意识，进行预防未成年人犯罪教育，使学生明辨是非，提高自我约束、自我保护能力，预防和减少违法犯罪行为；逐步将法制教育纳入教学大纲，纳入教学计划，真正做到计划、教材、课时、师资"四落实"；坚持校内教育与校外教育相结合，组织生动活泼、寓教于乐的法制实践活动；完善兼职法制副校长和法制辅导员制度，在中小学推行兼职法制副校长制度，从政法机关选派政治觉悟高、有责任感、业务精、宣讲能力强的政法干部到所在辖区中小学校兼任法制副校长，协助学校开展法制教育和校园周边治安综合治理工作；完善和规范青少年学生法制教育的内容，巩固课堂教学主渠道，提高法制课质量；注重法制内容向其他学科的渗透教育，增强学习效果；积极开辟第二课堂，开展学法用法实践活动，加强青少年法制教育基地建设；推进青少年学生网络文明行动，利用网络开展法制教育，提高自我保护意识；建立政府部门与家庭、学校、社会联动机制，将法制教育纳入学校教育质量和学生综合素质评估体系。

2007 年 7 月，中央宣传部、教育部、司法部和全国普法办联合制订了《中小学法制教育指导纲要》，明确提出了开展中小学法制教育的主要任务，即努力培养中小学生的爱国意识、公民意识、守法意识、权利义务意识、自我保护意识，养成尊重宪法、维护法律的习惯，帮助他们树立正确的人生观、价值观和荣辱观，树立依法治国和公平正义的理念，提高分辨是非和守法用法的能力，引导他们做知法守法的合格公民；同时，系统提出了中小学法制教育的具体内容。该指导纲要还要求充分发挥学校课堂教学的主渠道作用，把法制教育与相关学科教育有机融合在一起，并积极与其他各种专项教育相结合，努力形成多角度、宽领域、全方位的法制教育新格局；根据青少年学生成长的特点和接受能力，贴近实际，贴近生活，贴近学生，增加吸引力和感染力，提高教学的针对性和实效性；加强青少年校外法制教育阵地建设，努力推进法律知识教育和法治实践教育相结合。

2011 年 4 月，全国人大常委会通过的《关于进一步加强法制宣传教育的决议》提出，深入学习宣传以宪法为统帅的中国特色社会主义法律体系，进一步增强公民的宪法意识和社会主义民主法治观念，形成崇尚宪法、遵守宪法、维护宪法权威的良好氛围；进一步增强法制宣传教育的针对性和实效性；根据青少年的身心特点和接受能力，结合道德品质教育和公民意识教育，有针对性地加强法制宣传教育，努力培养青少年遵纪守法的行为习惯；进一步丰富法制宣传教育的形式和方法；保证中小学校法制教育课时、教材、师资、经费“四落实”。

2011 年 8 月，教育部印发《全国教育系统法制宣传教育第六个五年规划》，指导各地中小学全面、规范地开展青少年法制教育，在中小学课程中有针对性地增加法制教育内容。该规划对中小学法制教育的原则、目的、途径以及措施等都进行了详细规定，强调学校法制教育的各个阶段都要突出宪法教育，要使学生逐步理解和掌握宪法规定的公民权利和义务，增强宪法意识、爱国意识、公民意识和民主法制意识。

2013 年 6 月，由教育部、司法部、中央综治办、共青团中央、全国普法办联合发布的《关于进一步加强青少年学生法制教育的若干意见》，提出“把社会主义法治理念贯穿于大中小学法制教育全过程”“将法制教育纳入学校总体教育计划”。该意见提出，中小学要落实好品德与社会、思想品德、思想政治课中的法制教育内容；支持中小学在语文、历史、地理等课程中有针对性地渗透法制教育，在安全、环境保护、禁毒、国防等专题教育中突出法制教育内容；学校可利用新生入学教育、主题班会等形式开展法制教育活动。意见提出了一系列鼓励和支持学校开展法制教育的建议，如：鼓励和支持地方编写出版符合中小学学生认知特点和理解接受能力的法制教育教学资源；鼓励学校组织模拟法庭、法制征文、法制绘画等活动；让学生参与学校建章立制过程和社会公共事务，提高学生的公民意识和法律运用能力；鼓励各地开发网络教育课程，使农村和边远贫困地区学生都能够接受到法制教育；充分利用全国法制宣传日、禁毒日等时间节点，集中开展相关的法制宣传教育主题活动。意见表示，要积极探索在中小学设立法制教育专职岗位，鼓励高校法律专业毕业生到中小学任教，鼓励其他教师参与法制教育；学校要将法制教育纳入学校工作总体规划和年度计划，将所需经费纳入年度预算；各级人民政府教育督导机构要将学校法制教育纳入教育督导范围。

2014 年 10 月，中共第十八届四中全会强调要加强宪法实施，在全社会普遍开展宪法教育，弘扬宪法精神；同时，要求将法治教育纳入国民教育体系，从青少年抓起，在中小学设立法治知识课程。先前所提的“法制教育”从此改为“法治教育”，寓意深远，凸显了法治社会的新要求。法制是指法律及相关制度；法治与人治相对，是依据法律治理国家的理论、原则和方法。与此相对应，法治教育是有关依据法律治理国家的教育，而法制教育是有关法律及相关制度的教育。

2014年11月，第十二届全国人大常委会第十一次会议审议通过了《关于设立国家宪法日的决定》，将现行宪法公布施行的日期，即12月4日设立为国家宪法日；提出国家通过各种形式开展宪法宣传教育活动，增强全社会的宪法意识，弘扬宪法精神，加强宪法实施，全面推进依法治国。以立法形式设立国家宪法日，形成了在全社会弘扬宪法精神的良好氛围，也为中小学开展法治教育明确了新的重点，这对于中小学生培养、树立、维护宪法意识，维护宪法权威，捍卫宪法尊严，起到了积极作用。随后，教育部、司法部在全国40万所中小学开展"晨读宪法"活动，地市级以上党报、党刊统一刊登宪法宣传公益广告，营造学习宣传宪法的浓厚氛围。

2016年1月，教育部印发《依法治教实施纲要(2016—2020年)》，提出到2020年建立科学、系统的学校法治教育课程、教材、师资体系。同时，全面加强学生法治教育，把培养学生法治观念放在教育工作的突出位置，实践法治的育人功能；编制《青少年法治教育大纲》，明确各学段法治教育的目标、任务、内容和要求，切实将法治教育纳入国民教育体系；整合各种社会资源，争取财政专项支持，积极推动青少年法治教育实践基地建设，到2020年，争取在每个地级市至少建立1个实践基地；采取政府购买服务等方式，推动中小学生以多种方式参加法治教育社会实践；健全青少年法治教育支持体系，加大以教育部全国青少年普法网为核心的各级教育普法网建设，充分利用网络手段，促进优质法治教育资源的普及与推广，到2020年做到全面覆盖；持续开展青少年法治教育课件大赛、青少年法治知识网络大赛，创办青少年法治教育专业期刊，支持创办大学生法治文化节等活动；建立青少年法治教育协同创新机制，大力推动对青少年法治教育的研究与资源开发；积极利用中外人文交流机制等平台，推动青少年法治教育的国际交流与合作；完善与人大、司法及有关行政部门、社会组织的合作机制，健全青少年法治教育的社会支持网络，加强学校法治副校长、法治辅导员、法治教育志愿者队伍建设；提升中小学法治教育教师专业素质和教学能力，到2020年每所中小学至少有1名教师接受100学时以上的系统法律知识培训，能够承担法治教育教学任务，协助解决学校相关法律问题。

2016年4月，司法部在向全国人大常委会报告"六五"普法决议执行情况时表示，"六五"普法期间，教育部会同司法部等部门推动把法治教育纳入国民教育体系，完善学校、家庭、社会"三位一体"青少年法治教育格局；青少年法治教育得到深入推进，96.5%以上的中小学配备了法治辅导员；各地积极落实青少年法治教育教材、课时、师资、经费，全国共建立青少年法治教育基地3万多个；司法部、共青团中央每年举办青少年网上法律知识竞赛，共吸引1000多万名青少年参加；特别是12月4日被确定为国家宪法日后，全国有40万所中小学开展了“晨读宪法”活动。

2016年6月，教育部、司法部、全国普法办研究制定了《青少年法治教育大纲》，要求以培育和践行社会主义核心价值观为主线，以宪法教育为核心，全面提高青少年的法治观念和法律意识；教育青少年牢固树立规则意识、诚信观念、契约精神，尊崇公序良俗；加强青少年法治教育，使青少年从小树立法治观念，养成法律思维习惯和行为方式，促进青少年健康成长、全面发展，培养社会主义合格公民；要求推动把法治教育纳入国民教育体系，落实法治教育教材、课时、师资、经费，完善学校、家庭、社会“三位一体”青少年法治教育格局。

从中小学法治教育的进展过程来看，中小学法治教育经历了从传授法律知识到培育法治观念、法律意识的转变，法治教育的工作机制逐步完善，法治教育的内容不断趋于科学、实用，法治教育的形式和方法逐步走向多元化。

二、中国中小学法治教育中存在的问题

（一）有些职能部门和中小学对法治教育的重要地位和作用认识不足

中小学法治教育是素质教育的重要组成部分，而学校是中小学生法治教育的主阵地。但由于一些职能部门和学校领导认识上的偏差，中小学法治教育在有些地方和有些学校有被忽视和淡化的现象。

由于应试教育的影响，升学率成为有些职能部门和中小学对教育成果、教育政绩进行评判的主要标准。这些职能部门和中小学没有充分认识到开展中小学法治教育对培养中小学生未来成为具备法律素养和权利、义务意识的合格公民的重要意义以及对促进中小学生健康成长和全面发展的重要价值，依然热衷于围绕中考和高考指挥棒转，导致这些职能部门和学校不同程度地存在着重智育轻德育和法治教育、重分数轻素质的倾向。虽然有些中小学校领导也认为法治教育非常重要，但心里却深感无奈，因为法律知识目前还不是学生中考和高考的必考内容，各中小学没有统一的、专门的法治教育课时，没有统一的法治教育教材；在课程安排上，法治课课时被主课占用，没有专门的、精通法律学科的法治教育课教师，学用脱节、学考脱节的现象较为严重。因而，应试教育的功

利化导向使得学校法治教育得不到真正的重视。法治教育只能处于“副课”的地位，往往是“说起来重要，做起来次要，忙起来不要”。更有甚者，某些学校为了应付上级的任务，把法治教育当成政绩工程来抓，这样的法治教育只能是流于形式，形式远远大于实质内容。同时，有些学校即便开展法治教育，其具体内容也侧重于传授法律知识，以预防和减少青少年违法犯罪为主，而对中小学生一生最为有用的法律素质、法治意识等的培养和树立则被放在次要的地位。

（二）中小学法治教育缺乏整体规划和设计

当前，不少中小学的法治教育缺乏完整、科学的整体框架设计，在法治教育的组织领导、专业教师等方面，缺乏整体的统筹规划和系统设计，导致法治教育无法真正开展，或开展效果大打折扣。

1.缺乏专门的组织机构和业务领导者

在大多数中小学，没有统一的法治教育组织领导机构，没有统一的法治教育计划安排，也没有统一的评估检查具体标准。在法治教育方面，中小学没有专门的硬任务、硬指标。不少中小学忽视法治教育，因为法治教育是否开展对于学校来说都是一样，并没有明显的区别，尤其是小学阶段基本上不组织专门的法治教育，学校领导或者班主任只有在班会上或升旗仪式上进行有关遵守校规校纪、道路交通安全、远离毒品等问题的一般性宣传。

中小学校长是开展法治教育的重要主体，他们对法治教育的认识水平及法治意识是开展学校法治教育的关键因素。但是，当前大多数校长对法治教育的认识水平不高，法治意识不强。有的校长对法治教育的重要意义认识不足，其教学管理的重心落在升学率上，对法治教育没有统一的科学规划，只在形式上确定了法治教育的组织机构、人员安排、教学计划等，但没有认真、细致、有效地落实法治教育的教学和有关课内外活动；有的校长自身的法律知识、法律素养、法律意识欠缺，对基本的法律概念都感觉生疏，不能有效利用法律手段处理矛盾和纠纷。少数校长甚至无视法律，无视教师和学生的法定权利，对学校重大问题不依法依规做出规范处理；有些工作中的决策和行为违背国家政策和法律规定，如解决学校教育经费困难问题时，向学生收取规定之外的勤工俭学费等不合理费用，向学生摊派学习用品费用，牟取非法利益。这些缺乏法治意识甚至无视法律的校长的行为，使学校处于漠视法律的状态。这些校长，作为学校管理者，其法律意识和法律素养的落后很大程度上影响了该校法治教育的效果，甚至让法治教育形同虚设。

聘请法治副校长或法治教育辅导员担任中小学法治教育的主要领导人，是当前中小学开展法治教育工作的重要途径。然而，法治副校长或法治教育辅导员的工作也存在明显不足。主要问题是：有些政法干警担任兼职的法治副校长或法治教育辅导员工作后，因忙于自身单位的本职工作，无暇全身心地配合中小学投入学校的法治教育工作，同时还受中小学课程安排和兼职时间等因素的制约，不能满足中小学法治教育的现实需要。另外，他们还缺乏教育教学工作的基本技能，教学语言、行为有待规范；在学校的组织管理和保障措施、工作制度等方面也亟须健全与完善。例如，政法干警担任法治副校长后，利用手中的典型案例，举办一些模拟法庭，或做法治教育辅导报告，其重点内容大多涉及青少年犯罪，结果无形当中错把中小学生当作潜在的犯罪危险群体，把预防犯罪当作中小学开展法治教育的主要目标。

2.缺乏专业的法治教育师资队伍

当前，中小学法治教育的专业师资配备不足。一是法治教育教师专业背景薄弱。从我国目前高校的专业设置来看，法律专业通常不是师范类专业，这也就意味着接受过专门的法律教育的高校毕业生大多不会进入中小学工作，所以对中小学生进行法治教育的教师大多缺乏必要的法律知识、法律素养、法治意识。事实上，学校法治教育教师的专业背景大多为一般文科专业或思想政治类专业，具有法律专业背景的教师很少，法治教育教师的法律知识结构比较薄弱，法律素养不高。由于专业局限，他们甚至连学生的法律疑问都难以做出正确、全面的回答。而新的法律又不断颁布，如施教者知之甚少，就难以胜任法治教育的教学工作。更有甚者，少数法治教育教师法律素养差，不知法、不懂法、不守法。例如，有的体罚学生，侵犯学生的人身权利；有的时常勒令学生停课回家，剥夺学生受教育的权利。这样的法治教育教师显然无法胜任法治教育的教学工作。二是法治教育教师由非专业教师兼任无法有效开展法治教育的教学。现在的中小学很少或没有专门的、专业的法治教育教师，法治教育教师大多由思想与品德、品德与社会、历史与社会、思想品德、思想政治课教师或班主任兼任。思想政治课及有关课程的教师大多毕业于高校政教系，而政教系的课程设置基本是哲学、政治经济学、科学社会主义常识等内容，有关法律知识多为法学概论、法学基础理论等基本的法律常识类知识，法学专业知识不够专业和深入，这就导致许多思想政治教师在法律专业知识、法律素养方面的欠缺。许多思想政治教师通常把法律知识分解成一个个知识点让学生背诵，拿不出像样的符合实际的案例进行教学，没有掌握必要的法律专业知识，也缺乏有效、专门的法治教育的教学培训，更没有法律实践的经验，所以难以成功地达到开展法治教育的教学目的。班主任和学生接触机会最多，可通过日常交流和班会课等机会对学生进行法治教育，但大多数班主任不具备法律专业知识，加之学校过于重视升学率，没有系统的、专门的法治教育的教学安排，不少班主任对法治教育不予重视，导致法治教育流于形式。三是从校外聘请的政法系统和其他从事法律业务的在职或退休人员，虽然具有丰富的法律理念、知识和经验，但因其不了解中小学生的心理和接受能力，又缺乏教育学和心理学有关知识和教学经验，他们也非完全称职的法治教育教师，其法治教育的教学效果也会受到限制。

(三)中小学法治教育的方法重知识灌输轻实践性活动

当前，中小学法治教育基本仍然停留在法律理论和知识的“灌输”阶段。总体上看，法治教育还只是一种法律常识知识教学，而非法治意识教育。千篇一律的法律基础课堂说教和书本法律知识的传授，显然与法治教育希望达成的法律素养、法律意识的养成目标相差甚远。大多中小学在法治教育的教学方面，以静态、单向、僵化的说教或灌输为主，往往照本宣科，学生始终充当被动听讲、记忆法律知识的角色，缺乏对法律知识、法律理念、法治意识的自我感悟及内化过程，难以形成实际参与社会生活所需的法律意识和能力。尤其值得一提的是，法治教育的教学内容不能紧扣学生成长过程中遇到的实际法律问题，教师很少把法理融入生活中，配以时事热点释疑解惑，让学生信服法理并逐步培养法律思维和法律意识。[①] 有些教师虽然有时会结合案例“以案析法”，但所选案例大多脱离学生现实生活，无法引发学生兴趣和共鸣；有些教师只顾完成教学任务，很少启发学生独立思考和提出个人想法或质疑，所讲授的法律知识无法使学生从内心深处真正接受和认可，无法让学生将法律知识内化于心，并真正培养法治意识。整体上看，我国中小学法治教育没有充分发挥学生的主观能动性，仅强调外在灌输，法律内容空泛、抽象，脱离学生的实际生活。这不仅难以激发学生的兴趣，也很难培养学生的法治意识和应用法律的能力。

长期以来，中小学法治教育主要限于让学生机械、被动地接受法治教育知

①任淼.我国中小学法制教育现状及反思[J].现代教育管理，2014(2)：54.

识，忽视了学生的主体性和能动性的发挥，以及对学生体验性、实践性法治教育活动参与能力的培养。这样培养出来的学生，难以结合生活实际成为积极主动的法治实践者和纠纷解决者。有的学校热衷于利用学校法治教育做宣传、走形式，不注重开展生动活泼、形式多样、适合不同兴趣爱好学生的参与性、体验性的法律实践活动，不关注把理论知识融入学生日常生活从而真正让法治教育回归学生的现实生活，进而切实提高法治教育的实效性。比如，不少学校的法治教育课很少引导学生开展互动学习、主动学习和体验式学习，很少运用图片解说、游戏活动、情景剧、角色扮演等教学方法在课堂上展示日常生活中遇到的法律问题，引导学生思考、讨论从而使其形成法治思维和运用能力；不注重巧妙利用消费者权益日、国际禁毒日、国家宪法日等纪念日开展宣传法治教育活动，普及法治知识并让学生从中受到法治教育；很少组织学生通过“模拟法庭”、“我来当法官”、观摩法庭审判等活动提高对法治教育的兴趣和参与性，以及对法治精神的内心认同；很少让学生参与社团、法治实践等活动以提高学生对法治教育的参与性和加强学生与社会的互动。

（四）社会参与体系不够健全

当前，学校、社会、家庭多方参与的中小学法治教育体系还没有完全形成，法治教育的一体化参与体系还有待进一步加强和健全。

1.中小学在开展法治教育过程中争取社会支持和参与的力度有待加强

中小学在开展法治教育工作过程中，还没有与立法机构、司法机构和社会团体等形成稳固、常态化的合作机制。学校与社区的合作互动有待加强。有些学校还不太重视引导学生走进社会，参加社区实践活动。学校在开展法治教育过程中的国际交流与合作有待进一步深化。另外，学校在开展法治教育过程中吸收和利用社会资源的渠道还有待拓宽，争取司法机构、社会团体等在人力和物力方面对中小学法治教育进行支持的力度有待加强；学校还有待加强与立法机构、司法机构和其他法律职业群体的联系，并充分整合当地德育、教研、科研等部门的力量，进行法治教育的研究和实践。

2.政府机关参与中小学法治教育程度有待加强

目前，政府有关机关参与了中小学法治教育，但参与程度有待深入。这些机关都深刻意识到中小学生法治教育的重要意义和价值，也都根据各自特点开展了一些中小学法治教育活动，但因受各种主观客观条件的限制，这些机构与中小学缺少一套科学有效的协作机制，还没有真正形成一种有效合力。另外，各级普法机构每年都把中小学生列入年度普法重点对象，但往往是普法机构唱独角戏，与学校教育、家庭教育、社区教育未能有机配合，从而制约着中小学法治教育工作的纵深发展。

3.社区等团体组织中小学生开展法治教育实践活动较为有限

由于受资金、场地、专业人员等条件的限制，社区向中小学生开展法律咨询和法治教育实践服务还没有形成常态化的制度。大多社区受条件限制，还不能与法律咨询组织和律师合作，针对中小学生日常学习和生活中的矛盾和纠纷，或有关他们家庭、教育、债务纠纷、社会救济等领域的常见法律问题，为中小学生提供现场咨询、网站答疑、电话连线等免费法律咨询服务；社区也还不能向中小学生提供足够多的法治教育实践机会和条件。其他有关社会机构和组织也不能常态化地创造条件与中小学开展联系和交流，向中小学生提供参观、考察、学习、感受和反思法律问题和真实案例的机会。另外，全国青少年普法网和其他各级教育普法网还没有在全国各地的中小学全面、有效地覆盖，还有待进一步发挥更大的积极作用。

4.法律业务人员提供法律专业服务和有关法治教育实践活动的力度有待加强

各种专门从事法律业务的人员，如法官、检察官、警察、仲裁人员、调解员等，还缺乏统一、可行的中小学法治教育实践活动支持规划，还不能常态化地通过专题讲座、以案释法、现身说法等形式针对中小学生开展生动的法治教育，也不能对中小学生遇到的涉法问题适时提供法律服务，解答中小学生在学习和生活中遇到的实际问题。有的司法工作人员，如法官、检察官和警察，经与中小学合作商讨，担任中小学校法治教育辅导员，开展“送法进校”活动，举办法治讲座和案例讨论，但这些司法工作人员平时工作繁忙，时间、精力有限，无法按学校的常态化课程和课时要求，定期到学校开展法治教育，同时有些司法工作人员在教育教学方面的知识和经验有限，也影响了他们开展法治教育的效果。另外，有些司法人员能让中小学生亲临法院、检察院等司法机关进行参观、学习、旁听案件、现场研讨，但他们提供的机会和时间有限，无法实现这些活动的常态化。

5.中小学生网络活动的安全管理还不完善

虽然有关部门非常重视保护中小学生的网络活动安全，始终把保护中小学生的上网安全置于重要位置，但是立法机构还没有制订专门的针对青少年网络活动安全管理的法律法规，涉及网络活动安全的立法内容还渗透于存在重叠、矛盾和抵触现象的相关法律、行政法规和部门规章中。同时，网络活动的安全管理主要采取行业化的监管模式，由国务院统筹协调，基于不同部门职责权限的特点，在各自领域内设立专门机构开展中小学生网络活动的安全监管，造成监管重叠、监管不力、监管缝隙、监管矛盾等问题。

6.家庭参与中小学法治教育活动不够深入

目前，家庭教育通常把主要精力放在孩子的学业成绩的提升上。不少家庭用大量的时间让孩子参加各种学习培训班，但对孩子的法治意识、法律素养的培养不够重视。同时，家庭参与孩子的法治教育的能力也有限。由于我国没有建立起健全的社会教育制度为家庭教育提供有效帮助，尤其还无法经常性地对弱势家庭和教育方面有困难的家庭，根据其需求、特点、兴趣等提供相应的家庭教育服务，也无法常态化地以咨询、指导等方式帮助解决家庭矛盾冲突，更无法针对专门的法治教育问题定期向家庭提供咨询服务，导致有些家庭在对孩子进行法治教育上心存急切的愿望但缺乏这方面的能力。另外，家校合作在开展法治教育过程中也不够深入。家庭与学校在法治教育方面的交往多通过家长会的形式进行，但家长会次数有限，并且多以孩子的学习成绩为主要交流内容，因此家校合作效果不佳。只有当学生出现违反校纪校规或法律法规的行为时，学校才与家长取得联系并与家长共同对学生进行补救式法治教育。

(五)法治教育评价体系不够完善

目前，中小学法治教育评价体系还不健全，有关法治教育管理部门和学校对法治教育的评价意识还不够强，法治教育在国家或区域层面还没有形成一套多维度、系统化、科学化的法治教育评价体系，法治教育评价还缺乏明确的评价目标、内容、标准、方法、步骤等。

大多数中小学通常根据本校的实际情况开展一定程度的法治教育测评，但相关的法治教育评价具体内容、标准、步骤往往缺失或过于粗略。更值得注意的是，中小学法治教育在内容方面的评价往往关注中小学生对法律概念等知识的掌握情况，而对中小学生参与社会法治实践方面的技能评价关注过少；有些学校的法治教育评价虽然也从一定程度上关注学生的法治教育实践效果，但评价大多侧重学生服从法律和学校规则的情况，而忽视对学生参与社会法治实践活动、维护法律规定的权利、探究解决法律纠纷等情况的评价。另外，中小学法治教育评价多为笔试或调查问卷方式，这种较为单一的法治教育评价手段偏重考查法治教育知识，而难以评价学生的法治意识、维权意识等法律素质。

第二节　中外中小学法治教育比较

一、中国法治教育课程融入思想品德类课程，国外通常将法治教育融入公民教育课程

中国的中小学法治教育主要融入思想品德课或思想政治课。这些课程的内容设置多关注学生的品德教育与培养，对法治教育、法治意识培养等内容涉及不多。

国外通常将法治教育融入公民教育课程。英国、美国、澳大利亚、法国和日本等国都在公民教育课程中设置法治教育主题。在英国，法治教育是中小学公民教育课程的重要组成部分。公民教育在小学阶段为非法定教学科目，但在中学阶段则为必修科目。美国中小学开设的公民教育课凸显权利义务教育等有关法治教育内容，要求中小学生在了解美国的政治制度的同时，理解公民的宪法权利和基本权利等。澳大利亚的公民教育课程涉及内容较广，注重公民责任和相互尊重等有关法治教育的内容，强调公民认同、公民德行和公民责任，尤其针对土著居民作为国民的背景，注重培养中小学生成为相互尊重和积极应对不同文化冲突的公民。法国在小学和初中开设公民教育课程，高中开设公民、法制与社会教育课程，这些课程涉及大量的法治教育主题，即便非直接法治教育主题，也大多与法治教育密切相关，如健康教育、安全教育、法律教育、环境教育、和平教育等主题就具体包括预防上瘾行为、虐待、性暴力、过度冒险行为，防止暴力、种族主义、性别歧视、民主社会基本原则等。日本根据中小学生发展的阶段特点，建立了社会课、公民课、生活课等一系列涉及法治教育内容的课程体系。

可见，中外在有关中小学法治教育的课程设置上有共同之处，即不设置专门的法治教育课程，而是把法治教育课程融入其他内涵更广的品德教育或公民教育中，使中小学生在接受有关品德教育或公民教育的过程中，同时接受法治教育。

二、中国法治教育内容涉及法律知识和法律义务较多，国外法治教育内容涉及法治意识和法治教育实践活动较多

中国的中小学法治教育从整体上看内容较为单一。具体涉及法律常识、法律规则和条文、社会秩序的遵守、违法犯罪的后果等直接与法治教育有关的法律知识，以及家庭教育、公共生活、行政管理等与法治教育有间接关系的知识，而涉及公民的维权意识、法律素养和法治观念等内容较少。学校也开展法治教育实践活动，但限于学校课时安排、人力物力、法治教育资源、社会各界参与程度等原因，实践活动的内容、范围、次数等受到较大限制。尤其在中学阶段，受中考和高考升学压力的影响，法治教育实践活动受到很大制约。

相比之下，英国、美国、澳大利亚、法国和日本在中小学法治教育内容方面，侧重对学生法治意识的养成和法治教育实践活动的设置，而非专门的法律知识内容；这些国家的中小学法治教育不仅关注法律义务，而且非常关注法律权利。

英国的公民教育课程教学内容侧重与公民身份密切相关的法律，强调公民教育对公民意识养成的重要意义。公民教育通过让学生了解制定法律和规则的原因来培养学生的规则意识，通过让学生了解政治权利、法律权利和人权、公民责任等培养学生的权利义务观等法治观念和法律素养。英国中小学在实际教学中，注重引导学生将法治教育实践渗入学校日常生活，让学生积极参与学校的各项活动和管理事务并发表评论和看法。

美国中小学开设的公民教育课强调公民的权利与义务，强化中小学生的遵纪守法意识，培养他们的法律素质和法律意识。美国的中小学法治教育，除了传授法律基本知识以外，以培养学生的法治意识和法律应用技能为主要目标。美国中小学法治教育强调在实践中加深学生对法律知识的理解，为法律意识的形成打下基础。为激发学生兴趣，教师往往通过贴近学生生活的案例向学生讲述法律知识。教育部门经常帮助学生走出学校走进社区去体味法律的实施环节，充分提高学生的实践能力。

澳大利亚的公民教育注重培养中小学生的公民意识，尤其是培养学生相互尊重和积极应对不同文化冲突的意识和品质；通过要求中小学生认识代议制民主的主要价值观，包括参与、代表、权利和责任，以及解释现代西方社会中社会和政治态度及价值观的主要变化，让学生形成权利责任意识、民主参与意识等。澳大利亚的公民教育中的许多主题涉及较多法治教育内容，如中小学政治教育

涉及该国的代议制民主、立法和执法机构；人权教育涉及人权意识，对人权和基本自由的尊重，对弱势群体的帮助，对不同区域、不同种族、不同宗教人群的理解与宽容等；法治教育涉及宪法和法律规定的权利和义务、公民的社会责任等。澳大利亚中小学通过常态化的实践活动将法治教育融入学生的日常生活，比如，设立合作奖，鼓励学生相互帮助，共同进步；设立多元文化周，宣传各国文化内容，提倡宽容与共处；印发抵制欺凌手册，分发给学生家长，由学校、家长和社区共同配合，减少校园暴力；开展反毒品教育，教育学生远离毒品；积极鼓励学生成立各种协调管理学校事务的组织，支持学生开展各种自发性的法治教育管理活动；出台学校政策制度过程中征求学生的看法等。为在课堂中创建一种法治教育情境，许多学校努力建设特有的课堂文化，如在教室墙壁上张贴反映法治教育的画报，在每个教室设定一个图书角为学生提供各种法治教育图书，出版校报、纪律手册、教室板报、校园杂志等校园出版物。

法国的小学公民教育围绕“尊重”和“宽容”的价值观，要求学生意识到个人的社会责任，理解人的权利与义务，培养平等、自由、权利和公正等意识，强调公民知识运用和实践能力，以及社会共同的核心价值观，如平等、人权、责任感、尊重等，促进学生对公民权利和义务的了解，培养学生正确的价值观和意识，为未来参与民主生活做准备。法国的中小学生不仅通过课堂教学，还通过各种非正式教育形式以及各种课外实践活动接受公民教育。学校不但把公民教育渗入文学、历史、社会等课程，还将其渗入课外活动、学生社团、教师职责、管理机构等工作中。中小学经常举办各种课外活动，锻炼学生的法治意识和公民素养，如各种学习小组活动、俱乐部活动、学生校报活动、社会教育之家活动等。法国学校的学生组织，如校委会、学生会、班委会，通过开展活动让学生提前感受社会生活规则，锻炼他们的法治意识和社会参与能力。学生通过班级选举进入班级委员会或学校委员会，成为学生代表，参与学校管理机构会议；学生有表达诉求的自由；学生不仅是学校规则的遵守者，也能参与规章的起草和修改，以培养参与民主生活的习惯。

日本在公民课和社会课等课程中，通过让学生理解法律规则和司法体制等，引导学生将所学内容运用到实际生活中去，使学生能灵活使用法律知识，形成更为积极地参与社会活动的态度；要求学生通过身边的具体事例学习法律在社会中的运用，将日常生活中的问题当作课程素材，从而培养法律思维和法律意识。日本不仅在社会课和公民课中，还在家庭课中进行消费者教育。日本的小学生要在日常生活和游戏活动中学习自己制订规则，增加体验性的活动；积极开展班级、学生会活动，解决学校生活中出现的各种问题。日本初中阶段要求学生体验遵守法律法规和履行法律义务的感受，而不仅仅搞清具体法律问题的答案；高中阶段在指导学生考察法律问题的同时，让他们学会以明确的证据为基础进行公正判断。

对比可知，中国的中小学法治教育的内容涉及面较窄，不像上述国家那样范围较广，也缺乏学科融合的内容设计。同时，中国中小学法治教育通常让学生学习有关的简要法律概念，有些忽视让学生思考法治教育知识在现实生活的具体运用，不太强调权利意识或维权意识，而对责任感和义务思想关注较多。

三、中国法治教育的教学方式侧重知识讲解，国外法治教育强调体验和参与

近年来，在依法治国的大背景下，中国政府高度重视中小学法治教育，要求中小学把培养学生的法治观念放在教育工作的突出位置，推动中小学生以多种方式参加法治教育社会实践，让中小学生养成法律思维习惯和行为方式。然而，总体上看，中国的中小学法治教育仍脱离学生的兴趣和现实生活，注重照本宣科和对法律知识的"灌输"，忽视学生主动性、积极性的发挥。法治教育的教师囿于自身有限的专业素质和对法治教育教学的重要性认识不足、备课不充分以及有关法治教育的社会资源不丰富等因素，难以引导学生通过思考和解决在学习和生活过程中遇到的实际法律问题来理解法律知识，很少组织学生参与社会性的法治教育实践活动，培养学生基本的法律素养。这就偏离了法治教育本来追求的培养中小学生法律意识和法治观念的目标。大多数中小学生虽然记忆了一点法律知识，但通常一知半解，难以将其内化为自身的法律素养，很少结合法律知识思考现实社会和生活中的矛盾纠纷和自身合法权利维护等问题。

相比之下，英美等国的中小学公民教育和法治专题教育强调对法律知识的理解、思考和运用，尤其是引导学生通过案例等体验法律的实际运用，通过参与各种各样的课内课外法治教育实践活动理解法律的精髓，养成守法意识、权利意识、民主参与意识等。

英国注重开展司法实践教学。学校通过组织学生参加模拟审判竞赛，以及让律师走进课堂与学生探讨法律问题，对学生进行公民教育和法治教育。比赛时，由学生担任案件中的当事人、律师、证人、法官等角色，在治安法院举行开庭审理活动；来自不同学校的代表队分别作为案件中的控诉方和辩护方进行对

抗，由治安法官等法律专业人士对学生们的表现进行评判。学生由此学习、理解、实践法治教育内容，并培养探究、讲演、分析、团队合作等能力。校园律师走进课堂，采取小组讨论的方式，与学生一起探讨法律问题，引发学生的思考与辩论，培养他们的自信和批判性思维能力。

美国中小学法治教育注重采取多种教学方法。目前，在西方广泛运用的德育模式，如理论基础建构模式、体谅模式、价值澄清模式、价值分析模式、道德认知发展模式、社会行动模式等，大多已有机运用于法治教育实践，取得了较好的教育效果。美国的中小学在法治教育中尤其注重情境教学和杜绝满堂灌，经常使用一系列情境教学模式，如了解在逮捕和搜查情境下警察机关采用的法律程序，模仿审判和上诉，到司法机关听讼，解决冲突和进行调解工作，同社区中的法律专业人士进行沟通等。美国在法治教育的教学中注重培养中小学生的研究、思考、交流和参与等技能。通过开展法治教育，引导中小学生学习获取法律信息的途径方法，开展个人访谈或调查研究，培养将法律知识应用于真实情境、整合法律信息、理解法律争议、就现实法律问题作出判断等方面的能力；运用大量真实的案例和有趣的情境或话题，引导学生思考法律反映社会价值观的途径，反思和评价法律与法律问题，理性评价法律问题中出现的争议和冲突；指导学生学会与人交流互动，参与规则的制订，以及学习通过商议、谈判、协调来解决冲突。美国的中小学法治教育还鼓励学生充分发挥学习的主观能动性，要求学生在生活中学会尝试解决会对他们的生活造成影响的争议性问题。教师通常都不会针对某一法律问题给出标准或统一答案，而让学生通过独立思考得出自己的结论。美国中小学法治教育强调在实践中加深学生对法律知识的理解。为激发学生的浓厚兴趣，教师往往通过贴近学生生活的法律实例向学生讲述法律知识，尽量避免使用过多法律条款、法律术语。教师往往在学校里开展模拟法庭活动，让同学们扮演法官、律师、检察官、证人等角色，以加深学生对法律知识的理解；组织学生去法院观摩案件审理，让学生亲身感受法律的实际运用和法律程序的运作。有些课程除课堂教学外，还利用近三分之一的教学时间组织学生到律师事务所、警察局等机关，亲自体验现代公民的责任。

澳大利亚中小学注重设计多种教学方式和教学活动激发学生的学习兴趣，促进他们对法治教育内容的思考和理解。如，在创新与艺术表演课程教学当中，教师会鼓励学生通过图画、话剧、音乐及模仿等活动，思考和解决艺术活动体现的法治教育主题。同时，注重通过校园环境建设强化法治教育，要求学校创建有安全感、有纪律的校园环境和民主、平等、安全的校风氛围,使学生充当的社会角色和承担的责任得到充分的发展和支持。每遇集体活动,开场前全体起立奏国歌。教室里还饰有鼓励正直、合作等的标语口号,学校的集会、公告、海报等都体现这些内容,形成一种无处不在的法治教育和价值观教育氛围。为了在法治教育中挖掘学生自我管理和自我教育的潜能,澳大利亚学校还开展各种学生自我教育活动,包括同伴调解、好朋友班级等。

法国教师在开展中小学公民教育和法治教育过程中,根据中小学生的年龄特点、知识结构、生活经验等,采取多样化的教学方式,培养学生成为积极参与社会生活的自立自律公民。法治教育内容结合学生年龄特点推进,与学校实际生活和社会实践活动紧密结合,淡化知识灌输,使学生在社会和生活实践中培养权利、自由、民主以及参与的观念。教师根据教学需要,有时围绕一个主题,通过网络、图书馆查阅资料,制作课件,利用实物,组织各种活动进行教学。另外,教师还经常以辩论的形式让学生展开讨论,或是以小组形式进行主题汇报演讲。同时,法国中小学还通过课外组织学生进行课题研究活动来培养学生的法治意识和公民素质。有些学校每个班级都有自己的公民教育研究课题,而且为保证课题的可行性,班级课题有正规可行的行动计划。

日本中小学法治教育内容的一大特色是结合中小学生的日常生活实际,将法治教育内容与家庭责任、体育游戏、日常礼仪、道德实践、社团活动、消费事项、生活保健等主题紧密联系起来,让学生在开阔的视野下和真实的生活中真切地感受、领悟所学知识,思考法治教育知识在生活中的体现和运用。比如,在中小学法治教育课程框架下,小学生的生活课和家庭课指导小学生通过具体的活动和体验培养遵守规则和礼节等生活上和家庭中必要的习惯;小学生的体育和保健课培养小学生遵守体育与游戏规则的意识等;初中生的社会课指导学生思考个人与社会的相互关系,关注家庭关系中个人的尊严、两性的平等本质和个人的责任等。

可见,与中国的中小学法治教育有所不同,英美等国的中小学公民教育和法治专题教育的一大亮点是引导学生进行有关法律问题的思考、体验和实践,通过各种课内外法治教育实践活动来了解和领会法律,从而培养学生的法律意识和法治观念等。

四、中国法治教育的社会参与体系有待健全,国外法治教育的社会参与体系相对完善

当前,在中国,学校、社会、家庭多方参与的中小学法治教育体系还不完善,法治教育一体化参与体系有待不断健全。中小学法治教育工作还没有与立法、司法机构及社会团体组织等形成系统化的合作制度。学校与社区的合作互动不够深入,学校利用社会资源的范围和途径还不够广泛。政府机关参与中小学法治教育的力度和协作机制有待加强;普法机构在开展青少年法治宣传教育过程中与学校教育、家庭教育、社区教育的合作互动也有待深化。社区还不能制度化、常态化地向中小学生开展法律咨询服务和提供法治教育实践机会。法律业务人员向中小学提供法律专业服务和有关法治教育实践活动的机会和时间有限,还没有形成常态化的制度安排。中小学生网络活动安全管理的有关立法还不完善,管理和监管方式有待健全和加强。家庭对中小学法治教育活动的参与度有待加强,家校合作在开展法治教育过程中有待发挥更加积极的作用。

对比之下,英国、美国、澳大利亚、法国、德国和日本在中小学法治教育方面拥有较为完善的社会参与体系。

英国公民教育基金会持续开展治安法院模拟审判竞赛和刑事法院模拟审判竞赛,让中小学生有机会亲历司法过程,较为直观地学习和实践法治教育内容,并培养探究、讲演和团队合作等能力;校园律师志愿项目实施过程中,律师们走进课堂与学生共同探讨法律问题,引导学生思考与辩论法律问题。立法机构、政府、社区等通过颁布立法、出版读物和咨询服务等形式,对中小学生开展法治宣传教育。公民基金会针对青少年不同年龄段的特点出版法律读物。英国警方投入专门警力直接从事中小学法治教育,避免青少年犯罪和避免青少年成为受害人。在英国法律服务委员会的专项资金支持下,社区法律咨询服务与独立的法律咨询组织和律师合作,通过网站、电话热线等多种服务形式,为广大经济困难群体提供免费法律咨询服务。

美国中小学法治教育充分利用多种教育资源。家长通过日常事例引导孩子了解社会运行规则,并以自身合法行为为孩子树立榜样。各州的法治教育网站和由国家机构支持的各种法治教育计划在中小学生法治教育工作中发挥积极作用。教育资源信息中心为中小学法治教育提供课程指南、评估研究和研究性学习法等。美国律师协会青少年公民教育特别委员会也提供重要的法治教

育信息。美国司法部预防青少年犯罪办公室积极参与青少年法治教育，引导青少年了解国家的司法体制运作过程，避免违法犯罪。国家公民法治教育学院开展著名的“街头法律”项目，由大学生用简单方式阐释法律，帮助中学生培养法律意识。宪法权利基金会为中小学的多种课程提供培训和教学资料。律师界积极参与中小学法治教育，多州的律师协会组织律师或执法官深入中小学法治教育课堂，指导学生学习法律。美国律师协会汇编法律学习资料，向学生宣讲法律。社区邀请法律专业人员进入课堂或在课堂中模拟社区，或让学生走入社区，开展法治宣传教育和法治教育实践活动。

澳大利亚的中小学生家长积极参加家校合作活动。学校会挑选若干名家长代表参与学校研讨会、家长和教师联谊晚会等家校合作活动，指导家长与学校合作，培养学生的法治意识。社区通过经费资助、提供实习基地等方式促进学生的法治意识的发展，如组织青少年参与各种健康活动，让他们体验合作和权利尊重等法治教育内容；为学校提供野外湿地，培养学生的合作、责任等价值观和法治意识。

法国构建了公民教育和法治教育的社会参与机制。各地政府制订了各种公民教育计划。各级教育资源中心为教师和学生提供大量公民教育相关资料，每所学校也有自己的信息和资源中心。法国鼓励中小学与当地政府以及文化、社会、体育协会之间的合作，为学生参与社会实践提供更多便利。如国民教育部和当地政府甚至会签署教育协议，对学生参加课外活动给予支持。法国国民教育部和国民议会还联合发起年度“少年议会日”活动，小学生们借此民主普选自己的“议员”、提交法律草案。家长通过家长会或家长委员会参与孩子的班级及学校事务管理；许多家庭除让孩子参观博物馆等场馆外，还为孩子安排旅游和野营活动，培养孩子互助合作的品质和尊重他人权利等法治意识。立法机构、政府机构等利用各种特殊节日开展公民教育，促进学生了解法国的法治、政治和历史文化等。法国公民教育还有各种职能不同的专门指导机构，在教育、健康、安全等领域组织专家与学校制订合适的公民教育计划，其中涉及法治教育的内容。

德国的校外教育在培养和提高青少年的文明素养和创新实践能力以及预防青少年违法犯罪方面发挥积极作用。为促进校外教育充分和正确发挥应有功能，有关法律对其资质、运行、资助、保障等方面做了明确规定。同时，德国制定了一系列法律，并成立了专门的协助监控机构，防止中小学生在网络活动中接触暴力、色情、民族歧视等不良思想。

日本的文部省设置了“培养丰富情感施策推进会”，组织社会力量开展青少年法治教育工作。在各都道府县，有关预防青少年违法犯罪的行政机关、团体和民间志愿者等组成少年辅导中心，开展预防青少年违法犯罪工作。各类志愿组织共同协助警察厅开展街头辅导、少年商谈、未成年人规劝、心理判定等活动，为减少未成年人犯罪发挥巨大作用。文部省还每年在中学举办“药物乱用防止教室”活动，针对学生药物乱用开展强化教育，而社会教育机构也开设防止药物乱用的讲座。法务省积极制订法治教育计划，与日本最高法院、检察厅、律师联合会等机构协调合作，推进中小学法治教育的开展。如法院派遣法官作为讲师去学校，谈体验、讲演、回答学生疑问，或者对法院工作、审判制度问题进行介绍，或者对案件进行解说；检察厅和刑事局针对中小学生开展移动教室计划、上门服务计划、刑事审判旁听计划等；司法援助中心对中小学教师的法律教育开展授课活动，协助中小学生开展自主调查研究，提供法律制度及法律专家有关信息资料和活动等。法学研究者致力于针对高中生的上门授课和体验授课。法律教育研究会为初中社会课公民领域编制教材。律师协会以初、高中生及广大市民为对象进行司法教育实践，内容涉及消费者问题、家庭问题、一般民事问题、司法制度等。司法书士联合会、司法书士协会面向中小学生积极开展法律咨询和宣传等活动。每所学校的“家长教师协会”致力于推动良好教育环境和社会环境的形成，防止欺侮、不良行为、拒绝到校等问题。

可见，与中国的中小学法治教育相比，英、美等国在开展中小学法治教育过程中拥有相对完善的社会参与体系，这些国家动员全社会多方力量参与法治教育，形成了增强中小学生法治意识和预防青少年犯罪的有效合力。

五、中国法治教育评价体系不够完善，国外有些国家拥有相对健全的法治教育评价体系

当前，中小学法治教育评价体系不够成熟和完善，有关法治教育的评价和监管部门与中小学对中小学法治教育评价还没有形成强烈的评价意识，还没有构建一套系统、科学的中小学法治教育评价制度和体系来明确中小学法治教育评价的目标、内容、标准、方法等。中小学虽然也开展一定程度的法治教育评价，但评价内容、方法步骤等过于粗略，而且多关注以书面考查或问卷调查形式测查中小学生对法律知识的掌握情况或服从法律和校规的情况，而非中小学生

参与法治教育实践活动的情况和法律意识、法律素养养成的情况。

国外有些国家在中小学法治教育方面有较为完善的评价体系。澳大利亚的中小学公民教育评价就是典型代表，其中涉及法治教育评价的内容。

早在21世纪初，澳大利亚就开始重视中小学公民教育评价问题，并将法治教育评价融入公民教育评价中。澳大利亚颁布了有关公民教育评价政策，制订了有关评价标准，并在全国范围进行评价。经过几次全国性评价，澳大利亚的中小学公民教育评价体系逐渐走向完善，形成了该国自身的公民教育评价特色。其具体内容如下：

在评价内容方面，既注重考查中小学生对法治教育和公民教育有关知识的理解，也强调考查学生的参与社会生活所需技能，以及法治教育实施的绩效情况。评价的具体内容包括要求学生了解公民参与公民机构和民主进程的方式和目的，掌握有关法律法规、国家认同、社会公正、多元文化、多种族和社会凝聚力等核心概念的知识，以及理解成为知情公民所需的参与态度、价值观、国家信仰和有效参与民主政治、公民活动的意识倾向和技能。小学生在法治教育方面应该理解制定和修改法律法规的程序和目的，识别公民的权利和责任，了解具备参与技能和交际能力才能使自由、法治、民主有效运行，了解个人、集体、国家之间的关系等。中学生不限于对公民知识概念的掌握，更重要的是理解、辨别公民机构或民主进程的运行方式，以及认识社会参与的重要性。为尽可能减小评价误差，评价内容又分为三个层面：公民教育评价范围包括对公民机构和程序知识的理解，以及公民参与所需的技能和价值；与公民教育有关的概念和实例；对公民教育概念和实例的专业解释和详细说明。

在评价周期方面，自2004年开始，澳大利亚针对全国中小学开展了首次公民教育评价，并规定国家评价每三年进行一次；2007年和2010年，澳大利亚实施了第二次和第三次国家中小学公民教育评价。2013年的第四次公民教育评价基于网络测试和问卷调查，采取了网络评价形式。

在评价标准方面，涉及两个评价标准，即分数成绩评价标准和公民素养等级评价标准。其中，分数成绩评价标准用以评价学生的公民教育成绩，而公民素养等级标准则用于衡量学生掌握的公民知识、法治知识及公民参与技能达到何种水平。同时，还适当配以非正式评价，如观察、课堂练习和小组测验等，确保学生成绩的真实性和客观性。

在评价方式方面，澳大利亚评价委员会为保证测试的代表性、针对性，设计了小学生测试卷，主要涉及班长选举、不记名投票、网络信息服务、学生代表委员会、义务投票、好公民、社区咨询委员等主题；中学生测试卷问卷则涉及不记名投票、世界公民、学生代表委员会、义务投票、联邦预算、司法独立、澳大利亚宪法、网络信息服务等主题。同时，抽样时考虑了主要影响因素，如学生的年龄、性别、种族、语言、父母受教育程度、家庭主要成员、父母职业、家庭居住地址、学生参与校内外团体或组织情况等。另外，澳大利亚还对评价实施方案设计、数据统计、评分标准、评价等级、结果报告等评价程序和步骤进行了周密的组织和安排。

在评价主体方面，澳大利亚通过多样化的评价主体对中小学公民教育开展评价。具体的公民教育评价主体主要包括公民教育专家、公民教育课程行政和管理人员，以及学生等，以保证评价的有效性和科学性。

可见，澳大利亚的中小学公民教育评价拥有相对完善、科学的评价体系，涵盖了评价内容、评价周期、评价标准、评价方式、评价主体等多个方面。

第三节 中国中小学法治教育展望

一、深刻认识中小学法治教育的意义和价值

发达国家大多非常重视中小学法治教育。英国政府大力支持中小学法治教育，社会机构和组织也密切配合和积极参与。美国注重培养青少年作为公民的社会责任感和法治思维。澳大利亚重视中小学公民教育及其评价问题，并将法治教育寓于公民教育，同时颁布一系列公民教育评价政策，积极制订评价标准，同时实施全国性评价。法国政府以立法形式明确公民教育和法治教育的课程地位，并通过制定法律来保障其正常进行。德国注重在开展学校教育和家庭教育的同时，通过校外教育预防青少年违法犯罪，促进其全面发展；同时，为保障中小学生的网络活动安全，制定多项法律法规并由专门的监管机构严格执行。日本根据中小学生的学段特点建立社会课、公民课等法治教育课程体系，引导中小学生理解法律与规则的意义，并将所学内容用于实际生活。

近年来，中国政府和教育行政主管部门同样高度重视中小学法治教育。2016 年 1 月教育部印发的《依法治教实施纲要（2016—2020 年）》提出到 2020 年

建立科学、系统的学校法治教育课程、教材、师资体系，全面加强学生法治教育，把培养学生的法治观念放在教育工作的突出位置，实践法治的育人功能。2016年6月，教育部、司法部、全国普法办研究制定的《青少年法治教育大纲》要求全面提高青少年的法治观念和法律意识，加强青少年法治教育，使青少年从小树立法治观念，养成法律思维习惯和行为方式，促进青少年健康成长、全面发展，培养社会主义合格公民，同时要推动把法治教育纳入国民教育体系，落实法治教育教材、课时、师资、经费，完善学校、家庭、社会“三位一体”青少年法治教育格局。

然而，中国在开展中小学法治教育的实际过程中，有些地方和中小学还存在轻视法治教育的问题现象。有些地方的教育主管部门和中小学片面追求升学率、高分率，忽视品德和法治教育。在这种思想的引导下，有些中小学出现了“教书不育人”的状况，学校分等级，年级分重点，片面追求学生的考试成绩，淡化法治教育及有关课程、师资安排，对成绩较差的学生予以放任，管理不力，引起了这部分学生的抵触情绪和逆反心理，并导致其中一部分学生产生不良思想和行为，进而由小错走向违法犯罪。

毫无疑问，中国开展中小学法治教育，其重要意义和价值是不言而喻的。中小学法治教育的开展，可为中国建设法治国家和促进精神文明建设奠定坚实的基础，同时对培养具备法治意识的公民和造就法治人才以及预防青少年犯罪具有不可替代的作用。

首先，开展中小学法治教育是奠基法治国家建设和促进精神文明建设的迫切需要。依法治国和建设法治国家是中国现代化建设的一个根本任务和原则，是社会主义文明进步的重要标志，是社会稳定和国家长治久安的根本保证。要建设法治国家，就需要对公民进行法治教育，而中小学是开展法治教育的主阵地。中小学的学校教育具有系统性、组织性、规模性和科学性等显著特点，在中小学开展法治教育对建设法治国家具有先导和奠基的独特作用。通过学校的法治教育，在中小学生心中播下“法治”的种子，向社会输送一批又一批具有法治精神、法律意识的社会成员，就能使整个社会逐渐形成良好的法律文化和法治环境，逐步消除封建人治思想，为最终实现法治国家奠定坚实的基础。不仅如此，在建设法治国家的同时，也能促进国家的精神文明建设。精神文明是人类物质文明之外的一切优秀文化成果或文化现象，包括思想、道德、教育、文化等方面的内容，当然也包括时代和社会进步发展所需的民主和法治精神。法治教育是社会主义精神文明建设的重要内容和手段。在中小学生这一庞大群体中开展法治教育，培养其法治意识，无疑对促进社会精神文明的建设具有重要意义。①

其次，开展中小学法治教育是培养具有法治意识的公民和造就法律人才的迫切需要。建设法治国家不是一蹴而就的事，需要法律制度的完善、司法公正与监督体系的建立以及公民法治意识的形成等，而公民法治意识的形成是关键要素之一。中国有几千年的专制传统，从以儒家文化为代表的传统文化演绎下来的中国现代文化不可避免地存在着重人治轻法治的封建残余，如果再不强化法治教育，再不培养民众的法治意识，法治国家的实现就缺乏坚实的民众法治意识基础。只有法治意识成为民众的思维方式，民主观、法治观、权利观、义务观成为民众的普遍追求，依法治国和建设法治国家才有坚实的基础。中小学法治教育是建设法治国家战略中基础性、前瞻性的重要一环。中小学生正处在心智发育成长的关键时期，处在价值观形成的关键期，与其他年龄段的成人相比，中小学生可塑性强，对其进行法治教育，实效更为显著。而且，从社会劳动力再生的规律看，要培养和增强公众的法治意识，就应该毫不动摇地从中小学法治教育开始。只有中小学源源不断地向社会输送具备法治意识的生力军，国家民众的整体法治意识才能不断增强，才能为构建法治社会逐渐形成坚实的民众基础。只有民众的法治意识不断增强，人民才能当家做主和依法监督权力的正当行使，人们的权利才能真正得到保障，法治才能真正实现。同时，中国建设的法治国家，自然是法律主治而不是权力主治的国家。西方社会的法治实践经验和现代中国的法治建设历程表明，法治需要执法公仆、护法忠臣，必须造就一大批合格的法官、检察官、律师和其他法律专业人员。而所有这些法律人才的摇篮就在学校，实现的根本途径就是学校尤其是中小学的法治教育。同时，开展法治教育，“从娃娃抓起”，使社会成员在学法、懂法的基础上，运用法律武器参与国家和社会管理，保护自身合法权益，勇于同违法犯罪行为做斗争，自觉维护法律尊严，这也是实现法治国家的基础性工程。尽管自 1986 年开始的几次全国性普法宣传已经取得明显成效，但最富有实效的途径仍然是学校法治教育。无论从“英才教育”意义上，还是从“普及教育”意义上，唯有学校法治教育才能持久而有效地担当起培养“法治英才”与“法治公民”的历史使命，而中小学的法治

①胡健.中小学法制教育研究[J]. 公民与法(法学版)，2012(8)：35.

教育在学校法治教育中具有基础性、奠基性的作用。

第三，开展中小学法治教育是预防和减少青少年犯罪的迫切需要。青少年犯罪是中国当前最为严重的社会问题之一。从数量上看，青少年作案成员占全部刑事犯罪作案成员的比例逐年增长，以“财”“色”“霸”为作案目的，以暴力型、团伙型等为主要方式，严重影响社会稳定。同时，犯罪青少年年龄趋于低龄化，低龄的在校学生犯罪占青少年犯罪人数的比例有增长之势。之所以会出现这种局面，社会变革的原因固然有之，但更主要的一个因素就是学校多年忽视甚至放弃法治教育。只有加强中小学法治教育，利用学校优势，根据青少年的身心发展特点，有的放矢地教育青少年学生知法懂法，增强他们的法律意识和法治观念，培养他们的自我约束观念和习惯，减少盲从与冲动，才能有效地遏制和预防青少年犯罪，促进青少年健康成长。这也是建设法治国家和维护社会稳定的需要。

有鉴于此，教育主管部门和中小学必须彻底改变过去那种片面追求升学率、忽视中小学法治教育的指导思想和观念，加强对中小学生的法治教育，提高其法治意识和法律素质。为此，中小学应通过学科教育、法治教育、行为训导和生活管理等职能的结合，不仅帮助中小学生获得科学文化知识，还帮助增强他们的公民责任感、守法意识、维权意识，这是每一个中小学生都应当得到的机会和享有的权利。面对中小学生法治意识不强和青少年犯罪的严峻形势，各级教育主管部门和中小学教师应当彻底转变观念，重视和加强对中小学生的法治教育，摈弃长期以来在“应试”教育体制下形成的只重成绩不重其他、只教书不育人的错误观念，共同关注中小学生法治意识的培养；政府法治宣传教育部门要努力引导全社会从根本上认识到中小学法治教育工作的重要性、长期性和艰巨性，始终将这项工作抓紧、抓好，切实做到自上而下工作有布置，实效有考核，做到中小学法治教育的组织落实、计划落实、机制落实、责任落实，以及师资到位、课时到位、内容到位、形式到位，确保中小学法治教育的系统、连续、全面落实。[①]

① 上海市卢湾区法制宣传办公室．上海市卢湾区中小学法制教育现状分析及建议[J]．中国司法，2011(5)：98.

二、完善中小学法治教育的整体规划和设计

（一）中小学法治教育的主要目标应为培养学生的法治意识

国外的中小学公民教育和法治教育大多注重培养学生的权利义务意识，尤其是维权意识，教育学生形成正确的法治意识和法治观念，为未来成为参与社会生活和活动的合格公民做好准备。英国的中小学法治教育融入公民教育课程，强调公民教育对公民意识养成的重要意义，其中学公民教育涉及法治教育的内容中包括政治权利、法律权利和人权、公民责任等。美国的中小学法治教育以培养中小学生的法治意识为主要目标，包括培养学生的社会责任感和法治思维，引导学生运用法律知识与意识思考和应对现实生活中的具体问题。澳大利亚的公民教育关注培养公民意识和公民权利与义务，尤其在包括土著居民在内的多元文化社会中，注重培养相互尊重和积极应对不同文化冲突的公民。法国的公民教育与法国启蒙运动中的人权思想相适应，一直把人权教育放在首位。日本要求中小学生懂得在维护自身权利的同时，领会法律和规则的内容和制定过程，培养充分的法律意识和规则意识。

中国的中小学法治教育可借鉴国外中小学公民教育和法治教育的目标定位，注重根据中小学生的学段特点培养他们的法治意识，包括权利意识和义务意识，避免以往出现过的片面强调和过分关注对学生的守法意识、义务意识的培养。

培养中小学生的法治意识是中国实现依法治国方略的必然要求。依法治国、建立社会主义法治国家已确定为中国的战略目标，这意味着法律在国家政治生活、社会及文化生活等领域居于非常重要的位置。只有法治意识成为民众的心理需求，依法治国才有生存的土壤。所以，法治意识的形成尤其重要。中小学生处于心智发育和人生观及世界观开始形成的阶段，在这个阶段开展法治教育，比在成人阶段更容易养成法治意识。因此，中国的中小学法治教育应当借鉴国外成功的法治教育和公民教育经验，着眼于中小学生的未来，以培养其法治意识作为主要目标。①

以宪法精神为核心的公民权利义务意识培养是中国中小学法治教育的重

①胡健.中小学法制教育的价值、目的及基本内容[J].教学与管理，2013(9)：31.

要目标。宪法是国家的根本大法,宪法规定了国家的国体和政体,以及公民的基本权利与义务。通过宪法知识的学习,学生能够认识到自己在国家与社会中的主体地位,逐步形成权利意识和责任观念,认同国家政治制度和法律制度的合理性、权威性,捍卫宪法,遵守法律。所以,宪法教育对学生的法治意识教育至关重要。英、美等发达国家都将宪法教育置于重要地位。同时,引导学生从小树立起较强的法律观念和权利义务意识,并以此看待社会、评价自己和他人的行为,可为建立民主社会和推动依法治国培养良好的心理和思想环境;通过让中小学生重点学习与其学习和生活密切相关的一些法规及规则教育,比如《中华人民共和国未成年人保护法》、《中华人民共和国预防未成年人犯罪法》以及交通、治安、学生操守和规范等,可使他们在了解自己享有的法定权利的同时,养成守法意识和义务意识。[①]

法律权利意识培养是中国中小学法治教育不可偏废的重要目标。权利是法律维护的对象,是法的核心内容。离开权利,人们就会丧失对法的渴求,也不可能形成对法律的信任和崇敬,不可能以法律作为自己行为的准则或指南。那种以预防犯罪为核心的法治教育,只会使人们对法律产生畏惧,因为它违背人类寻求自由和安全感的天性,而这种长期的情感压抑和畏惧容易导致某种憎恶和反抗,致使法律权威不仅得不到人们的衷心维护,反而可能顷刻间分崩离析。所以,权利是人民利益在法律上的体现,为争取权利而斗争是公民的一项义务。无权利时不予争取,有权利时不予行使,权利受到侵害时而不采取救济措施,则是对义务的违反。在中国,社会正义传统上强调以群体权利为核心,并取代个人权利,这种做法非但没有达到保障人权的作用,反而容易引发个人对法律的畏惧和蔑视。因而,为个人权利而斗争是完全必需的。封建社会的观念把法律作为统治百姓的工具,百姓被视为君主的子民,处于臣服和被奴役的地位,只有尽义务,权利意识无从树立,个人权利成为奢谈;现在进入市场经济时代,社会在转型,权利逐渐成为法治生活的重要组成部分,义务的配置也是为了权利的实现,权利意识成为法治意识的重要方面,但权利意识必须通过培育才能形成。因此,中小学阶段的法治教育应为此做好铺垫。公民权利的体系构成十分庞大,除了政治权利外,还有更为丰富的民事权利。基于中小学生年龄和心理发展特点,民事权利对于他们的意义更大。民事权利有两大类,一类是财产权,一

---

① 胡健.中小学法制教育的价值、目的及基本内容[J].教学与管理,2013(9):32.

类是人身权。作为未成年人的中小学生，尽管属于无行为能力人或限制行为能力人，但与成年人一样，具有平等的权利能力，享有财产权。如中小学乱收费，直接表现为对学生财产权的侵犯；学生在社会上或在学校受到伤害，涉及的赔偿问题演变为他们的财产权；学生作为各种各样的消费主体，财产权体现为学生对其财产的处分权利等。对于中小学生而言，他们也极为关切自己的人身权利。辱骂甚至体罚是对学生人格尊严的侵犯。具体人格权体现为名誉权、身体权、健康权、生命权、隐私权等。作为未成年的在校学生，他们还有因学生身份而产生的权利，如教师不得歧视学生，学生平等地享有社会提供的教育资源等。同时，有权利必有救济。当学生的各种合法权益受到侵害的时候，选择合法的救济方式，不仅可以维护自己的合法权益，而且可以避免进一步违法行为的发生。合法的救济方式应该通过法治教育向学生传授。权利的救济方式包括民事救济、行政救济，甚至刑事方面的保护等。现实中，许多学校和教师如同社会上某些组织一样，不愿意将权利维护和救济手段传授给受教育者和受管理者，使权利和救济被神秘化、边缘化，因为学校领导和教师认为一旦学生掌握这些知识，就会威胁学校教育和教学管理。其实质是为教育者和管理者的侵权行为提供更为便利的条件，为受害学生的维权制造障碍，不妨害他们对“顺民”的培养。这样，随着学生知识的增多、年龄的增长，他们会产生对法治教育的不信任或鄙视，这会危及国家的法治进程；有些学生可能会采用极端方式解决纠纷和矛盾，从而导致违法犯罪的后果。所以，如果每一个公民多一些维护自身合法权利、尊重他人合法权利的意识，许多不幸或许真的会得以幸免，法治教育也许会更有魅力，更能内化为公民遵纪守法的动力，从而才能在全社会形成一种崇尚和信仰法治的风气。[①] 当然，还应注意权利意识包含三个层次的内容：知权利、用权利和限权利。“知权利”就是公民认识和理解依法享有的权利及价值；“用权利”就是公民掌握有效行使和捍卫权利的方式；“限权利”则是公民自觉地把行使权利的行为限制在法律规定范围内，以免损害其他人和组织的合法权利。所以，对中小学生权利意识的培育应该是全面的，既培养他们的自我权利意识，又培养他们的他人权利意识、责任意识和规则意识。只有如此，对中小学生的法治教育才是有意义的，也才符合社会长远利益，有助于青少年健康成

①夏旭阳.中小学法制教育模式新探——以权利意识培养为核心[J].淮北煤炭师范学院学报(哲学社会科学版)，2007(3)：54－55.

长。[①] 另外值得注意和警惕的是，不能把防范青少年违法犯罪作为中小学法治教育的主要目标。诚然，青少年违法犯罪率长期居高不下，这是一个严重的社会问题，应当引起高度重视和警觉。但绝不能据此将防范青少年违法犯罪作为中小学法治教育的主要目的。首先，利用中小学法治教育来遏制青少年违法犯罪现象的观点，是对违法犯罪行为产生根源了解不够的一种表现。事实上，法治教育与违法犯罪率并不像人们所想象的那样呈反比关系。中小学法治教育已经实施多年，但青少年违法犯罪率仍然在上升。这是因为违法犯罪行为向来不是一个单纯的法律现象，就其根源来讲，有政治的、经济的、文化的、家庭的、心理的、环境的多种背景因素，因此需要综合治理。其次，把防范青少年违法犯罪作为中小学法治教育的主要目标，反映了管理者、教育者对预防和减少青少年违法犯罪现象的渴望和焦虑，也潜含着对中小学生整体评价的错位。中小学生是祖国的花朵，人类的未来，具有极大的可塑性，就整体来讲，他们是国家未来的潜在合格管理者、建设者和劳动者。个别中小学生的某些越轨现象因其年龄、心理等因素而具有阶段性、偶发性、盲目性、自愈性等特点。对此，当然不能掉以轻心，但也不必惊慌失措，更不能以点代面，对中小学生整体实施防范教育。再次，把防范青少年违法犯罪作为中小学法治教育的主要目标，实际是对法的社会作用的曲解，这样的教育目标会导致法治教育在内容上向制裁违法犯罪方面倾斜，在教育的方式方法上偏重批评、斥责和讲刑事案例等。在这种法治教育目标的指导下，中小学法治教育习惯于介绍那些触目惊心的违法犯罪案例，并简单地套用相关的法律条文进行解释；或者将一些矛盾激化到不可调和、走向极端的个案作为警告中小学生应该安分守己的“杀手锏”，使学生们因恐惧而一时被威慑。这些内容会使大多中小学生产生一种错觉：仿佛法治社会就是充斥着“破案、抓捕、审判、定罪、量刑”的恐怖社会。这些内容也决定了学校领导和教师往往通过成人化、简单化、陈式化的方式方法，使学生无条件、被动、单向地接受权威式的驯化，难以将遵纪守法内化为学生的积极的法治意识，同时还在强化守法意识和规则意识时忽略了同样重要的权利意识。这样，不仅易诱发某些学生模仿违法犯罪的心理，而且这种以防范为主的法治教育会对学生法治意识的形成产生误导，导致一提法律，学生就会联想到制裁。这种过分强调法律的惩戒作用的观点，本身就是一种以处罚替代法治的陈旧法治观。实际

①李成慧.中小学法制教育之我见[J].现代教育科学(普教研究)，2012 (6)：30.

上，在现代法治社会，法律制裁绝不是法的唯一功能，甚至也不是它的主要功能。法治教育不能使中小学生畏法惧法，而要使他们爱法、尊法、护法，从而成为未来法治社会的捍卫者。此外，从国家在中小学实施法治教育的初衷看，其出发点也是着眼于培养中小学生的法治意识，使之成为未来社会所需的合格公民。由此可见，中小学法治教育，作为对中小学生进行的思想教育，应以培养学生的权利意识、义务意识等法治意识为主要目标。①

为此，中国的中小学法治教育的目标，要立足于中小学生的健康成长需要，在此基础上发挥法律的导向功能，引导他们形成与国家政治、经济、文化发展相适应的法律价值观，成为合格公民；应以权利、义务教育为核心，培养中小学生的法治意识，养成尊重宪法，维护法律尊严、个人权利和履行法律义务的习惯，使之成为服务于建设社会主义法治国家的有生力量；引导中小学生践行法治理念，树立法治信仰，参与法治实践，形成对社会主义法治道路的价值认同、制度认同，成为社会主义法治的忠实崇尚者和自觉遵守者。

中小学法治教育要根据学段特点和学生发展规律设定具体的目标。根据《依法治教实施纲要(2016—2020 年)》的要求，义务教育阶段，要使学生初步了解公民的基本权利义务、重要法治理念与原则，初步了解个人成长和参与社会生活必需的基本法律常识；初步树立法治意识，养成规则意识和尊法守法的行为习惯，初步具备依法维护自身权益、参与社会生活的意识和能力，为培育法治观念、树立法治信仰奠定基础。其中，小学阶段，着重普及宪法常识，养成守法意识和行为习惯，让学生感知生活中的法、身边的法，培育学生的国家观念、规则意识、诚信观念和遵纪守法的行为习惯；初中阶段，使学生初步了解个人成长和参与社会生活必备的基本法律常识，进一步强化守法意识、公民意识、权利与义务相统一观念、程序思维，初步建立宪法法律至上、民主法治等理念，初步具备运用法律知识辨别是非的能力，初步具备依法维护自身合法权益、参与社会生活的能力；高中教育阶段，要使学生较为全面地了解中国特色社会主义法律体系的基本框架、基本制度以及法律常识，强化守法意识，增强法治观念，牢固树立有权利就有义务的观念，初步具备参与法治实践、正确维护自身权利的能力。

---

①赵晓光.中小学法制教育的目的与课程初探[J].课程・教材・教法，1996 (5)：37.

(二)中小学法治教育的主要内容应为法律常识和理念及实践活动

谈到法治教育的内容，先要明确法治教育不同于法律教育和普法教育。首先，法治教育不同于法律教育。法治教育是国家和社会组织有目的、有计划、有步骤地对公民进行的常识性、基础性的培养，具有法治意识和法律素质的公民的教育活动；而法律教育通常是培养专业法律人才的教育制度、模式，也称法学教育。可见，二者的目的、对象、教授法律知识的范围与程度都有区别，不能把法治教育搞成法律教育，追求法治教育的知识化、专业化。因为法治教育的主要目的在于培养学生的法治意识，并非让他们的法律知识水平达到比较高的程度，也不在于使之成为法律人才。所以，中小学法治教育不能让学生死记硬背法律条文、掌握法律知识，陷入“法条主义”的泥潭；否则不仅违背法治教育的目标，也违背教学规律，徒增学生负担，使学生失去对法治教育的兴趣。同时，中小学法治教育也不同于一般的普法教育。一般的普法教育是中国从 20 世纪 80 年代开始的在全社会进行的普及法律常识的教育活动。从广义上讲，中小学法治教育可被视为全民普法教育的组成部分。全民普法是分阶段、有期限的，普法教育一般为五年一个周期，是一个时间性和目的性很强的工作，普及内容基本上针对成年人。虽然普法教育的出发点与中小学法治教育近似，但普法教育侧重于普及一般的、日常的法律知识，中小学法治教育则更应注重中小学生法治意识的养成和提升。而且，中小学法治教育是个持续不断的、没有时间周期的长期性工作，其意义更为深远。所以，中小学法治教育有个更系统、更长远的规划，不能用全民普法替代中小学法治教育。①

英、美等发达国家大多在公民教育中融入法治教育的内容，其法治教育的内容大多涉及基本的法律常识和规则、法律权利，以及法律应用技能和社会实践活动等。英国的公民教育课内容侧重法律和规则的制定过程，公民的政治权利、人权、公民责任等；在实际教学中，注重引导学生积极参与和评判学校活动和管理事务。美国中小学的公民教育课强调公民的权利与义务，除传授法律基本知识外，侧重培养学生的法治意识和法律应用技能，让学生在实践中加深对法律知识的理解。澳大利亚的公民教育要求中小学生认识该国的代议制民主、立法和执法机构，尊重人权和基本自由，宽容和帮助弱势群体，并通过常态化实

①胡健.中小学法制教育的价值、目的及基本内容[J].教学与管理，2013(9)：31－32.

践活动将法治教育融入学生日常生活，在课堂中创建法治教育情境。法国的中小学公民教育要求学生意识到个人的社会责任、权利与义务，并指导学生参与各种非正式教育形式及开展各种课外实践活动。日本在公民课和社会课等课中让学生理解法律规则和司法体制等，将所学内容运用到实际生活，如在游戏中学习制定规则，在实践中体验遵守法律和履行法律义务的感受。

中国的中小学有关思想品德课程中涉及的法治教育的内容相对单一，主要涉及有关规则制定、秩序和义务遵守与履行等的概念和条文等“直接”法治知识，以及家庭和社会管理等“间接”法治知识，而有关法律权利的内容涉及较少；大多法治教育的具体内容缺乏与中小学生的家庭、消费、日常活动等的紧密联系，也缺乏足够的法治教育实践活动设计。

对照之下，中国的中小学法治教育可借鉴国外有关法治教育知识传授与法治教育实践相结合的做法，加强对法治教育实践活动的统筹、设计，并组织有关社会力量进行法治教育实践活动的组织和实施，真正让中小学有更多机会和平台参与法治教育实践，做到学以致用、学法用法，从而在日常的学习和生活实践中运用法律和提高法治意识。

中国的中小学法治教育在具体法律知识和基本理论的设置方面，可基于《依法治教实施纲要(2016—2020年)》的要求，以法律常识、法治理念、法治原则、法律制度为核心，围绕青少年的身心特点和成长需求，结合青少年与家庭、学校、社会、国家的关系，分阶段、系统安排公民基本权利义务、家庭关系、社会活动、公共生活、行政管理、司法制度、国家机构等领域的主要法律法规以及中国签署加入的重要国际公约的核心内容；按不同的层次和深度，将自由、平等、公正、民主、法治等理念，宪法法律至上、权利保障、权力制约、程序正义等法治原则，立法、执法、司法以及权利救济等法律制度，与法律常识教育相结合，在不同学段的教学内容中统筹安排、层层递进。

义务教育阶段，基于《依法治教实施纲要(2016—2020年)》，要以基础性的行为规则和法律常识为主，侧重法治意识、尊法守法行为习惯的养成教育。要注重将核心理念、重要概念与学生生活实践中的事件相结合。其中，小学低年级(1～2年级)主要内容是认知国家象征及标志，这包括初步建立国家、国籍、公民的概念，初步建立对家庭关系的法律认识；初步建立规则意识，初步理解遵守规则、公平竞争、规则公平的意义与要求；初步建立法律面前人人平等的观念；了解消防安全知识、基本交通规则，知晓常用公共服务电话；初步了解自然，爱护动植物，为节约资源、保护环境做力所能及的事。小学高年级（3～6 年级）主要内容是建立对宪法的法律地位和权威的初步认知，这包括了解人民代表大会制度，初步认知主要国家机构、国家主权与领土，认知国防的意义，增强民族团结意识；初步了解公民的基本权利和义务，简要认知重要民事权利，了解法律对未成年人的特定保护；初步理解权利行使规则，树立依法维权意识，树立有权利就有义务的观念，建立对校园欺凌行为的认知和防范意识；了解制订规则要遵循一定的程序，进一步树立规则意识，遵守公共生活规则；初步了解合同以及合同的履行，理解诚实守信和友善的价值与意义；初步了解消费者权益保护法、道路交通法、环境保护法、消防安全法、禁毒法、食品安全法等生活常用法律的基本规则；初步认知未成年人能够理解和常见的违法、犯罪行为及其危害以及要承担的法律责任；初步了解司法制度，了解法院、检察院、律师的功能与作用；知道中国加入的一些重要国际组织和国际公约。初中阶段（7～9 年级），要进一步深化宪法教育，这包括了解国家基本制度，强化国家认同；初步了解政府依法行政的基本原则，了解重要国家机构的职权；认知国家尊重和保障人权的意义，加深对公民基本权利和义务的认识。同时，要了解民事法律活动的基本原则，了解合同和违约责任，树立诚信意识和契约精神；初步了解物权的概念，加深对知识产权的认识，理解保护知识产权的意义；了解有关民事侵权行为的法律规范和基本原则，认识与学生生活实践相关的民事侵权行为（校园伤害事故等）；了解劳动权利及其保障原则，以及教育、社会保险等相关方面的法律规定。另外，要初步了解政府运行的法治原则，了解治安、道路交通、消防、环境保护、国家安全、公共卫生、教育、税收等公共事务的法律原则，初步形成依法参与社会公共事务的意识；加深对社会生活中常见违法行为的认知，强化法律责任意识，巩固守法观念，了解犯罪行为的特征、刑罚种类，建立对校园暴力等青少年常见违法犯罪行为的防范意识和应对能力，初步认知罪刑法定、无罪推定等原则，正当防卫、紧急避险等概念；初步了解中国司法制度的基本原则，建立尊重司法的意识，初步理解程序正义在实现法治中的作用，建立依法处理纠纷，理性维护权利的意识。

高中教育阶段，基于《依法治教实施纲要（2016—2020 年）》，要在义务教育阶段教学内容的基础上，根据学生成长需要和认知能力的发展，全面拓展法律常识、法律制度的内容，有针对性地增加重要的法律知识；加大法治原则、法律理念的教学深度，注重增加教育教学的实践性、参与性和思辨性，注重法治意识的培养。高中法治教育的主要内容包括以下几个方面：

一是了解中国社会主义法律体系的构成，理解法的特征与作用，法治的内涵与精神，初步形成对中国特色社会主义法治道路的认同；加深对宪法的地位、功能和价值的认识，明晰宪法原则，深入理解宪法所确立的国家基本制度，加深对公民基本权利与基本义务的认知，加深对重要法治原则的理解，了解选举制度和重要法律规定，认知法治与民主的关系；了解宪法实施及其监督的程序与机制。

二是理解民事活动的基本法律原则和核心概念，了解物权的法律概念与基本规则，树立尊重所有权的观念，进一步了解合同订立与履行的法律规则，深化对诚信原则的认识；了解知识产权保护的意义和法律规则，简要了解侵权责任的原则、概念；全面认知家庭、婚姻、教育、劳动、继承等与学生个人成长相关的法律关系；了解与生活密切相关的行政法律中的重要规则，认知和理解政府行政管理的法治原则，建立权力受法律制约，有权力就有责任的观念；理解刑法的运行规则，了解犯罪构成以及罪刑法定等基本原则；了解保障人权的重要性及其含义，理解法治与权利保障的关系。

三是认知民事、行政、刑事方面的法律责任，深化守法意识；了解诉讼制度的基本原则，以及调解、仲裁、行政复议等多元化纠纷解决机制，建立对正当程序原则的认识，树立理性表达诉求、依法维护权益的意识；了解人民法院、人民检察院的机构设置与职能，理解法官、检察官对维护司法公正的价值；了解律师的资格条件、业务范围和权利义务，理解律师维护社会正义的价值。

四是了解国际法的基本原则，中国签署加入儿童权利公约、残疾人权利公约等主要国际公约的基本内容。

（三）中小学法治教育应注重课程融合

国外通常将法治教育融入公民教育课程，有些国家还注重将法治教育融入其他课程。英国、美国、澳大利亚、法国和日本等国都将在公民教育课程中设置法治教育专题。英国的公民教育在小学阶段为非法定教学科目，但在中学阶段则为必修科目。美国大部分学校除了开设有关法治类课程外，法治教育的内容还分散在其他各科课程中，如历史课、社会研究课、政治课等涉及法律内容，在这些学科中渗透有法治教育。澳大利亚中小学公民教育主要包括政治教育、人权教育、法治教育、道德教育、环境教育等，其中法治教育融入公民教育，并与其他专题教育相融合。法国在小学和初中开设公民教育课程，高中开设公民、法制与社会教育课程，这些课程涉及大量法治教育主题，而非直接法治教育主题也大多与法治教育密切相关。日本根据中小学生的发展规律和不同学段特点，建立了社会课、公民课、生活课等与法治教育有关的课程体系。

中国的中小学法治教育可借鉴国外经验，开展课程融合。可立足于基础性课程教学，着力探索法治教育向各学科渗透的路径。一是组织有关单位联合开发编写针对各学科教师的教学辅导材料，使各学科教师在教学中能结合学科特点，有意识地在所讲授的课程内容中寻找法治教育的切入点和渗透点，让学生在学习各学科知识的同时，受到法治教育的熏陶。如在语文课中，结合文本内容对涉及法律的情境从法律角度进行重新解读，或针对文学作品中的人物形象和典型事件，渗透崇尚公平正义、违法应承担责任等教育；在历史课中，关注法治发展史的教育，重点讲述依法治国的历史范例，同时结合有关历史知识，向学生介绍法律制度演进的过程，使其了解中西方法律文化；在地理课中，可引导学生培养涉及环境、人口、资源等持续发展战略的法律意识；在体育课中，对学生进行遵守规则、崇尚公正的教育。在相关理科教学中，自然、合理地融入法治教育内容，突出生活性、应用性。如在生物课中，对学生进行保护环境、热爱生命、尊重人权的教育；在数学课中，结合税法、公司法等经济法相关内容编写应用计算题让学生解答。[①] 各相关学科的教师在对中小学生渗透法治教育时，要充分运用与学生日常生活和有关学科内容密切相关的现实案例以及学科史上的有关材料作为教学资源，利用多种手段和方法开展法治教育活动。

（四）中小学法治教育应加强中小学法治教育的师资队伍建设

发达国家的中小学公民教育大都有专业的师资力量，有些国家还派出法律专业人员深入中小学课堂对学生开展专门的法治教育。英国的校园律师走进课堂与学生探讨法律问题。美国大多数教师受到系统的法治教育培训，律师、法官、警察、议员等也被指派进入校园丰富法治教育的课堂教学；根据“街头法律”项目，高校某些法学专业学生接受培训后到中小学开设半学期法律课程。法国的公民教育师资队伍主要由一批高层次专业人员组成，中学教师都须具备公民教育的一系列知识能力，而高中阶段开设的公民、法制与社会教育课由专

---

①上海市卢湾区法制宣传办公室．上海市卢湾区中小学法制教育现状分析及建议[J]．中国司法，2011(5)：99.

业教师授课。日本的社会课教师、生活课教师等与法治教育有关的教师都由专业的教师担任；法务省根据中小学需求，派检察官担任教员到学校讲解法治教育内容；律师联合会采取多种形式派出律师开展中小学法治教育；法学研究者针对高中生开展上门授课和体验授课。

中国的中小学法治教育的专业师资配备不足，动员法律专业人员进校开展法治教育授课也没有形成常态化的机制。中国的中小学缺乏法治教育专业教师，法治教育教师大多由思想与品德、品德与社会、历史与社会、思想品德、思想政治课教师或班主任兼任。这些教师大多缺乏必要的法律知识和法律素养，更没有法律实践的经验，难以胜任法治教育的教学工作；少数法治教育教师法律素养差，有时甚至违反法律，体罚学生，侵犯学生的人身权利。同时，法治教育教师缺乏有效的法治教育的教学培训。从校外聘请的从事法律业务的人员虽然具有丰富的法律理念、知识和经验，但因不了解中小学生的年龄特征和心理特点，又缺乏有关的教学理论知识和教学经验，也并非完全称职的法治教育教师，其法治教育的教学效果也受限制。

借鉴国外经验，基于法治教育专业师资力量的匮乏状况，中国的中小学法治教育应该加强专业师资力量建设，并完善校外的专业化师资力量。

一是加强法治教育教师队伍建设。通过多种途径，保证每所中小学至少有一名受过专业培养或者经过专门培训可胜任法治教育任务的教师。建立中小学法治教育骨干教师培养机制，完善对法治教育教学成果的支持和奖励制度。提高全体中小学教师的法治素养和法治教育能力，充分挖掘各学科教学内容的法治教育内涵，提升教师群体的法治意识。完善校外法律专业人员进校从事法治教育教学工作机制，充分发挥法官、检察官、律师、高校法律院系教师等法律工作者在进校任教中的作用，建设稳定的兼职法治教育师资队伍。鼓励高校探索青少年法治教育方向研究生培养机制。创新机制以吸引高校法律专业毕业生到中小学任教，培养专业化的中小学法治教育师资队伍。充实中小学法治教育志愿者服务队伍，除了健全高校法学专业学生法治教育志愿者制度外，挑选和推荐热爱法治教育事业、具有法律专业知识和实践经验及教学经验的法律专业人员加入法治教育志愿者服务队伍，根据其专业特长和学校需求，科学合理地安排他们服务于中小学法治教育。

二是提升中小学法治教育教师的专业素质和教学能力。实施国家、省（自治区、直辖市）、市、县四级法治教育教师专业素质专项培训计划及中小学法治教育名师培育工程，建设若干法治教育师资培训基地。加大法治教育师资队伍培训力度，充分利用高校、社会的力量，为中小学法治教育教师培训提供支持。整合法官、检察官、警官、律师、高校法学专家等法律专业人员的力量，建立法治教育教师培训讲师团，根据培训需要，定期邀请法律专家对法治教育教师进行业务能力培训，使他们有足够的能力与水平胜任法治教育的教学工作。鼓励现有的法治教育教师参与法学学历继续教育，大胆引进高校法律专业学生参与中小学法治教育工作。

三是完善中小学法治副校长制度。在每一所中小学选派或及时补充一名具有较好的文化素质、熟悉法律知识、热心青少年法治教育工作并有一定的组织协调能力和教育教学经验的专职普法工作者、司法机关工作人员、律师、高校法学教师和其他法律工作者担任兼职法治副校长。采取短期培训、专家辅导、网络答疑等方式，有计划、有针对性地对当前的法治副校长进行法治教育的教学培训，切实提高中小学法治副校长的授课技能。完善法治副校长对中小学法治教育工作的指导、监督、协调机制，规范法治副校长的工作职责及考核标准，确保法治副校长教学有计划、办公有场地、活动有安排、工作有保障。法治副校长要根据治安形势变化、结合学生特点，实施有针对性的法治教育，提升学生的法治意识；协助学校加强内部安全防范，健全、完善学校规章制度，落实各项防范措施，消除各类安全隐患，开展安全文明校园、无毒校园创建等活动；积极维护师生的合法权益；对有不良行为的学生进行教育转化；积极参与学校周边治安环境整治，配合政法部门处理在校教师、学生违法犯罪案件，严肃查处侵害师生合法权益和滋扰校园的案件。①

三、推动中小学法治教育的方式方法创新

英、美等国的中小学公民教育和法治专题教育不拘泥于课堂的知识讲解，而强调对法律知识的理解、思考和运用，尤其是引导学生通过案例等体验法律的实际运用，通过参与各种各样的课内课外法治教育实践活动理解法律的精髓，养成守法意识、权利意识、民主参与意识等。英国的中小学组织学生参加模拟审判赛，由学生担任案件中的多种角色，接受治安法官等法律专业人士的评判；律师走进课堂与学生探讨法律问题。美国注重情境教学模式，引导学生体

①徐海燕.青少年法制教育工作的实践与思考[J].中国司法，2013（10）：18.

验和评价法律问题，参与规则的制订，以及学习通过谈判、协调来解决冲突。澳大利亚中小学注重设计多种教学方式激发学生的学习兴趣，如在创新与艺术表演课程教学中，教师鼓励学生通过图画、话剧等方式解决艺术活动体现的法治教育主题；通过校园环境建设强化法治教育，如学校的集会、海报等都体现法治教育内容。法国中小学教师注重采取多样化教学方式，如围绕一个主题，通过网络资料、实物等组织各种活动进行教学；组织学生开展辩论或课外课题研究。日本结合中小学生的日常生活实际，将法治教育内容与家庭责任、体育游戏、日常礼仪、消费事项等主题紧密联系，让学生思考法治教育知识在生活中的体现和运用。

中国的中小学法治教育总体上偏重法律知识的灌输，而不注重采取多种教学方法对中小学生进行法治意识教育。大多中小学法治教育的教学以教师的单向说教为主，学生只是充当被动的听讲者的角色，教师很少创造多种机会让学生通过以案析法、观摩审判、扮演案件角色等方法亲历法律的实践过程，很少把法律知识融入学生的现实生活和学生遇到的真实纠纷中，因此无法让学生将法律知识内化于心，真正培养守法意识。

借鉴国外的中小学公民教育和法治专题教育丰富多样的教学方法，结合中国的国情和校情，中国的中小学法治教育应该改变以灌输法律知识为主的传统教学方法，注重基于学生的现实生活和学生身边的真实法律问题探索灵活多样的教学方法。中小学法治教育的教师应当认识到，新课程改革的一个基本理念就是从“灌输”走向“对话”和互动，改变课程过于注重知识传授的倾向，强调引导学生形成积极主动的学习态度，使获得基础性法律知识与基本技能的过程同时成为学生学习和形成正确的法治意识的过程。在对话关系中，教师不只是以教者的身份出现，而是与学生相互尊重、平等交流，关注学生的生活世界、需要与兴趣，在教育中引导学生对与他们生活密切相关的法治问题进行探讨，进而为他们提供一些切实具体的帮助；为了创建生动有趣的师生对话场景，教师还可利用 QQ、微信、慕课等新兴网络传播交流媒介发布学生感兴趣的、积极向上的新闻、案例或专题讲座，鼓励学生学习榜样人物、积极面对生活，从而为他们营造充满正能量的生活和法治环境。另外，要在组织法治教育实践活动的过程中，突出中小学生的主体地位，充分发挥他们的主观能动性，通过开展符合中小学生身心发展规律的具有学生情趣和时代气息的法治教育实践活动，来帮助他们学习法律知识，理解法律真谛，培育法治意识。如通过开展学法用法征文、法治故事演讲、法治漫画创作、法律文艺节目、法治知识竞赛、庭审辩论赛、法治影片鉴赏、模拟法庭等活动，提高学生的参与兴趣，体验法律的“平易近人”；通过组织旁听庭审、参观少年犯管教所，以生动具体的案例和当事人的现身说法，让学生感受法律的公正与威严。根据社会形势变化与新法的不断出台，以一学期为一个周期，组织高年级的学生组成课题研究小组，对社会现象中的法律问题进行分析，并为学生搭建沟通平台，如与人大代表结对，使学生法治课题研究小组提出的建议融入人大代表的相关提案，从而引导学生关注社会问题，形成法治意识。①

基于《依法治教实施纲要（2016—2020 年）》，中国在义务教育阶段的法治教育，要以基础性的行为规则和法律常识为主，侧重法治意识、尊法守法行为习惯的养成教育，同时注重教学内容和方式的形象、生动，贴近学生实际，利用案例教学、实践教学，从生活实践中提炼案例，注重将核心理念、重要概念与学生生活实践能够接触的事件相结合，与学生的理解能力相适应；高中教育阶段，要注重增加教育教学的实践性、参与性和思辨性，结合现实案例、法治实践，着重引导学生理解、认同法律背后的价值、宗旨，注重法治意识的培养。

中国的中小学在法治教育的教学过程中，要注意以贴近中小学生实际、提高教育效果为目的。法治教育要遵循青少年身心发展规律，贴近其生活实际，科学安排教学内容，合理确定教学重点和方法，注重知行统一，坚持落细落小落实；要更多采取实践式、体验式、参与式等教学方式，与法治事件、现实案例、常见法律问题紧密结合，注重内容的鲜活，注重学生的参与、互动、思辨，创新形式，切实提高法治教育的质量和实效。

中国的中小学法治教育的教学，要注意采取灵活多样的教学方法。综合采用故事教学、情景模拟（如法庭模拟）、角色扮演、案例研讨、法治辩论、价值辨析等多种教学方法，必要时可根据学生认知特点，将真实法治案例引入课堂教学，注重学生法治思维能力的培养。有条件的学校，要充分利用信息技术手段，将多种法治教育资源、形式予以整合、提升，形成以学习者为中心的教育环境，引导学生自主学习，培养学生学习法律的兴趣。

中国的中小学法治教育的教学，要注意开展主题教育。要充分利用主题教育、校园文化活动、党团队活动、学生社团活动、社会实践活动等多种载体，全过

---

①上海市卢湾区法制宣传办公室. 上海市卢湾区中小学法制教育现状分析及建议[J]. 中国司法，2011(5)：99.

程、全要素地开展法治教育。要将安全教育、廉政教育、民族团结教育、国防教育、交通安全教育、禁毒教育等专题教育，与法治教育内容相整合，一体化设计教学方案，深入开展“法律进校园”活动。充分利用国家宪法日、国防教育日、国家安全教育日、全国消防日、全国交通安全日、国际禁毒日、世界知识产权日、消费者权益日等，普及相关法律知识，开展形式多样、丰富多彩的主题教育活动。在入学仪式、开学典礼和毕业典礼、成人仪式等活动中，融入法治教育，积极引导学生自主参与，体验感悟。

中国的中小学法治教育的教学，要注意开展校园法治文化建设。要全面落实依法治校要求，把法治精神、法治思维和法治方式落实在学校教育、管理和服务的各个环节，建立健全学校章程、相关规章制度，完善学生管理、服务以及权利救济制度，实现环境育人。广泛开展模拟法庭、法律知识竞赛、法律情景剧展演、辩论会、理论研讨、法治社会实践、志愿服务等法治实践活动。中小学图书馆要选配符合青少年学生认知特点的普法读本、影视、动漫作品等，引导学生阅读、观看、讨论。在校园建设中要主动融入法治元素，利用宣传栏、招贴画、名言警句等校园文化载体，宣传法律知识、法治精神，营造校园法治教育氛围。

四、加强中小学法治教育的社会参与

英国、美国、澳大利亚等国的中小学法治教育有较为完善的社会参与体系。英国公民教育基金会持续开展针对中小学生的法院模拟审判赛；立法机构、政府、社区等通过法律、出版读物和咨询服务等形式对中小学生开展法治宣传教育；警方投入专门警力开展法治教育以避免青少年犯罪和避免青少年成为受害人。美国各州的法治教育网站向中小学生开展法治教育；司法部预防青少年犯罪办公室引导青少年了解司法体制运作过程；“街头法律”项目中大学生帮助中学生培养法律意识；社区邀请法律专业人员开展法治教育宣传和实践活动。澳大利亚的中小学指导家长与学校合作以培养学生的法治意识；社区通过经费资助、提供实习基地等方式让学生体验合作和权利尊重，还为学校提供野外湿地以培养学生的合作、责任等价值观和法治意识。法国鼓励中小学与当地政府及文化、社会、体育协会合作，为学生参与社会实践提供更多便利；国民教育部和国民议会联合发起年度“少年议会日”活动让小学生民主普选“议员”，提交法律草案；立法机构、政府机构等利用特殊节日促进学生了解法治、历史文化等。德国的校外教育在培养和提高青少年文明素养及预防其违法犯罪方面发挥积极作用；为防止中小学生在网络活动中接触暴力、色情等不良思想，制定多项相关法律由协助监控机构严格执法。日本的文部省组织社会力量开展青少年法治教育；各都道府县的行政机关、团体和民间志愿者等组成少年辅导中心开展预防青少年违法犯罪工作；司法援助中心协助中小学生开展自主调查研究，提供法律制度及法律专家信息和活动等。

中国在中小学法治教育方面还没有形成完备的社会一体化参与体系。中小学还没有与立法机构、司法机构和社会团体等形成稳固、常态化的合作机制；政府机关参与中小学法治教育的程度有待深入；社区等团体组织中小学生开展法治教育实践活动较为有限，还不能常态化提供足够多的法治教育实践机会和条件；法律业务人员提供法律专业服务和法治教育实践的机会和时间有限，无法实现这些活动的常态化；中小学生网络活动安全管理还不完善，缺乏针对青少年网络活动安全管理的完备法律法规，而网络活动安全监管也存在监管重叠、监管不力等问题；在中小学法治教育活动中家庭参与和家校合作不够深入。

借鉴国外广泛动员各种社会力量深入参与中小学公民教育和法治教育的做法，中国的中小学法治教育有必要完善和健全中小学法治教育的社会参与体系。为此，中国的中小学法治教育要在充分发挥学校主导作用的同时，与家庭、社会密切配合，拓宽教育途径，创新教育方法，实现全员、全程、全方位育人。各地要在党委和政府的统一领导下，建立由教育部门牵头，司法部门、共青团和有关部门、组织等共同参与、互相协调的中小学法治教育工作机制，形成以学校为主、以家庭和社会为依托、校内校外密切结合的法治教育运行机制，联合制订中小学法治教育工作规划，明确责任分工，确定工作步骤，协同推进中小学法治教育。

中国的中小学法治教育，要强化各职能部门间的协调和职责。要明确各职能部门在中小学法治教育中的职责，形成各部门协调配合、互相促进、共同发展的良性运行机制。一要建立联席会议制度。由当地党委宣传部门、教育行政部门、社会治安综合治理部门、司法行政部门、团委、工委等有关部门建立中小学法治教育联席会议制度，切实加强法治教育工作，着力构建学校、社会、家庭“三位一体”的法治教育工作格局。二要明确协作分工。宣传部门负责对中小学法治教育的总体指导；教育行政部门把在校学生的法治教育列入学生综合素质评估体系；司法行政部门积极组织律师、公证员、基层法律工作者等法律业务人员深入开展“法治教育进校园”活动，并做好中小学生的法律援助工作；社会治安综合治理部门把中小学法治教育纳入社会治安综合治理年度考核内容，负责协调有关部门做好兼职法治副校长的聘任、管理工作；党委宣传部门落实有关预防青少年违法犯罪的法律宣传和相关活动的组织工作；工委充分发挥模范守法人员等在法治教育宣传中的积极作用，深入学校开展各类普法宣讲活动。三要健全工作保障措施。建立目标管理责任制，明确职责、量化标准，把责任落实到具体的部门和个人，分批定期、限期实施，确保各项工作任务落到实处。探索完善激励机制，坚持平时检查与集中检查相结合，自查与互查、联查相结合，过程考核与结果考核相结合。①

完善中国的中小学法治教育的社会一体化参与体系，关键是充分发挥学校、家庭、社区、政府、法律专业人员、网络安全管理机构等在开展法治教育中的积极作用。

学校要在中小学法治教育过程中激发学生的主动性并创造机会组织学生参加法治教育实践。首先，中小学要提高学生参与法治教育活动的积极性与主动性。注意开展学生自我教育，在法治教育中要注重发挥学生的主体作用。要根据学生实际，引导、支持学生自主制订规则、公约等，逐步培养学生参与群体生活、自主管理、民主协商的能力，养成按规则办事的习惯，引导学生在学校生活的实践中感受法治力量，培养法治观念。另外，学生社团是实现学生自我法治教育的重要载体，也是激发学生学法用法兴趣和提升法治意识的有效形式。因此，学校要创造条件，鼓励和扶持一批优秀的学生法律社团，以点带面，发挥其辐射功能，使其成为学校开展法治教育的可靠中坚力量。学校还要充分发挥法律顾问、法律专家等的指导作用，为学生法律社团提供专业指导；充分调动法治教育教师的积极性，选派有专长和责任心强的教师指导学生法律社团日常运作；积极创造条件，为学生法律社团开展活动提供必要的时间、场地与资金保障；加强学生法律社团骨干队伍建设，强化对学生法律社团成员的法治教育培训，鼓励其在校园学习生活中发挥积极作用，吸引更多对法治教育产生兴趣的学生，使法律社团保持旺盛的吸引力与创造力；鼓励创新学生法律社团的活动形式，充分发挥学生思维活跃的特点和开拓创新的能力，引导学生与学校领导协商管理某些学校事务，针对学校规章制度提出建议，思考生活中的法律问题，参与法治实践与宣传，提高维权意识，同时积极承担社会责任。再者，中小学还

① 徐海燕.青少年法制教育工作的实践与思考[J].中国司法，2013 (10)：19.

要在教育行政部门和其他有关部门的支持和指导下，积极组织学生参加法治教育实践活动。学校要积极参与建设综合性的青少年法治教育实践基地，并在司法机关、相关政府部门或者有关组织协调下建立学校专项的法治教育基地。学校还要创造条件，组织学生开展适当的法治教育实践活动，让学生在真实的法治实践情境中进行学习，如创建法治教育情境，出版有关法治教育的校报、纪律手册、校园杂志等校园出版物，在校园或教室墙壁张贴反映法治教育的画报，在教室设定图书角提供法治教育图书；指导学生在日常生活和集体活动中探究自行制订规则，让学生体验遵守规则的意义和规则的制订过程；组织学生开展法治教育辩论，或组织学生进行课题研究，培养学生的法治意识和思考并解决法律问题的能力；组织学生参加模拟审判竞赛和担任案件中的不同角色，或让律师走进课堂与学生探讨法律问题；引导学生将法律知识应用于真实情境、获取和整合法律信息就现实法律问题做出判断；运用真实案例和话题引导学生反思和评价法律问题，理解法律争议，指导学生通过商议、谈判、协调来解决冲突；通过图片解说、游戏活动、角色扮演等展示日常生活中遇到的法律问题，引导学生思考和研讨；利用消费者权益日、国际禁毒日、国家宪法日等纪念日开展宣传法治教育活动。

家庭要主动配合学校开展中小学法治教育。学生家长要加强与学校的沟通交流，推动家庭与学校形成开展中小学法治教育的合力。家长要在学校指导下重视家庭美德和家庭文化建设，成为孩子学法、守法、用法的榜样；家长要配合学校，积极参与家长学校工作，大力宣传推广家庭文化建设和家庭教育的成功经验，提高对孩子进行法治教育的意识和能力，及时督促孩子改正不良行为；家长尤其不要把教育孩子的主要精力局限于孩子的学业成绩提升上，而要重视培养孩子的法治意识和法律素养。共青团和妇联等组织要联合学校，联手成立家庭教育群众性组织，开展各种家庭教育讲座、展览、咨询等活动，编写有关家庭教育的通俗读物和教材，开办家庭教育广播电视节目，提高家长的法治观念和家教水平；同时，建立家长法治教育学习班，针对专门的法治教育问题定期向家庭提供指导和服务，给予每个家庭以规范化的指导、检查和督促，并在此基础上逐步建立起具有一定刚性意义的家庭教育监督机制；①尤其对弱势家庭、暴力性家庭、单亲家庭等特殊家庭，要根据其需求、特点等提供相应的家庭教育服

①徐海燕.青少年法制教育工作的实践与思考[J].中国司法，2013（10）：19.

务，以咨询、指导等方式帮助解决家庭矛盾冲突。另外，要完善家校合作制度，学校要根据学生在校表现加强与家长在学生学业成绩、课堂纪律、遵纪守法、权利维护、法治意识等各方面的沟通交流，不要等到学生出现违反校纪校规或法律法规的行为时，学校才联系家长共同探讨对学生进行补救式法治教育的问题。

社区要在法律咨询服务和法治教育实践等方面发挥积极作用。在这方面，国外有些做法值得借鉴。在英国，借助法律服务委员会的专项资金支持，社区法律咨询服务与法律咨询组织和律师合作，通过网站、电话热线、法律咨询机构、数码电视、回电服务等多种服务形式，针对婚姻、家庭、教育、社会救济、税收、债务、就业等领域的常见法律问题，为经济困难群体提供免费法律咨询服务。美国将社区资源人士邀请进入课堂或在课堂中模拟社区，形成“课堂中的社区”，还让学生走入社区与司法机构等共建“社区中的课堂”。澳大利亚社区向青少年提供各类有益的法治教育活动，如为学校提供野外湿地，帮助学校将法治教育与环境教育相融合，发展学生的合作、责任等价值观和法治意识；制订抵制毒品计划，聘请警官做示范，引导学生抵制诱惑和自尊自爱。中国的中小学法治教育可借鉴国外做法，由各级政府对社区在资金、场地、法律专业人员等方面予以适当支持，鼓励社区通过网站、电话热线、法律咨询中心、电视、回电服务等多种服务形式，针对中小学生日常学习和生活中的矛盾纠纷，或有关他们家庭、教育、债务纠纷、社会救济等领域的常见法律问题，为中小学生提供电话连线等免费法律咨询服务。社区还要创造条件向中小学生提供足够的法治教育实践机会和条件，如要求社会资源人士深入课堂以案析法，让中小学生参与社区组织的抵制环境违法和抵制毒品等法治教育实践活动。

政府机关要加大对中小学法治教育的协调、支持力度。政府要支持和引导学校、家长、社区、立法和司法机构和其他社会各界共同参与中小学法治教育，建构一套科学有效的法治教育协作机制，积极营造和改善法治教育环境，形成开展法治教育的有效合力。为此，政府要设立指导中小学法治教育的专业机构，协调当地立法和司法机构等与学校加强联系，如联系当地法庭向学校提供模拟法庭，邀请法律工作者到学校举办讲座。政府要组织相关法治教育机构整合当地德育、教研、科研等部门的力量，进行法治教育的研究和实践，鼓励法律工作者、研究人员以各种形式参与青少年法治教育，为学校开发法治教育课程、开展专题法治教育活动提供支持。政府有关行政部门要按照“谁执法、谁普法”

的原则，利用学校法治教育平台，为学校提供相应的法治教育资源和实践机会。宣传、文化、新闻出版、广电、网信等相关主管部门要加强对报刊、广播电视、网络等媒体的引导和管理，积极鼓励弘扬法治精神的图书、期刊、网络游戏、动漫作品、青少年节目等文化产品以及创意作品的创作和传播，鼓励设立提供中小学法治教育服务的专业化教育机构，形成法治教育的社会合力和良好氛围。各级普法机构在普法过程中要与学校教育、家庭教育、社区教育有机配合，促进普法教育产生更多实效。

法律业务人员要为中小学法治教育提供更多的法律服务和法治教育实践机会。各地政法委可协调当地人大、法院、检察院、公安机关、司法行政机关、高校法学院（系）、律师协会等社会组织以及教育行政部门，建立统一的中小学法治教育服务机制，基于中小学法治教育的实际需求，制订可行的中小学法治教育实践活动支持规划和实施方案，定期安排专门的法律业务人员抽出专门时间，在对他们进行专门的教育教学培训后，安排他们常态化地开展“送法进校”活动。通过专题讲座、以案释法、现身说法等形式针对中小学生开展法治教育，针对中小学生遇到的涉法问题适时提供法律服务，解答中小学生在学习和生活中遇到的实际问题；定期联系学校，组织中小学生亲临法院、公安机关、检察院、律师事务所等机关和部门进行参观、学习、旁听案件、现场研讨，并实现这些法治实践活动的制度化和常态化。

网络活动安全有关机构要完善网络安全立法和强化监管。中国当前的中小学生网络活动安全的立法和管理还不完善。这方面可学习德国的做法。德国为防止中小学生在网络活动中接触暴力、色情、民族歧视等不良信息制定了一系列法律法规，还成立专门机构协助监控。德国的《多媒体法》等法律规定，信息提供者有义务不向青少年传播成人出版物；采取必要技术措施限制特定出版物的传播；指定“年轻人保护官”作为监督员；电脑游戏要标明年龄限制级别以防青少年进入色情网页；对提供严重危害青少年的网络信息的人员追究刑事责任；网络内容提供商有义务对网络内容进行年龄分级并做出标识。为严格执法，德国成立了危害青少年媒体检查处和其他网络活动监管和鉴定机构。政府还与社会各界合作，促进网络服务商加强自律和技术措施防护，同时设立集信息娱乐与学习于一体的健康的综合性网站为青少年提供专门服务。借鉴德国的做法，中国的立法机构要尽快完善和健全针对青少年网络活动安全管理的法律法规，梳理和消除现行网络活动安全立法的重叠、矛盾和抵触等现象；完善立法过程中要注重加强网络信息控制，保障青少年安全上网，如规范网络信息提供者的行为，规定网络内容提供商必须对网络内容进行年龄分级并做出标识，对含不利于青少年的成人内容的网站须使用“成人认证系统”，通过让网络访问者输入个人身份证号等信息来确认访问者的年龄，否则视为违法；对提供严重危害青少年的网络信息的人员追究刑事责任；健全有关电脑游戏的立法。同时，改革和完善网络活动的安全管理，消除网络安全的监管重叠、监管不力、监管缝隙、监管矛盾等问题。另外，中国各级政府要协调相关部门充分开发优质网络法治教育资源，专门开辟法治教育宣传栏目，根据不同年龄阶段学生的生理、心理特点和接受能力，有针对性地开展网络法治教育；组建集信息娱乐与学习于一体的综合性的健康的青少年网站，为青少年提供健康有趣的专门网络服务。再者，中国的中小学要转变教育观念，重点培养中小学生的网络判断和鉴别能力，最大限度消解不良信息对他们的负面影响，从而帮助他们增强安全上网意识，提高他们正确分辨和选择信息的能力以及抵制不良网络诱惑的能力；同时，中小学要加强校园网络文化建设，不断丰富校园网内容，向学生推荐优秀网站；利用校园法治教育网站、微信平台及教师、班主任或辅导员的个人社交平台进行法治宣传和网络安全教育，增强网络法治教育的吸引力和学生网络活动的安全性与健康性；法治副校长要在本校法治教育网站上开办法律援助、心理咨询、“青少年维权岗”等中小学生感兴趣的、能切实为中小学生提供法律服务的栏目。[①]

五、健全中小学法治教育的评价制度

完善的中小学法治教育离不开针对它的评价制度。澳大利亚在这一方面就是典范，该国公民教育中涉及较为完备的法治教育评价内容。评价内容分为三个层面：评价范围为学生对公民机构和程序知识的理解及其参与社会生活所需技能，与公民教育有关的概念和实例，对公民教育概念和实例的专业解释和详细说明；评价周期为每三年进行一次国家评价；评价标准包括分数成绩评价标准和公民素养等级评价标准，还适当配以观察、课堂练习和小组测验等非正式评价。评价方式是设计了学生测试卷，抽样时还考虑主要影响因素，如学生的年龄、性别、父母受教育程度等；还对评价实施方案设计、数据统计、评分标

①张本顺.网络条件下中小学法制教育的新对策[J].当代教育论坛，2007(4)：51.

准、结果报告等评价程序进行周密组织和安排。评价主体主要包括公民教育专家、公民教育课程行政和管理人员，以及学生等。

中国当前的中小学法治教育评价体系不完善，有关部门和中小学对中小学法治教育评价不够重视，还没有建成一套系统化的法治教育评价体系以明确评价的目标、内容、程序等。有些中小学开展的法治教育评价在内容、程序等方面过于粗略，且多强调书面考查，测查内容多为学生掌握法律知识或服从校规的情况，较少涉及中小学生参与法治教育实践活动和法律意识养成的情况。

为此，中国要想完善中小学法治教育评价，有关部门和中小学首先要重视中小学法治教育评价工作。各级教育部门要积极协调相关部门，整合资源，健全中小学法治教育评价机制，推广法治教育评价的先进经验。要将中小学法治教育实施和评价结果作为依法治校的重要方面，纳入学校年度考核的内容，同时作为预防青少年违法犯罪和“平安校园”创建工作内容，纳入综合（平安建设）工作考评。县级以上各级政府教育督导机构要将中小学法治教育实施和评价纳入教育督导范围，帮助中小学推进法治教育工作。通过法治教育评价，全面考查中小学法治教育效果，激发中小学生学习法治知识、发展法治能力、提高法治素养、参与法治实践的自觉性；激发学校、教师开展法治教育的主动性和创造性，促进中小学生法治教育形式与内容的不断改进和创新。

中国在具体开展中小学法治教育评价工作中，可借鉴澳大利亚的某些做法，结合中国的国情和校情，在评价内容、评价标准、评价方式、评价主体等多个方面进行整体设计，建构完整、科学的中小学法治教育评价体系。

在评价内容方面，既要注重培养中小学生对法治教育有关知识的理解，也要强调考查学生参与法治教育实践所需的技能，以及法治教育实施的效果。要基于法治教育本身的目标和内容，将必要的法律常识纳入不同阶段学生学业评价范畴，将法治意识和法治素养作为学生法治教育评价的重要组成部分。要注重结合青少年的学习和生活，将反映法治思维、法治观念的行为、态度和实践作为评价的重要内容，增强评价的科学性和有效性。

在评价周期方面，中小学可基于一定的分值和指标，将法治教育评价纳入学校平时一直开展的学生学业成绩评价和综合素质评价等评价中；国家可在全国层面结合普法教育的周期，专门开展五年一周期的中小学法治教育评价，具体可由国家教育行政部门联合国家司法部门和其他有关部门组织或委托第三方开展全国范围内五年一周期的中小学法治教育整体评价。

在评价标准方面，涉及分数成绩评价标准和法治意识等级评价标准。其中，分数成绩评价标准用以评价学生的法治教育知识测查成绩（中考和高考中也应适当增加法治教育知识的内容），而法治意识等级标准则用于衡量学生参与法治教育实践的程度、技能、表现等。同时，适当配以非正式评价，如日常遵纪守法和权利维护情况、课堂表现等，确保学生成绩的真实性和客观性。

在评价方式方面，可采用网络调查测试和书面问卷调查相结合的评价方式。为保证测试的代表性、针对性，应针对学生的年龄特点分别设计小学生低年级测试卷、小学高年级测试卷、初中生测试卷和高中生测试卷。同时，抽样时应考虑学生法治教育评价的主要影响因素，如学生的年龄、性别、民族、父母受教育程度、父母职业、家庭居住地址、学生参与校内外法治教育实践情况等。另外，还应对评价实施方案设计、数据统计、评分标准、评价等级、结果报告等评价程序和步骤进行周密的组织和安排。

在评价主体方面，要通过多样化的评价主体对中小学法治教育开展评价，具体的评价主体主要包括法治教育专家、教育行政部门和与法治教育有关的其他机构，法治教育课程行政和管理人员，学生家长以及学生等，以保证评价的有效性和科学性。

参考文献

1.朱昆.英国社区法律咨询服务概述[J].河南省政法管理干部学院学报,2009(5).

2.王建梁,岳书杰.澳大利亚中小学公民教育评价研究[J].外国中小学教育,2010 (12).

3.张越.传统政治文化影响下的法国公民教育研究[D].北京:首都师范大学,2011.

4.温静.德国保护青少年的网络媒体法制[D].上海:上海交通大学,2011.

5.车雷.英国的学校法制教育及其启示[J].教育探索,2011(11).

6.陈俊生.英国社区法律服务与法制宣传教育情况概览[J].当代司法,1998(2).

7.帅颖.美国法制教育的历史演进及其启示[J].武汉大学学报(哲学社会科学版),2014(3).

8.张冉.践行法治:美国中小学法治教育及对我国的启示[J].全球教育展望,2015(9).

9.蒋一之.美国中小学法治教育:从观念培养到技能训练[N].中国社会报,2005-07-26 (4).

10.刘咏梅.美国青少年法制教育的特点及其启示[J].中国青年研究,2005(9).

11.谢佑平,王永杰.多元视野下的美国青少年法治教育:途径、策略及启示[J].青少年犯罪问题,2007(3).

12.李先军,张晓琪.美国中小学法治教育的历史演进、特点及启示[J].外国中小学教育,2015(5).

13.沈英.美国中小学法治教育中的社区参与:内涵、实施及特色[J].外国教育研究,2005,32(1).

14.罗将.美国的法制教育及其启示[J].法制与社会,2014 (7).

15.秦岩，代志鹏.解读美国中小学法治教育[J].外国中小学教育：2011(3).

16.丛立新，章燕，吕达，等.澳大利亚课程标准[M].北京：人民教育出版社，2005：408.

17.吕宏倩.澳大利亚中小学公民教育研究[D].武汉：华中师范大学.2009.

18.闫闯，晁秋红.加强中小学全球教育，塑造具有责任感的全球公民——《全球视角下澳大利亚学校全球教育的框架》解读[J].世界教育信息，2013(1).

19.陈立鹏，张靖慧.澳大利亚民族教育立法研究及启示[J].民族教育研究，2011(3).

20.闫宁宁.澳大利亚学校价值观教育研究[D].南京：南京师范大学，2008.

21.岳书杰.澳大利亚中小学公民教育评价研究[D].武汉：华中师范大学，2011.

22.徐显明.人权研究(第九卷)[M].济南：山东人民出版社，2010.

23.卢梭.社会契约论[M].何兆武，译.北京：商务印书馆，1980.

24.刘大明."民族再生"的期望：法国大革命时期的公民教育[M].北京：中国社会科学出版社，2005.

25.孟德斯鸠.论法的精神(上册)[M].张雁深，译.北京：商务印书馆，1982.

26.蓝维，高峰，吕秋芳，等.公民教育：理论、历史与实践探索[M].北京：人民出版社，2007.

27.魏传立.法国公民教育对我国的启示[J].法语学习，2011(3).

28.董筱婷.法国中小学的公民教育[J].湖北教育，2014(6)：78－81.

29.王晓辉.法国公民教育的理论与当前改革[J].教育科学，2009(3).

30.高迎爽.法国基础教育：从平等、自由达至和谐[J].基础教育，2010(1).

31.吴世勇.中国中小学思想政治教育与法国中小学公民教育比较研究[D].贵阳：贵州师范大学，2008.

32.公安部治安管理局，公安部第一研究所.国外中小学校园安全保卫[M].北京：群众出版社，2012.

33.胡劲松.德国中小学教师对学生的监管义务[J].比较教育研究，2006(12).

34.王亚芳.从留学生弑母案例反思我国社会教育变革的必要性与方向——兼论德国社会教育预防青少年成长危机对我国的启示[J].青少年犯罪问题，2011(4).

35.翟巍.论德国青少年校外教育法律规制及对我国借鉴意义[J].青少年犯罪问题,2015(4).

36.卢家银.德国青少年在线活动的法律保护框架[J].青年记者,2012 (31).

37.陈冰,李雅华.德国少年司法保护简述[J].青少年犯罪问题,2005(3).

38.林立,严伟青.德国少年刑事诉讼程序、实体处置特点研究与借鉴[J].法制与社会,2010(19).

39.史景轩,李文英.日本中小学法律教育体系的构建与实施策略[J].河北大学学报(哲学社会科学版),2013(4).

40.廖建翔.中日青少年法制教育比较[D].天津:天津师范大学,2014.

41.王印华,张晓明.日本学习指导要领中法律教育内容的修改及其价值取向[J].现代中小学教育,2014(3).

42.骆胖.中日青少年法制教育比较研究[D].南昌:南昌大学,2013.

43.向铭铭,顾林生.日本学校安全教育与管理[M].上海:同济大学出版社,2014.

44.胡健.中小学法制教育研究[J].公民与法(法学版),2012(8).

45.夏旭阳.中小学法制教育模式新探——以权利意识培养为中心[J].淮北煤炭师范学院学报(哲学社会科学版),2007(3).

46.李成慧.中小学法制教育之我见[J].现代教育科学(普教研究),2012(6).

47.赵晓光.中小学法制教育的目的与课程初探[J].课程·教材·教法,1996(5).

48.上海市卢湾区法制宣传办公室.上海市卢湾区中小学法制教育现状分析及建议[J].中国司法,2011(5).

49.康树华,贾国凯.我国青少年法制教育的完善[J].青少年犯罪问题,2005(6).

50.徐海燕.青少年法制教育工作的实践与思考[J].中国司法,2013(10).

51.张本顺.网络条件下中小学法制教育的新对策[J].当代教育论坛,2007(4).

52.House of Commons Education and Skills Committee.Citizenship Education (Second Report of Session 2006－07) [M]. London: The Stationary Office Limited, 2007.

53. Citizenship Foundation. This year's Magistrates' Court Mock Trial Competition NationalFinal [OL].[2016-4-10]. http://www.lawinschools.org.uk/sites/default/files/content/mcmt2015_uk_final_a5_web.pdf.

54. Bar Council. 23rd Annual Bar National Mock Trial Competition Reaches a Finale [OL]. [2016-4-10]. http://barcouncil. org. uk/media-centre/news-and-press-releases/2014/march/23rd-annual-bar-national-mock-trial-competition-reaches-a-finale.

55. Citizenship Foundation. Lawyers in Schools [OL]. [2016-4-11]. http://www.citizenshipfoundation.org.uk/main/page.php? 377.

56. Citizenship Foundation. Local Lawyers in Schools [OL].[2016-4-11]. http://www.citizenshipfoundation.org.uk/main/news.php? n831.

57. Story J. A Familiar Exposition of the Constitution of the United States[M]. Boston: TH Webb & Company, 1842.

58. Freund P A. Law and the Universities [J]. Washington University Law Quarterly, 1953(4).

59. Alexander M C. Law-Related Education: Hope for Today's Students [J]. Ohio Northern University Law Review, 1993(20).

60. Naylor D T. Values: Law-Related Education and the Elementary School Teacher [R]. Washington D.C.: National Education Association. 1976.

61. Vanderstaay S L. Law and Society in Seattle: Law-Related Education as Culturally Responsive Teaching[J]. Anthropology & Education Quarterly, 2007,38(4).

62. Mike Martinez. Kids Voting Arizona aims to create voters for life [EB/OL]. [2016-06-01]. http://tucsoncitizen. com/morgue/2008/10/31/101098-kids-voting-arizona-aims-to- create-voters-for-life.

63. Hanson R L. The Case for Law—Related Education [J]. Educational Leadership, 2002(4).

64. Civics and Citizenship Education. About Civics and Citizenship Education [R/OL]. [2017-7-23]. http://www. civicsandcitizenship. edu. au/cce/about_civics_and_citizenship_education, 9625.html.

65. Trent F. National Goals for Schooling in the 21st Century [R/OL].

[2017-7-23]. http://www.ais.sa.edu.au/resources/National%20Goals.pdf.

66.Australian government.Indigenous Education (Target Assistant) Act 2000 [EB/OL]. [2017-7-23]. http://www. legislation. gov. au/Details/C2009C00008.

67.National Library of Australia. Global perspectives: a framework for global education in Australian schools [R/OL]. [2017-7-23]. http://trove. nla. gov. au/work/27546245? q&sort = holdings + desc& _ = 1500803127748&versionId=217760167.

68.DEST.Values Education Study[M]. Melbourne: Curriculum Corporation, 2003.

69.St Kevin's Catholic Primary School. Peer Mediation Program[EB/OL].[2017-7-27]. http://www. sk. qld. edu. au/policies — and — programs/Pages/Peer-Mediation-Program.aspx.

70.O'Malley K, Gebhardt E, Chow R, et al. National Assessment Program: Civics and Citizenship 2013 Year 6 and Year 10: Technical Report [R]. Sydney: Australian Curriculum, Assessment and Reporting Authority, 2014.

71.Wernert N, Gebhardt E, Murphy M, et al. National Assessment Program: Civics and Citizenship Years 6 and 10: Technical Report 2004 [R]. Sydney: Ministerial Council on Education, Employment, Training and Youth Affairs, 2006.

72.National Library of Australia.Statements of Learning for Civics and Citizenship [R].[2017-7-28]. http://trove.nla.gov.au/work/37978951.

73.Education Services Australia. What is being assessed? The Civics and Citizenship Assessment Domain[EB/OL].[2017-07-28]. http://www.civicsandcitizenship.edu.au/cce/default.asp? id=9173.

74.Ministerial Council on Education, Employment, Training and Youth Affairs (MCEETYA). National Assessment Program: Civics and Citizenship Years 6 and 10Report 2007 [EB/OL]. [2017-7-27]. http://works.bepress.com/suzanne_mellor/7/.